当代齐鲁文库·20世纪"乡村建设运动"文库

The Library of Contemporary Shandong

Selected Works of Rural Construction Campaign of the 20th Century

山东社会科学院 编纂

/21

山东乡村建设研究院 等编

社会调查及邹平社会（下）

中国社会科学出版社

下　卷

山东邹平实验县实验规程汇编

李鼐 编

乡村问题研究社

目　录

编例 …………………………………………（295）
序言 …………………………………………（296）
第一章　总则 ………………………………（297）
第二章　县政府组织 ………………………（316）
第三章　财政 ………………………………（324）
第四章　合作 ………………………………（333）
第五章　金融 ………………………………（381）
第六章　自卫 ………………………………（394）
第七章　教育 ………………………………（413）
第八章　建设 ………………………………（434）
第九章　户籍 ………………………………（444）
第十章　风俗改革 …………………………（454）
第十一章　其他 ……………………………（457）

编 例

一、本书为供给研究县政改革及乡村建设者之参考，所编自民国二十二年七月邹平县改设为山东乡村建设研究院县政建设实验区起至民国二十五年四月止，以其历次在邹平县公报公布之规程为准，间有已公布施行未在县公报发表者。

一、本书依其性质分为十一章：（一）总则、（二）县政府组织、（三）财政、（四）合作、（五）金融、（六）自卫、（七）教育、（八）建设、（九）户籍、（十）风俗改革、（十一）其他。

一、本书所载规程颁布施行日期不易查询，概付阙如。

一、规程修订为事实上所不可免本书除以其修正者录用外，并有将原案附载于次，以资参阅，惟不甚重要者不附。

一、本书如有舛误之处尚请阅者见告以便修正。

序　言

　　愚于民国二十二年五月一日，莅山东邹平实验县事。迄二十四年六月一日去职，移佐鲁西十四县县政建设实验区长官公署。事虽繁剧，劳心而不劳力。治事之暇，乃回溯在邹平所为者编"二年邹平"一书，借以供国人从政导民之一助，卒卒未就，引以为憾。近邹平县府公报编辑李君鼐函告所为"山东邹平实验县实验规程汇编"已蒇事，以其中多为愚所草拟，嘱为之序，愚何能辞。

　　窃以汉革秦命，政尚黄老，教化不兴，人民偷安倖生，多求私便，普遍的成为乡愿人生态度。个人心理与行动大抵无主义，无方隅，得过且过，以致形成今日不死不生之现象。或以新的语文形容之曰"中国民族之血老矣，无能为也矣"。抑丰知血为有生命之物，其老也本为人事，则加以工夫，返老还童，回天固有术也。愚不自揆，窃愿就邹平小试其民族返老还童之术。故所为政令之动机，均在扫除已往"不取为与，不扰为安"之黄老政治。而以策进民众，导之和合，勉之进取。习担当，戒巧滑，为趣响；以冀恢复秦汉以前之儒家政治与人生哲学。其成效固不易期，而方向则如是也。

　　愚治邹平之翌年，知交函询政况者甚繁。愚乃以滑稽之词复曰："王莽复古，荆公维新，余则兼而有之；驯至闾阎不宁，鸡犬皆惊"。盖愚训练民众，组织民众之诀，在频频刺激民众，强之共同合作，一致进取，久则成为一种习惯。遇有事故，自能交换意见，整齐步武，而为有纪律有组织之行动矣。其手术俱记汇编所列各种条教。其条教含义，愚将于"二年邹平"中，一一详之，是为序。

汲县王怡柯廿五、二、一、于济宁

第一章 总则

山东乡村建设研究院设立旨趣及办法概要

中国原来是一个大的农业社会。在它境内见到的无非是些乡村；即有些城市（如县城之类）亦多数只算大乡村，说得上都市的很少。就从这点上说，中国的建设问题便应当是"乡村建设"。

假使中国今日必须步近代西洋人的后尘，走资本主义的路发达工商业，完成一种都市文明；那么，中国社会的底子虽是乡村，而建设的方针所指犹不必为乡村。然而无论从哪点上说，都不如此的。近代西洋人走的这条路，内而形成阶级斗争社会惨剧，外而酿发国际大战世界祸灾，实为一种病态文明，而人类文化的歧途，日本人无知盲从，所为至今悔之已晚矣；我们何可再蹈覆辙？此言其不可。西洋其实亦何尝愿为工商业偏畸的发展，都市的畸形发达；然而走资本主义自由竞争的路，则农业是要受到桎梏，乡村是要归于衰落的。在他们那地势、那时际，犹且吃得住，索兴走上工商业的偏锋，回头再谋救济农村；在我们如今则万万吃不住。此言其不宜。抑更有进者，我们今日便想要走西洋的道儿亦不可能。在这世界上个个俱是工商业的先进国，拼命竞争，有你无我；我们工商业兴发之机早已被堵塞严严地不得透一口气。正不是愿步他们后尘或不愿的问题，而是欲步不能了。因此，除非没有中国建设问题可说；如其有之，正不外谋其乡村的发达，完成一种"乡村文明"。

所谓乡村文明，初非与都市文明相对峙的；"乡村的畸形发展"是没有这句话的。因为乡村发达就是它的文化增高，物质设备，近代都市的长处不妨应有尽有，亦可说"乡村的都市化"；则是调和了，而非趋于一偏。而且乡村文明的开发，天然是要植基于经济上一条平正路子的。前面说过，农业在资本主义下受到桎梏；那么，农业的发达是在什么道儿呢？那便是"合作"。工业国家所以救济其农村的方策在其农民的合作；农业国家（如丹麦）所以立国之道在其农民的合作；即以共产为旨归的苏俄，其入手处亦要促进其农民的合作。西洋所以陷于工商业之偏畸发达的，全从个人本位自由竞争而来。合作既异乎所谓个人本位，亦异乎所谓社会本位，恰能得其两相调和的分际，有进取而无竞争；由此道而行，自无偏畸的结果，并不是利于农业者，又将不利于工业。唯此农业工业自然均宜的发展，为能开出正常形态的人类文明；而唤它为"乡村文明"的，以其为由乡村开发出来的文明也。此由乡村开发出来的文明，一切既造于都市文明的国家大都不容易去成就它了；只有中国人尚未能走上一条路，前途可有此希望。那么，亦就是只靠中国人负此伟大使命。从此义言之，中国的乡村建设不单在它自己是没有疑问的，而且具有如是重大关系，深远意义在！

　　我们且不说远的吧。摆在眼前最大的问题，不是许多人没饭吃么？天灾待赈先不计；自求官谋差，投军从匪，以至官无可求，军无可投，匪无可为，与西洋失业又自不同的一种劳力过剩，年年逐增未已，情形何等严重而急迫！就从解决这问题上说，那么，又是应当走农业路而不应当步趋于工商业；——这是几如东西之异途的。现在资本主义下的工商业，只是发财的路而不是养人的路。不要说它在中国没有发达的可能，便发达到美国今日之盛，亦不是有七百万失业之众么？农业则不是发财的捷径而正是养人的路，尤其是从"合作"发达起来的农业，最是养济众人的一条大道。诚然，中国所患在生产不发达；但这不是徒然生产发达能了的事；其中更有如何得均宜地发达，和如何分配问题在；不可不注意。而想要农业发达，不是农业片面的事；在其社会的方方面面（政治经济教育）都有密切关系，而实为整个乡村的事。如此方方面面都顾到的促兴农业，换句话说，那便是"乡村建设"了。——只有乡村建设，促兴农业，能解决这多数人没饭吃的问题。

　　更进一层，试问这许多没饭吃的人何由而来？其始大都是安住乡村的；皆由不得安于乡村而来。最易见的，频年兵祸匪祸是破坏乡村，偏迫着人离开乡村散荡在外觅食的；数十年来与此乡村社会全不切合的西式学校教育，是专门诱致乡村人于都市，提高他的欲望而毁灭他的能力，流为高等乞丐的；轮船火车的交通，新式工商业的兴起，都市文明的模仿，皆是诱致人离开乡村而卒之失其简易安稳的生涯的。更其有间接而致之于此的普通形势，则自欧人东侵以来，一面以他们对我之侵略，一面以我们对他之模仿，经济上、政治上、教育上，内外两重一致朝着侵渔乡村摧抑农业的方向而猛进；乡村乃日就枯落凋敝。然而中国所有者，则只是乡村，只是农业。使果得如日本人之机缘凑合走上工商业的路，亦还算别开生机；无如国际资本帝国主义者又将此路压挤得严严的。于是乃前后无路，以致没饭吃的人一天一天增加，还有什么结果可得？民族生命其犹得维持至今者，盖唯赖吾农民之过人的勤勉耐劳与过人的节约耐苦。因此，离乡流荡无归者固属没饭吃；其株守乡井者亦多在生活最低线以下，与饥饿没什么分别的。

那么，我们可以明白了，今日的问题正为数十年来都在"乡村破坏"一大方向之下；此问题之解决唯有扭转这方向而从事于"乡村建设"；——挽回民族生命的危机，要在于此。只有乡村安定，乃可以安辑流亡；只有乡村产业兴起，可以广收过剩的劳力；只有农产增加，可以增进国富；只有乡村自治当真树立，中国政治才算有基础；只有乡村一般的文化能提高，才算中国社会有进步。总之，只有乡村有办法，中国才算有办法，无论在政治上、经济上、教育上都是如此。

现在中国社会中吃饭最成问题的，似更在受过教育，有些知识的那般人。在简拙的旧农业上用不着知识分子；而像前所说农民勤苦的习惯能力，他又已没有；因此，在农业道上没处养活他。况他生活欲望已高，亦自然要竞趋于都市的。但这没何等工商业可言的国家，都市中又何曾替他们开辟出许多位置来？于是就都拥到军政学界来了。其无处安插之苦，生存竞争之烈，已是有目共睹，无烦多说。大局的扰攘不宁，此殆为有力原因；他们固自不同乎无知无识的人比较好对付的。

乡村向来是在文化上、在政治上、在经济上全都被都市占了上风的。有知识的人均奔向都市，乡村乃愈加锢蔽愚昧；亦愈加没人理会，没人注意；因之，其所受政治上的压榨与经济上的剥削亦愈甚。智力与金钱与权势三者原是相连环的：愈愚，愈弱，愈贫；愈贫，愈弱，愈愚。而此时都市人染接欧风，生活欲望愈提愈高，政治上名色愈出愈多，经济上手段愈来愈巧，其压榨剥削于乡村者愈厉。因既无工商业为对外生财之道，都市人生活的奢费自唯仰给于乡村，直接间接无非要农民血汗。乡村凋敝，都市亦无所托；军政学界的生存竞争愈烈，大局扰攘益无底止。因果相寻，都市上一天一天知识分子充斥拥挤，乡村中愈感贫枯；过剩的过剩，贫乏的贫乏，两趋极端；其势愈亟，其象愈险，而中国问题亦以愈陷于无法解决！

其实何必这样自走死路呢？不单为民族着想，这样是走死路；即为知识分子个人计，这亦是愈走愈窄，终于无幸的。大家尽想吃一碗现成饭，而且要吃便宜饭；安得有那许多现成而且便宜的饭可吃？——只有自家创造出饭来吃才行。尤其知识分子不要自家看得太贱，自承是个高等乞丐，只好混饭吃。在教育发达的国家，受过教育的人或者是不稀罕的；在中国社会则云何不足珍贵？无论如何要算一社会中有力量的分子；民族自救的大任，除了我们更将靠谁？须知民族的兴亡，系于乡村的破坏或建设；而其关键正在自家身上。只看脚步所向，一转移之间，局面可为之一变的。大家一齐回乡，骈力作广义的促兴农业工夫——乡村建设工夫，开出乡村建设的风气，造成乡村运动的潮流，则数十年来乡村破坏之一大方向，又何难扭转过来？自身的出路，民族的出路，一一于此可得；不过总要自己去求罢了。

在都市过剩的知识分子，好像没得用处；然而挪到乡村来，其作用自现。即最无多少知识能力的，在乡间至少亦有两种伟大作用：

  1. 乡村最大病症是愚蔽，从他的一知半解，总可替乡下人开一点知识，最低程度亦能教乡下人认识几个字。

  2. 乡村最大缺憾是受到祸害没人理会，自家亦不能呼唤人注意；而他则容易感觉问题，不似乡间人疲钝忍默，亦有呼喊的工具——即文字。

第一种作用，好比为乡村扩增了耳目；第二种作用，好比为乡村添了喉舌。如果不是回乡来作土豪劣绅，图占村间人的便宜，则我想此两种作用是一定可以见出的。尤其是回乡的人多了，此作用必自然发生无疑。果真化除得几分乡村人的愚蔽，果真乡村人受到祸害能呼喊出来，中国民族前途便已有了希望；乡村建设便算成功了一半。其作用还不伟大么？

若是较有能力的知识分子，其在乡间将见出第三种更进一步的作用，那便是替乡间谋划一切建设事宜，好比为乡村添了脑筋一样。

所谓乡村建设，事项虽多，要可类归为三大方面：经济一面，政治一面，教育或文化一面。虽分三面，实际不出乡村生活的一回事；故建设从何方入手，均可达于其他两面。例如从政治方面入手，先组成乡村自治体；由此自治体去办教育，去谋经济上一切改进，亦未尝不很顺的。或从教育入手，由教育去促成政治组织，去指导农业改良等经济一面的事，亦可以行。但照天然的顺序，则经济为先；必经济上进展一步，而后才有政治改进教育改进的需要，亦才有作政治改进教育改进的可能。如其不然，需要不到，可能性不够，终是生强的作法。我们从事乡村建设，原是作促进社会进步的工夫，固不能待其天然自进；然于此中相因相待之理不知留意，建设必将无功。

所谓乡村经济的建设，便是前所说之促兴农业。此处所说农业并概括有林业、蚕业、茶业、畜牧、养鱼、养蜂、各项农产制造等，——一切乡村间生产事业皆在内。所谓促兴农业又包括两面的事：一是谋其技术的改进；一是谋其经济的改进。技术的改进，是求生产的品质与量数有进益，诸如改良种子，防病除虫，改良农具，改良土壤，改良农产制造等事皆是。经济的改进，是求生产费之低省与生产值之优厚，一切为农家合算着可以省钱或合算着多赚钱的办法皆是；其主要者即为各项"合作"。如信用合作、产业合作等。这两面的改进自有相连相需之势，即技术上的改进，每有需合作才能举办者；而合作了，亦会自求其技术的改进。二者交济，农业之发达是很快的。农业果然兴起，工业相因而俱来。或应于消费的需求，径直由消费合作社举办；或为农业原料之制造，由产业合作社而举办；其矿冶等业则由地方自治体以经营之。由此而来的工业，自无近代工业所酿的危害。在适宜情形之下，农民并可兼作工人；近代工人生活机械之苦于此可免，那是文化上更有意义的事。

说到政治一面，大家都常听到"要赶快完成地方自治"——包含乡村自治——一句话；其实这是未假思索之言。政治都是以经济为背景的。照原来中国乡村的旧经济状态，本不会有"欧化的地方自治"。——"地方自治"是欧洲政治里面的一回事，故冠以欧化字样；普通所说，类多指此。照现在中国一天一天枯落的乡村，更没法子有这事实现。非待中国社会经济有进展，是不会完成"自治"的；然而中国经济问题又不会走上欧洲那条路，中国终不会有那种"地方自治"是很明白的。中国经济问题的解决，天然只有一条路如上所说者，因此中国亦将自有其一种政治（包含地方自治）。中国从合作这条路去走，是以"人"为本的，不同乎资本主义之以"钱"为本。又从乡村而建设起来，层层向上建筑，向大扩张，虽然合作社的联合中枢机关在都市，而其重心则普遍存于各乡村。由是，其政治的重心亦将自普在乡村，普在人人。像欧洲那样"钱"膨大起来驱使人，而人转渺小；又由都市操纵国权，乡村轻末不足齿数，上重而下轻者这里都不会有。可以说欧洲国家政权好像偏起而耸立的；此则是平铺安放的。尤其是个人本位自由竞争的经济，其经济属私事，政治乃为公事，二者分离。此则合作经营，即私即公；经济与政治固可以不离为二。孙先生遗教曾说，地方自治体不单为一政治组织，抑并为一经济组织，指示甚明。大概事实上，亦非借经济一面之合作引入政治一面之自治不可。不然，则虽将区村间邻按照法令编制起来，自治公所的招牌悬出来，至多不过奉行上面命令办些行政事务而已；不能举自治之实。

眼前若成立自治组织，宜注意担任自治公职者之人选，取谦谨平实一流，使其消极地少些流弊。其积极的功用，则要以能和睦乡党尽诱导教育之劳，使于自治生了解生兴趣者为最上。

乡村建设之教育一面，眼前可做之事甚多；而要以民众教育为先，小学教育犹在其次。民众教育随在可施，要以提高一般民众之知能为主旨。经济一面、政治一面之得有些微进行，统赖于此。内地乡民之愚暗，外间多不深悉，一为揭看，便将兴叹无穷。倘于此多数民众不能有所开启振拔，则凡百俱不相干，什么都说不上。丹麦之兴，盖全以其农民教育为推动力；其事有可仿行者，但非下乡之知识分子倾注于农业改良研究，为其先导不可。

乡间礼俗的兴革，关系乡村建设问题者甚大。不好的习俗不去，固然障碍建设；尤其是好的习俗不立，无以扶赞建设的进行。所谓合作，所谓自治，都与从前疏离散漫的社会不同。人与人之间关系日密，接触日多，所以行之者必有其道。此道非法律而是礼俗。法律只可行于西洋，行于都市；若在中国社会，尤其是在乡党之间是不行的。何况有法律，亦要有礼俗才行；即法律之行，亦莫不有资于习俗。古时如吕氏乡约等，于此是一种参考；第如何因革损益，大不易言。

以上就乡村建设三面，略陈其义；其具体事项，若者先办，若者后办，如何办法，则各处情势不同，要在谋划的人善为揆度，不能一概而论。一则要看当地是什么情形，一则要看自己是什么力量。乡村建设的事，什么人皆可作，政府作，社会团体作，私人居乡亦可作。所以力量是不一样的。力量不一样，自然作法不一样。地方情形，又有地理的不同和人事的不同。就地理说，不但南北异宜，即一省之中，一县之中，正复不能一样。要因其土宜为之兴利，因其所患苦为之除害。例如苦旱的地方，自然要兴水利；——怎样兴法又不一样。产棉的地方，自然改良棉种；或棉种已有办法，而须指导其为棉花贩卖合作，亦不一定。他如山地可以造林，交通不便者急须修路，等等不一。人事不同者，如其社会经济情形不同，政治情形不同，教育情形不同，或风俗人情不同等。万般不齐，随宜施设，说之不尽。但有三桩事可以提出来说说的：

一则地方不靖者，莫先于举办乡村自卫。孙先生遗教，原有警卫完成再及自治之说。最近国民政府为肃清匪祸安辑地方计，亦极力督促地方保卫团之成立。诚以秩序未安，人心不定，一切建设无从谈起。中央及地方政府法令所示，仅属一种大概办法；认真去作，仍须当其事者悉心讲求。最要众志归一，先安内部；先清内部，则根本已立。无论平常时或有匪患时，都应该作此工夫。

一则地方有红枪会或其他帮会组织者，亟宜作一种化导工夫，务使其尽相当之用而不为害。乡民愚昧而有组织，且为武装组织，其危险性实大。第一，要化导他向开明进步的方向去；不然，必将为乡村改进的绝大障碍。第二，要慎防他势力扩大，为人利用，酿出祸乱。这是一件最不易对付的事；然只许用软工夫，不可以强硬手段摧毁之，——这是违背乡村建设之理的。

一则鸦片毒品发现流行的地方，亟宜公议查戒杜绝之方。毒品流行，为祸最烈；然其始必自村中有不务正业之游民，又每与娼赌等事相缘，实为村风败坏的问题，非单独的一件事。唯靠乡中老成端正之士，团结一致，共负起挽救整顿之责，建树良好村风，别无他法。此虽为法律所厉禁，却终非外面官府力量所能及的。

在今日纷纭复杂的中国社会，问题岂胜枚举，方法何可预定。只要认清题目，握定纲领，事情到手，自有办法；——即不然，办法亦无难讲求。我们总括上文大意，以为我们的题目和纲领，即此作结：

题目便是辟造正常形态的人类文明，要使经济上的"富"、政治上的"权"综操于社会，分操于人人。其纲领则在如何使社会重心从都市移植于乡村。乡村是个小单位社会，经济组织、政治组织皆天然要造端于此的；一切果从这里建造起来，便大致不差。恰好乡村经济建设要走"合作"的路，那是以"人"为本的经济组织；由是而政治亦自形成为民主的。那么，所谓富与权操于人人，更于是确立。现在所急的，是如何遵着这原则以培起乡村经济力量，乡村政治力量；这培起乡村力量的工夫，谓之乡村建设。——乡村建设之所求，就在培起乡村力量，更无其他。力量一在人的知能，二在物资，而作用显现要在组织。凡所以启发知能，增殖物资，促进组织者，都是我们要作的。然力量非可由外铄；乡村建设之事，虽政府可以作，社会团体可以作，必皆以本地人自作为归。

山东省政府为谋本省的乡村建设，经政务会议议决而有本院——山东乡村建设研究院之设立。所有一切办法，或秉承省政府命令所示，或由院拟订呈请省政府核准备案；其既经公表之文件，则有本院组织大纲，本院学则及课程。兹分项撮要，概叙如次。

本院所要作的事，是一面研究乡村建设问题，一面指导乡村建设的实施。本院内部组织，即准此而分为：

一、乡村建设研究部；

二、乡村服务人员训练部；

三、实施乡村建设的试验县区。

乡村建设研究部的命意，约有两层：一层是普泛地提倡这种研究，以为学术界开风气；一层是要具体地研究本省各地方的乡村建设方案。大概初创之时．以前层意思为多，渐渐才得作到后一层。——因为这不但要萃集各项专门人才，并且要有几个机关协同着作才行的。此项研究生的招收，原是要受过高等教育者为合格；不过亦不愿拘定大学专门毕业的资格，致失奖励知识分子转向乡村去的本意，所以又有"同等学力"的规定。大抵以具有较高知识，对于乡村问题向曾留意者为合适。其研究程序，先作一种基本研究；——那便是乡村建设根本理论的研究。次则为专科研究；随着各人已往学识根柢的不同，和现在兴趣注意的不同，而自行认定一科或数科研究之。例如原来学农业的，就可以从事于农业改良研究；而现在有志于乡村教育的，就可以从事于乡村教育研究。各科的范围宽狭不同，细目亦得别为一科。但科目的认定，必取得研究部主任的审量许可；作业的进行，须听部主任及教师的指导。本部课程，除间有必要外，不取讲授方式；或个别谈话，或集众讨论；并于南北各大学聘有特约导师担任指导，以函授行之。修业期限，规定二年；但于修业期间，得有研究结果，提出论文经部主任及导师评定合格者，亦得请由院长核准予以提前结业。

此项研究部学生，差不多都要到觅求职业的时期，颇难再由家中供给费用，所以本院定章，除供给膳宿外，并给予津贴每月十元。其学有专长者，在适宜情形下，并得在院中兼职兼课（训练部功课）；要无非掖进有志，扶助苦学之意。将来学成结业，自本院希望言之，实以留院服务为期。因本院训练部第二期必须扩充办理，正多需才之处。以是本院学则，于此有"酌留本院服务"及"呈请省政府录用"之文。

本院第一届招生，研究部限招三十名。并以一切费用均出公家供给之故，其省籍即限于山东本省。但为提倡这种风气起见，外省自备资斧请求附学者，亦得酌量容纳；其名额不得逾本院学生十分之一。

乡村服务人员训练部和特定之试验县区，是从"指导乡村建设的实施"那一面工作而来的两个机关。我们对于实施乡村建设的进行，计划着第一步要预备到乡村服务的人才。这不须说，当然是要就地取材的，其条件略如下开为合适：

　　一、世代居乡，至今其本人犹住家在乡村的。——这是为他不失乡村生活习惯，尤其要紧的，为是他熟谙乡村情形。

　　二、曾受过相当的教育（略如初中），具有普通知识的。——非有知识和运用文字的能力，不能为公众作事。

　　三、年纪在二十岁以上，三十五岁以内的。——这是为年力正富可以有为，而又不要太年轻。

大概果能具此三条件的人多是在乡村教过学或曾任乡村公职者；亦可

说是于乡村服务有些经验的。因其受过相当教育年达二三十岁，而没有升学或作事于外，则其末后居乡的几年总不免要作点事的；其升学或作事在外而新回乡的，成数必然很少。前项闷守乡村的，诚未必是俊才；然在这知识分子回乡尚未成风气的今日，舍此更无可求。后一项新回乡的，或有英发之士；而多年在外，情形隔膜，亦是缺欠。无论哪项人，非经一度训练之后，总还不能担任乡村建设的工作。此所以有乡村服务人员训练部之设。所要训练于他的，约计有三：

一、实际服务之精神陶炼。——要打动他的心肝，鼓舞他的志趣，锻炼他吃苦耐劳、坚韧不拔的精神；尤其要紧的，是教以谦抑宽和处己待人之道。

二、为认识了解各种实际问题之知识上的开益。——非有一番开益其知识的工夫，则于各种实际问题恐尚不易认识了解。

三、为应付解决各种实际问题之技能上的指授。——例如办公事的应用文，办合作的应用簿记，办自卫的军事训练等。

必须受过了这三项训练，而后乡村服务人才的条件才得完具。因此，本院于训练部的课程，有五大部之安排：

甲、党义之研究；概括三民主义、建国大纲、建国方略，及其他等目。

乙、乡村服务人才之精神陶炼。

丙、村民自卫之常识及技能之训练；概括自卫问题研究、军事训练、拳术，及其他等目。

丁、乡村经济方面之问题研究；概括经济学大意、农村经济、信用生产消费各项合作、簿记、社会调查及统计、农业常识及技术、农产制造、水利、造林，及其他等目。

戊、乡村政治方面之问题研究；概括政治学大意、现行法令、公文程式、乡村自治组织、乡村教育、户籍土地各登记、公安、卫生、筑路、风俗改良，及其他等目。

我们为实行"就地取材",所以对于招生特别仔细;为训练得有实功,所以对于课程不得不认真。所谓招生特别仔细的,就是训练部学生的招收,由招考委员会分组出发到各县,召集当地人士,宣布乡村建设的意义和本院进行的办法,唤起地方上人的同情愿来参加,而后分区就近考试。——其如何分区分届招生办法详后。所谓课程认真的,则有部班主任制和一年到头不放假的办法。

本院训练部学生以四十名为一班,班置班主任及助教各一人。班主任对他一班的学生之身心各方面活动,皆负有指导照管之责;凡学生精神之陶炼,学识之培益,身体之保育锻炼等,固自有各样的课程作业,但必以此班主任的指导照管作为训练的中心。所以班主任有"应与学生同起居共饮食","以时常聚处为原则"的规定。学生每天都要自己写日记;这日记亦是由班主任为之阅改。各班学生成立其自治团,凡经本院划归该部自行办理之教务、庶务、卫生清洁等事,亦都是在班主任指导之下,进行自治。各班主任之上,更由部主任总其成。——是所谓部班主任制。

训练部课程期以一年结业;这一年到头是不放假的。不但不放寒暑假,并星期例假及一切纪念节假都没有。一则是因为功课多,而修业期短,不得不加紧。一则是农家生活除农暇外,没有哪天放假停工之说;本院期在养成乡村人才,于此不合农业社会的习惯,应予矫正。在此一年之中,每日廿四小时生活,依昼作夜息分为二大段,排定公共生活时序表,全院遵守。例如自某时起床、盥漱、朝会、健身拳术、早餐、作业、午餐、作业、晚餐、洒扫、作业、写日记、夜息为止;大家同作同息。计午前、午后、晚间三个作业段共八小时。这虽似太紧张,行起来却亦很自然。因所谓作业包括种种活动,不定是讲课读书。尤其是星期日多为出院外的活动,如野外操练、巡回讲演、乡村调查等。

仔细取材之后,尤恐学生中有难于造就的,所以有随时甄别的办法。本院学则规定:"学生在修业期间,本院得随时就其资性体质思想行为,加以甄别而去留之。"认真训练之后,临近结业,犹恐其有出外作事难副所期者,因而本院学则有规定云;"本院期在培养实地服务人才,凡学生结业必须具有解决乡村各种问题之知识能力及勤劳奋勉之精神;其有修业期满而不足以副此者,本院得缓予结业。"

以上都是说本院如何预备乡村建设人才的办法。但这招生之事,山东省一百零七县实不能同时举办，此其困难有二：

一、本省各地方情形不同——鲁西不同鲁东，鲁南不同鲁北——要同时了解它，研究它，替它想办法，势所来不及；而这是在训练学生时，多少要指点给它的。尤其是在指导实施的时候，一定要帮它解决地方上的问题，普泛地照顾。

二、训练后回本地作事者，每县人数若过于单少，则事情不易进行；假定每县十人左右，同受训练，便达一千余人。本院人力、财力一时均有不及。

因此，本院计划划分区域，分期次第举办。其区域即以本省旧日行政区之四道为准。现在第一届招生，即就第一区旧济南道属廿七县先行办理。将来第二届或就第二区旧济宁道属办理；或力量宽裕，第二、二区合并举办，亦不一定。

第一届之廿七县，除指定之试验县特别招收四十人外，每县招取人数规定八人至十人；其总数约为三百人以内。招考委员会拟分五组出发，分赴各县宣传后，就济南、邹平、蒲台、惠民、泰安五地点举行考试。其报名手续，考试项目等，另详招生简章。

在储备人才的时候，即应就一地方试行乡村建设，这有两层用意：

一、训练学生不徒在口耳之间，更有实地练习试做之资。

二、以此为各县乡村建设的示范，以此为本省乡村建设的起点。

故此特由本院请省政府指定一县为本院之试验县区。此试验县区的条件，要以地点比较适中，县份不过大，不甚苦而亦非富庶，不太冲繁而交通又非甚不便者为合适。现已奉省政府指定，在离胶济路周村站三十余里之邹平县。照本院组织大纲规定，本院院址应即设置于此，并以该县县长兼本院试验县区主任。县长人选亦经发表；将来尚须成立一委员会，以为设计进行之机关。

又在训练上为学生实地练习之资，在乡村建设上为各地示范者，尚有本院农场。农场场址亦随本院置于试验县区内。举办之初，规模有限，必须应于实际需要次第扩充之。例如棉业试验、牧畜试验、蚕桑试验或者其他，审其为地方所切需，陆续添办。或商请省政府农矿厅举办，协同进行。我们总希望有个可以为试验县区及第一区其他廿六县，农业技术改良上之一研究指导机关的农场。

然我们对于建设进行，颇主张先侧重经济上种种合作。其确实计划，此时尚不能言。我们将先举行两个调查工作：一、试验县区的农村经济调查；二、第一区其他廿六县的农村经济调查。前一调查工作，有训练部的本县学生四十人为助，当易进行。后一调查工作，拟向省政府请款举办。必此两调查办完，如何建设，方有计划好商量。

至若建设的实施，在第一届学生训练期间，所可着手者只限于试验县区。在第一届学生结业回乡服务时，其他廿六县始能着手。训练部各县学生回乡如何服务，与各县建设实施从何着手，殆为一个问题。本院于此，有两种策划：假使各该县政府秉承省政府命令，于此乡村建设之事从上面有所兴举（例如县农场、县农民银行、县自治筹备事宜、县办民众教育等类），自应照本院学则所规定，分派各地方或发交本县服务；其所着手之事，即因所兴举而定。假使上面机缘不好，或政府未暇兴举，或徒有名目难期实益，则各该学生应各回乡里，在本院指导之下，自行办理一种"乡农学校"为宜。此种"乡农学校"的办法，随宜解决当地问题，俾信用渐孚，事业自举；其详须待另陈。

总之，事属创举，须一面试做，一面规划，有难于预定者；待第一届办过后，当可开出些道路来。

各省设立县政建设实验区办法

（一）**总纲**

一、各省为改进地方人民生活，实现地方建设起见，得根据本办法之规定设立县政建设实验区（以下简称实验区）。

二、实验区之范围原则以上以县如单位，但必要时亦得扩充为数县。

三、实验区著有成效后，应随时推广及于他县，于必要时得呈准于本实验区内设立训练机关负责训练各种建设人员，以供其他各县办理县政建设之用。其办法由各省斟酌地方情形订定之，咨报内政部查核备察。

四、各省如比较实验之效果并便于观摩起见，得就风土民情不同之地方建立两个以上实验区。

五、实验区之选定以具有下列条件之一者如合格。

1. 该区情形可以代表本省一般情形者。

2. 交通便利地位适中者。

3. 从前办理自治较有成绩者。

4. 地才有领导人才且能出力赞助者。

5. 实验场所有相当设备者。

六、各省实验区之选择及其计划大纲应由省政府会议决定之。

七、各省择定实验区决定设置时，应由省政府开明实验区设置地点管辖范围及其进行步骤，咨请内政部转呈行政院备案。

八、各省自治筹备委员对于实验区进行事项有辅助考察之责。

（二）组织及权限

九、实验区内县政府应比一般县政府之权限扩大，必要时并得设立县政建设委员，集合专家调查事宜订定计划训练人才及实地试验之责任其委员会及县政府之组织法由省政府订定，咨请内政部核准备案。

十、实验区之行治范围在一县者由县长负责，在两县以上者由各该县县长负责，于必要时得另组织区公署设区长官一人，总揽实验区内一切行政事宜。

十一、实验区内之县长、区长官，由省政府选择学识优良经验丰富之合格人员担任之，区长官为简任职其任用手续均依照县长任用法之规定办理。

十二、实验区内之县政府机关之改组或扩充以及区公署之组织，由省政府拟定详细办法，咨请内政部转呈行政院备案。

十三、实验区执行中央及省之法令确认为有难时，得斟酌变更之，但须呈准中央核准备案。

十四、实验区应事实之需要得制定各种单行法规。

十五、实验区之事权范围如下。

1. 依法令属于县者。

2. 虽非县之事权而有实验性质者。

3. 上级政府特别交办者。

十六、实验区与省之权限及国家之行政权与地方自治权均应明白划分其办法另订之。

十七、实验区内之县应在其他各县之先依法成立人民代表机关实行监督财政审核法规，以树立民治之基础。

十八、实验区内之县其自治事业已到建国大纲第八条规定之程度者是为自治完成之县，其人民有直接选举及罢免官吏之权，有创制及复决法律之权。

（三）经费

十九、实验区之经费应就地方收入款留百分之五十以上充之。

二十、实验区之经费除前条之规定收入外，如有不足时，应呈请省政府酌量由省库补助，其原有之一切附加及苛捐杂税应分别蠲免或整理之。

廿一、凡属于省经营之事业或具有全省一致性质之试验事业，其经费应由省库筹拨。

廿二、实验区应注意公营事业以其收益办理地方公共事业。

廿三、实验区之一切公有财产另组地方款产保管委员会保管之。

廿四、实验区应实行预算制度，按期编制预算及决算会送请省政府审定之。

廿五、实验区之财政应实行公开并厉行统取统支办法，绝对不许各机关任意分割或挪用。

（四）实施之方式与程序

廿六、实验区之县政实施程序应分为以下两个时期：

1. 行政整理时期，如财务行政教育行政之整理等。
2. 地方建设时期，如测量土地修筑道路改良农业提倡合作添设学校普及教育及医疗救济设备等。

以上两时期之工作，必须循序举办。在第一时期应以整饬吏治、涤除积弊为中心之工作，并须特别注重整理财政行政及公安行政。

廿七、实验区得按交通文化物产及社会组织之状况将全境划分为几个不同性质之区域，在每一个区域中，选择适合于当地人民需要之中心事业从事实验。

廿八、实验区之县政设计及实验事项应注意下列各原则

1. 一切设施须根据现实环境之需要与当地人民之程度定之，勿重形式，勿求速效。

2. 实施计划应先就已推行之事项加以整理，排除消极之障碍，避免不必要之分争。

3. 随时随地与其他各种专门团体及机关分工合作联络进行。

4. 从各种实验事业中训练人民，培养专才。

5. 办理地方行政及自治人员对于书面报告表式填写以及不切合实际之标语口号，宜力求减少，务须深入农村，设法解除农民痛苦。

6. 注意人民团体组织辅导人民实行自治。

7. 采取政教富术合一办法，以适当之步骤实现整个之计划，谋农村之复兴。

8. 办法力求简宜与普及，以期减少人民负担，并为大多数人口谋利益。

9. 一切事业之进行须具有实验之精神，以便将来得根据行于他县。

（五）附项

廿九、本办法如有未尽事宜得由内政部随时提出修正之。

三十、本办法由行政院核准后施行。

卅一、本办法施行前，各省已有类似县政建设实验区之组织，其原定名称办法及其关系章则如有不更改时，均得暂准通用，但应由省政府开明办理经过及组织情形并检同该项办法章则，咨送内政部转呈行政院备案。

山东县政建设研究院实验区条例

一、本条例参照全国第二次内政会议通过内政部县政改革案，各省设立县政建设实验区办法（以下简称前项办法）订定之。

二、依据前项办法第二、第三、第八条之规定，暂以邹平、菏泽为实验区，于必要时得扩充为数县，设区长官一人总揽实验区内一切行政事宜。

三、依据前项办法第七条之规定，实验区内之县政府及其所属机关得酌量改组或扩充之。

四、依前项办法第八条、第十条之规定区长官公署之组织另定之。

五、依前项办法第十二条之规定，实验区之区长官公署及县政府均直据受省政府之指挥，监督各厅，与区公署县政府及所属机关均不直接行文。

六、依前项办法第九条之规定，实验区之区长官或县长及以研究院实验部主任兼任，由研究院院长呈请省府委任之。

七、依前项办法第十三条之规定，实验区内除区长官、县长外，各项行政人员由院长委任之。

八、依照前项办法第十五条之规定，实验区执行中央及省之法令认为有疑难时，得呈请上级政府核准变更之并得制定各种单行规则。

九、依照前项办法第十六条之规定，实验区之事权范围如下：（一）依法令上属于县者。（二）虽属于全省之事业而有实验之性质者。（三）上级政府特别交办者。

十、实验区内各县之经费之财政，除照本省法令应解交各款一律照解外，应依据前项办法关系经费各条之规定为原则，所有各地方款得另行编制预算，呈报省政府备案其详细办法另订之。

十一、本条例如有未尽事宜，由现政建设研究院呈请省府修正之。

山东省县政建设研究院实验区条例实施办法

第一条 本办法依据山东省县政建设研究院实验区条例制定之（以下简称实验区条例）。

第二条 县政建设实验区实施实验工作除中央另有法令规定外，均依据本办法行之。

第三条 区长官公署未成立以前，其职权属于县政建设研究院所有，实验区内各县政府应受其指挥监督（以下简称研究院）。

第四条 实验区之县政建设实验计划除省政府特有规定外，由研究院统筹拟定呈奉省政府核准后施行。

第五条 实验区县政府对本县应行改进之事项有所建议时，得拟具计划呈请研究院审定转呈省政府核准后行之。

第六条 实验区一切行政应根据省政府核准之，实验计划进行所有通行各县之各项法令，如有与前项计划有窒碍时，得不受其拘束。

第七条　实验区依据实验区条例第八条之规定，得制定单行法规，其关系一县者由县政府提经县地方会议通过，呈请研究院核转呈省政府备案后，施行其关系。两县以上者由研究院制定呈请省政府核准后，呈请省政府核准后施行。

第八条　实验区县地方款之收入、支出预算案由县政府于年度开始前三个月制定，提交县地方会议通过，呈研究院审查转呈省政府核定后实行，其决算案应于年度终了后三个月内编制齐全，呈送研究院转呈省政府核销。

第九条　实验区县政府遇有增减税率或募集公债时，应由县政府依据计划提交县地方会议通过，呈请研究转呈省政府核准后施行。

第十条　实验区县政府之经费例由省库拨发者其概，由研究院编制呈报。

第十一条　实验区县地方款预备费之动支，除曾编制预算指定由预备费项下列支有案者不计外，倘有临时动用之款在百元以上者，须经县地方会议议决专案呈报研究院核准方能动支；在百元以下者，提交县地方会议通过动支呈报研究院备案。

第十二条　实验区县政府经征国省正杂各税向例解交省库或主管机关者，依据实验区条例第十条之规定仍照向例手续办理。

第十三条　实验区依据实验区条例第五条之规定，直接受省政府之指挥监督，除本办法别有规定外，与各厅之直接行文，各厅遇有令饬，必要时应呈由省政府传令遵照。

第十四条　实验区县地方财政应厉行统收统支办法，并得设立县金库，其办法由县政府拟定呈送研究院核准，转呈省政府备案施行。

第十五条　实验区县长之委任应依照实验区条例第六条之规定。办理县政府各项行政人员，由县长遴选呈请研究院长委任之，其应由县长委任者仍于委任后呈报研究院备案。

第十六条　实验区县政府之各科受县长之统一指挥，并以合署办公为原则。

第十七条　实验区应事实上之需要，得设置各种专门委员会，其经费及办法由县政府拟定提交县地方会议通过，呈请研究院裁准转呈省政府备案后施行。

第十八条　实验区县政府各公务人员之任免考核待遇及奖凭办法另定之。

第十九条　本办法如有未尽事宜由研究院呈请省政府修正之。

第二十条　本办法自省政府核准公布后实验区开始工作之日施行。

第二章　县政府组织

邹平实验县组织暂行办法

（一）本办法依据邹平县实验计划关于县行政组织自治组织及社会改进机关之计划制定之。

（二）本县设县政府于山东省政府暨山东乡村建设研究院指挥监督之下处理本县行政，监督地方自治，改进社会事务。

（三）本县政府于不抵触中央及省之法令范围内得发布命令，并得制定单行法规。

（四）本县政府执行中央及省之法令确认有碍难时，得呈由山东乡村建设研究院之转呈核准变更之。

（五）本县按照户口、自然地势、社会习惯等情形，除城区特设首善乡外，分划为十三乡，各冠以第一、第二、第三、第四、第五、第六、第七、第八、第九、第十、第十一、第十二、第十三等次序，各乡之组织及区域另定之。

（六）本县按照户口及地方情形，于乡之下分设若干村，其组织及区域另定之。

（七）乡村之区域之划定及变更，由本县政府呈经山东邹村建设研究院核准行之。

（八）乡村得于不抵触中央及省县法令规则之范围内制定自治公约。

（九）本县之自治组织于村之下以居民二十五户为闾，闾之下以居民五户为邻，遇必要时得以县政府之划定成为闾邻。

（十）本县政府设县长一人，总管全县事务并指挥监督全县行政。

（十一）自治机关

（一）秘书职掌如下：1. 机要事项；2. 总核文件事项；3. 职员进退事项；4. 典守印信事项；5. 县政会议事项；6. 其他不属各科事项。

（二）第一科职掌如下：1. 公安事项；2. 地方自治及选举事项；3. 地方警卫事项；4. 禁烟事项；5. 风俗事项；6. 宗教事项；7. 典礼事项；8. 社会救济事项；9. 著作出版事项；10. 保存古物事项；11. 收发文件事项。

（三）第二科职掌如下：1. 省财政事项；2. 编制省地方预算决算计算事项；3. 保管公物事项；4. 统计事项；5. 编存档案事项；6. 省款会计庶务事项。

（四）第三科职掌如下：1. 征收县地方捐税事项；2. 县地方募债事项；3. 管理县地方公产公款事项；4. 编制县地方预算决算计算事项；5. 其他关于县地方财政事项；6. 县款会计庶务事项。

（五）第四科职掌如下：1. 土地事项；2. 农矿事项；3. 工商事项；4. 森林事项；5. 电机事项；6. 建筑事项；7. 水利事项；8. 道路事项；9. 劳资纠纷事项；10. 度量衡及合作事业事项；11. 气象观测事项；12. 其他关于建设实业事项。

（六）第五科职掌如下：1. 学校教育事项；2. 社会教育事项；3. 其他关于教育事项。

（十二）本县政府各科设科长一人，秘书暂由第一科科长兼任，承县长之命分掌主管事务；设科员、技术员、督学事务员若干人，承长官之命佐理各项事务。

（十三）本县政府秘书、科长、技术员、督学由县长遴选合格人员，呈请山东邹村建设研究院；委任科员、事务员由县长委任，呈报山东乡村建设研究院备案。

（十四）本县政府应事实之需要得雇用雇员。

（十五）本县政府设政务警察，办理催征、送达、侦缉、调查等事项，其名额另定之。

（十六）本县政府之下设下列各局所：1. 公安局掌户籍、警卫、消防、防疫卫生、救灾及保护森林渔猎等事项；2. 民团干部训练所掌理全县地方警卫、训练民兵及联庄会事项。

（十七）本县民团干部训练所所长由县长兼任，公安局长由县长遴选合格人员呈请，山东乡村建设研究院委任之。

（十八）本县公安局民团干部训练所之组织及权限另定之。

（十九）本县政府设县政会议以下列人员组织之。

（二十）下列事项应经县政会议审议。

1. 预算决算事项；2. 县税捐之增减事项；3. 县公债事项；4. 县公产处分事项；5. 县公共事业之经营管理事项；6. 县政改革实验事项。

县长认为有必要时得以其他事项提交县政会议审议。

（廿一）县政会议规则由该会议议定之。

（廿二）本县政府设县地方会议以下列人员组织之。

1. 县长、县政府秘书、科长、公安局长；2. 县党部代表；3. 各乡乡理事；4. 商会代表；5. 农会代表；6. 工会代表；7. 其他人民团体代表；8. 县长指定人员。

县地方会议开会时以县长为主席。

（廿三）下列事项应经县地方会议议决后依据法令进行之。

1. 县预算决算事项；2. 县税捐之增减事项；3. 县公债事项；4. 县公产处分事项；5. 县公共事业之经营管理事项；6. 县政改革实验事项；7. 县单行规则之编制事项；8. 其他应行讨论事项。

县长认为有必要时得以其他事项提交县地方会议。

（廿四）县地方会议规则由该会议议定之。

（廿五）本县政府得应事实之需要设置各项委员会。

（廿六）本县政府办事细则另定之。

（廿七）本办法如有未尽事宜，经县政会议之议决呈由山东乡村建设研究院修正之。

县政府暂行组织办法

一、邹平实验县县政府（以下简称县政府）于山东省政府及山东乡村建设研究院（以下简称研究院）指挥监督之下处理全县行政、监督地方自治、指导社会事业等事务。

二、县政府设县长一人，综理全县政务。县长由研究院遴选，呈由省政府任命之。

三、县政府于不抵触中央及省之法令范围内，得发布命令制定单行法规。

四、县政府执行中央及省之法令确认有碍难时，得呈由研究院转请变更之。

五、县政府设秘书室及各科其掌理事务如下：

（一）秘书室职掌如下：

1. 关于机要事项。

2. 关于总核文件事项。

3. 关于法规编审事项。

4. 关于职员进退考绩事项。

5. 关于典守印信事项。

6. 关于县政会议、县地方会议、乡村建设辅导会议事项。

7. 关于文件收发事项。

8. 关于编存档案事项。

9. 关于统计事项。

10. 其他不属各科事项。

（二）第一科职掌如下：

1. 关于户籍调查事项。

2. 关于人事登记事项。

3. 关于乡村自治委任人员之任免、考核、奖惩、训练、指挥、监督事项。

4. 关于乡村区域之划分变更事项。

5. 关于礼俗及宗教事项。

6. 关于保存古迹古物事项。

7. 关于社会救济兼勘验事项。

8. 关于人民集会结社事项。

9. 关于行政诉讼事项。

10. 关于褒恤事项。

11. 关于慈善团体监督事项。

12. 关于庶务事项。

13. 关于卫生行政事项。

14. 关于本科职掌之章则拟订事项。

（三）第二科职掌如下：

1. 关于地方保卫事项。

2. 关于征役事项。

3. 关于自卫训练及军训事项。

4. 关于送达、催征、缉捕、解送事项。

5. 关于远警案件之处理事项。

6. 关于消防事项。

7. 关于禁烟、禁毒事项。

8. 关于森林、渔猎保护事项。

9. 关于其他公安警卫事项。

10. 关于本科职掌之章则拟订事项。

（四）第三科职掌如下：

1. 关于赋税之征收整理事项。

2. 关于公债事项。

3. 关于预算决算之编造审核事项。

4. 关于款项之出纳保管登记稽核事项。

5. 关于公产保管整理事项。

6. 关于其他地方财政事项。

7. 关于本科职掌之章则拟订事项。

（五）第四科职掌如下：

1. 关于农矿事项。

2. 关于森林事项。

3. 关于水利事项。

4. 关于道路事项。

5. 关于建筑事项。

6. 关于公用事项。

7. 关于合作事项。

8. 关于农村金融事项。

9. 关于农工商行政事项。

10. 关于本科职掌之章则拟订事项。

（六）五科职掌如下：

1. 关于学校教育事项。

2. 关于社会教育事项。

3. 关于其他教育事项。

4. 关于本科职掌之章则拟订事项。

六、县政府设秘书一人，各科设科长一人，由县长遴选合格人员呈请研究院委任之。

七、县政府各室科得依事务之繁简设科员、专门人员、办事员若干人，由县长委任之。

八、县政府为辅导乡村学工作起见，设辅导员若干人，由县长委任之。

九、县政府得雇用雇员。

十、县政府为执行第五条第三项所列事务起见，设行政警察队警卫队员、兵夫、马数额，另定之。

十一、县政府办事通则及各室科办事细则另定之。

十二、本办法如有未尽事宜得随时呈请研究院增删或修正之。

十三、本办法自呈准研究院公布之日施行。

附　原呈文

呈为修正本府组织暂行办法，恭请

鉴核示遵事：窃查本府组织暂行办法，施行以来，发现尚有应行修改之处，谨将拟加改正事项分陈于下：

（一）公安局及民团干部训练所，士兵无多，而官佐设置，颇嫌浮滥，且士兵出自招募，当兵徒为社会上不生产之游荡分子，毂则易滋地方之害，此应改善者一，又政务警，迭经整顿，固不复有从前班役习气，惟其政警名称，究系旧日班役蜕化而未，既无机会与其他正式警团享受同等教育，不惟不得侪于正式警团之列，抑难以坚其向上求进之志，此应改善者二。拟将公安局民团干部训练所及政务警各名义，一律裁撤，尽原有薪饷，少设官佐，增多兵额，编制两部：计（甲）警卫队若干名，此队纯以曾受训练联庄会员征调充之，以深造军事技术及剿匪游声为职务，服役以四个月为一期，期满归农，轮流值调，借以作寓兵于农，推行民兵制之实验。（乙）行政警察队若干名：此队暂以原公安局民团政警之精干者选充，概施以公安警政务警应具之当职与训练，俾催粮、传案、值岗、卫生、户籍及协剿匪类等事，人人能之，既可泯外界鬼视政警之心，而旧日班役恶习，亦永无复生之日，以上两队，各设队长一人，队长下设书记及班长若干人，均直隶于县政府。官佐虽取压缩政策，而行政效率，则增加矣。

（二）原县府第二三两科，主要职掌，均为财政事项，虽有省县之别，实则性质相类，与其分立两科，不若合并办理，拟将第二科所管财政事项，并于第三科职掌，其他事项，并于秘书及第四科职掌之内，用人上较为经济。

（三）各乡辅导员十四人，虽以乡村为其工作对象，县府亦不可无其商会办公地址，本诸过去一年经验，急宜加以改善，拟于县府设辅导员办公室，俾作辅导会议，及商洽公务之地，隶属县长，以明统系。

基于上述理由，将本府组织暂行办法，略事修正，除俟预算修改完竣，具文续呈外，是呈可行，理合检同修正本府组织暂行办法，具文呈请。

钧院鉴核，俯赐准予试办，并乞转呈备案，实为公使。

再查此次本府组织虽有变更，而于预算总数，并无出入，合并陈明。谨呈

山东乡村建设研究院院长　王　梁
署理邹平实验县县长　王怡柯

邹平实验县政府设计委员会暂行规程

第一条　本县为办理实验县各种设计事宜，依据实验区条例实施办法第十七条之规定，设立设计委员会（以下简称委员会）。

第二条　委员会以下列各委员组织之。

一、当然委员　本县县府秘书科长均为当然委员。

二、聘任委员　由县政府遴聘充任之不限名额。

第三条　委员会设委员长一人，由县长充任之。

第四条　委员会设研究员若干人，由委员长呈请研究院就院内学生选派充任之。

第五条　委员会设总书记一人，由委员长就县政府职员中指定充任之。各组各设书记一人，由委员长就研究员中指定充任之。

第六条　委员会暂分下列各组。

一、行政组。

二、教育组。

三、建设组。

四、经济组。

五、合作组。

各组之职掌由委员会会议决定之。

第七条　委员会各组各设主任委员一人，由委员中推定之。

第八条　委员会会议分全体会及分组会两种。

第九条　全体会由委员长定期召集之。开会时以委员长为主席，委员长缺席时临时推定主席。

第十条　分组会由各组主任委员定期召集之，以主任委员为主席，主任委员缺席时临时推定主席。

第十一条　全体会至少每两个月开会一次，分组会会期应事实需要由各组分别决定之。

第十二条　全体会及分组会于必要时得由委员长邀请对于设计事项有关之负责人员参加讨论。

第十三条　委员会办公杂费每月暂定为五十元，由县政府呈准研究院就实验事业费项下拨给之，临时费由县政府临时呈准筹拨。

第十四条　委员会各种设计于设计决定后移送县政府采择施行。

第十五条　本规程如有未尽事宜，由县政府呈经研究院核准后修正之。

第十六条　本规程自呈请研究院核准后施行。

第三章　财政

县地方暂行会计规程

第一章　总则

第一条　本院为确定实验区县政府县地方财政收支起见，特定本规程，凡本院各实验县所属各机关均适用之。

第二条　会计年度每年以七月一日开始，次年六月三十日终止。

第三条　实验县地方财政以丁漕附捐、各项杂捐、公产公款之租息及其他一切地方收入为岁收，县地方各机关一切支出为岁出，其预算、决算均由各该县政府第三科编制。

第四条　每年度岁入、岁出其出纳完结日期以次年度八月三十一日为限。

第五条　实验县县政府、县地方各款应厉行统收统支。

第六条　实验县县政府第三科应按月编制收出月报表册连同单据粘存簿呈送本院，分别存转备案并公布之。

第二章　预算

第七条　县地方各机关应遵照省令规定期限，于每会计年度未开始前连同各附属机关编制岁入、岁出预算书呈由县政府。依据实验区条例实施办法第八条之规定，汇编岁入、岁出总预算书，提经县地方会议通过，呈本院审查转呈省政府核定后实行。

第八条　岁入、岁出预算之编制分经常临时两门。

第九条　预算得设预备费，但不得超过预算全额百分之二十。

第三章 收入

第十条 地方丁漕附捐由县政府指定征收机关随同正赋带征按日拨交县政府第三科保管，其向由各机关自行经营之杂捐款产及其他地方收入统归第三科经收保管，但必须由各该本机关自行经收者（例如农场收益等）应按日将征起数目填具缴款书缴县政府第三科经管，缴款书式另定之。

第十一条 各机关在会计年度终了后预算定额有剩余时，应悉数拨交县政府第三科存储。

第十二条 出纳完结日期后所有前年度未收托及其他预算外之一切收入，均应列入现年度岁入。

第十三条 各年度出纳完结有剩余时，应列入该年度岁计新剩余。

第十四条 第三科因误付、透付及依法令预付、估付、垫付所缴还之款，在出纳完结日期以前仍归入原经费内，在出纳完结日期以后列入现年度岁入。

第十五条 经收地方附捐之征收机关应按日编造附捐收入日报表，每届月终编造附捐收入月报表送交县政府第三科审核。

第四章 支出

第十六条 每会计年度内县地方各机关应支一切经费之定额以该年度县地方岁入充之。

第十七条 县地方各机关经临各费统由县政府第三科依照预算支付之。

第十八条 每会计年度内各机关之预算已经核准施行后不得随时请求增加。

第十九条 县地方各机关每月领支经费应由各该机关于本月二十以前按照每月预算数目填具请款凭单，呈送县政府核发支付命令。县政府应于收到请款凭单五日以内明核发给。

第二十条 县政府接到请款凭单交由第三科核定准予支发时，即填发支付命令通知发给领款机关一面检取支付命令，饬令指定机关支付。

第廿一条 各领款机关额定经费于领到县政府支付命令通知后，应备具领款总收据连同支付命令通知持赴指定机关领款。

第廿二条 指定发款机关接到前项支付命令通知，核数相符即将该款交付领款人，并将领款人所据总收据留备。转账如因特殊情形不能一次发足时，得分期酌发，取具领款机关临时收据一俟，款项发齐再以临时收据换取总收据。

第廿三条　支用预备费时，须依据实验区条例实施办法第十一条之规定，除曾编制预算指定由预备费项下列之有案者不计外。倘有临时动用之款在百元以上者，须经县地方会议议决专案呈报本院核准方能动支。不满百元者，提交县地方会议通过动支呈报本院备案支用后，并应造册检同单据呈县转呈核销。

第廿四条　预算内临时费之开支应由领款机关造具临时费支付预算书二份，连同清款凭单呈请县政府，饬由第三科审查发款其领取手续与经常费同。

第廿五条　凡县地方开支之款非有县政府支付命令指定机关不得擅行支发。

第廿六条　各机关应于乙月十日以前编制甲月支出计算书及各项凭证单据连同各该附属机关之计算单据，呈县政府审查转呈本院核销。

第廿七条　各机关如届规定期限延不编送上月支出计算书及凭证单据者，县政府得停发本月经费之支付命令，如有特殊情形经事先声明并得县政府许可者不在此限。

第五章　决算

第廿八条　县政府第三科须依据实验区条例实施办法第八条之规定，于年度终了后三个月内编制岁入、岁出决算呈送本院转呈省政府核销。

第廿九条　每会计年度内如有预算外之追加收入或支出，承经本院核准有案者，应由县政府第三科依据款项性质分别归纳经常或临时收支决算办理。

第六章　账簿及表单

第三十条　县地方各机关应备具现金出纳日记簿、收入分类簿、支出分类簿、各种补助簿、收支对照表、月报表、消耗物品收发簿、存储物品登记簿及其他表簿。

前项账簿表单格式及尺度除依照省令规定者外，各机关得酌量情形自行制定，但各项账簿应查明页数送由县政府加盖骑缝县印。

第卅一条　各机关所用一切账簿每一会计年度更换一次。

第卅二条　各项账簿一经启用，无论主要簿、补助簿已用完或未用完，均由各机关长官与会计人员负责保管，遇有交替应列入交代。

第七章　附则

第卅三条　本规程如有未尽事宜，得由研究院呈请省政府修正之。

第卅四条　本规程自呈奉省政府核准公布之日施行。

县政府省地方税款解缴及经费领销办法

一、邹平、菏泽两实验县自二十三年度起，按照呈准规定，经征省地方税款已不支领征解办公奖金等费又县政府经费亦有变更，所有税款解缴及经费领销手续按照本办法办理。

二、两实验县经征税款除牲畜屠宰等项，印刷费应照章就款划解外，其余税款应全数清解，所有原支征解办法奖金等费概不支领。

三、两实验县解缴税款仍应按照二十二年厅院会核实验区关于财政事项第九条之规定暂照旧案办理。

四、两实验县请领县政府经常费时，须按照通常手续造具预算书请款凭单，呈由山东乡村建设研究院函转财政厅填支付命令，寄院转发具领。

五、两实验县领用经常费后应按照山东省暂行会计规程造具计算书类，呈由山东乡村建设研究院稽核后转送财政厅审核。

六、第四、第五两条应造之预算书类，在预算未核准公布前得暂缓造送，以免错误。

七、两实验县请领实验事业费时，得分期填具请款凭单，呈由山东乡村建设研究院函转财政厅核填支付命令，寄院转发具领。

八、两实验县领用实验事业费后，应于年度终了按照山东省暂行会计规程汇造计算书类，呈由山东乡村建设研究院稽核后转厅审核。

九、两实验县二十三年度实验事业费因预算编制过迟，节目未及详列，将来动用时，应由各该县拟定用途补列节目，随时提经县政会议通过，呈由山东乡村建设研究院核准后，应将节目款数函送财政厅转呈省政府备案。

十、本办法经山东财政厅山东乡村建设研究院会同拟定后，会令两实验县遵照。

十一、本办法如有未尽事宜，由厅院随时会商修正之。

十二、本办法自二十三年度开始施行。

邹平实验县清理粮名报告表查填办法

（一）本表由各乡理事、村理事、村长督同各小学教员协助各庄庄长、闾长、邻长等查填之。

（二）各庄查填本表时，应以该庄之真实名称行之，每庄必须汇列一册，不得巧立名目（如以前之劈庄等），以免分歧。

（三）各庄查填本表时，应将该庄各现在管业人名下之各粮名分别查明，依次填于该名之下，以便总结。不得羼杂丛出致碍钩稽。该庄如有无着之户，亦得填列该册，后页名下须注明无着字样，以便凑足该庄银米总数。

（四）"现在管业人姓名"一栏除田地委属寺庙家祠教堂或其他公私团体所有得据实填入外，其余均须填写现在管业人之真实姓名，不得以堂号、已故人名或其他假名填入，以昭核实。

（五）"原粮名、应纳银数、米数"三栏，应按本年上忙地丁通知单及冬漕清册所记载者，详晰填列。

（六）"合计银数、米数"两栏应就现在管业人每人名下承完银数、米数之总数，核明填于每名之第一行内，并将其余各行用斜线划销，以清眉目。

（七）"地数"一栏应留备本府查填地亩数目，各庄不得填入任何文字。

（八）各庄长对本表所列各项应详细查填，切实核对，对银米原数及总数并须立饬现在管业人自加核算，以免错误。

（九）该庄从前劈庄应将各庄银米总数分别查填该庄册后，连同正庄总数共为一数，以便稽核。

（十）各户粮名如有散列劈庄者，亦得归并正庄，该户主名下但须注明由某庄归来，以防重名之弊。

邹平县第　乡　村　庄（邑　里）清理粮名报告表							
现在管业人姓名	原粮名	银数	米数	合计		地数	
^	^	^	^	银数	米数	^	
说明	此页应填从前共有几个劈庄，每劈庄银米共数若干，连同正庄统银米总数若干，务与县府银米总数相符，以便稽核。						

邹平实验县教育款产保管委员会暂行办法

第一条　本会依据实验区条例实施办法第十七条之规定，组织之定名为邹平实验县教育款产保管委员会。

第二条　本会直接受县政府之指挥监督。

第三条　本会设委员十一人由下列人员组织之。

1. 县政府第三科科长。

2. 县政府第五科科长。

3. 县党部代表一人。

4. 本县各乡乡理事选代表四人。

5. 县政府遴聘之金融界专家二人。

6. 中等学校代表一人。

7. 县教育会代表一人。

第四条　本会设常务委员三人，以本会委员中之县政府第三科科长、第五科科长及金融界专家委员一人充任之。

第五条　本会设主席委员一人，以本会常务委员中之第三科科长充任之。

第六条　本会主席委员及其他委员，由县政府开具名单，呈请研究院备案。

第七条　本会委员任期其由各机关职员兼任者以其原职任期为任期，由各团体代表充任者每年改选一次，连选得连任；由地方金融界遴聘者，每年改聘一次，连聘得连任。

第八条　本会之职权如下：

甲、负责保管全县各项教育基金及学田。

乙、办理基金出放及学田出租事项。

丙、对教育基金及学田作有保障之经营事项。

丁、决定息金及田租之用途。

戊、关于教育基金及学田之其他事项。

第九条　本会设会计一人，由主席委员委任，呈报县政府备案。其余事务由第三科职员兼理，遇必要时酌用雇员。

第十条　本会委员均系义务职，其会计薪金及临时雇员与办公杂费等支出，每月以五十元为限。

第十一条　本会全体委员会议每半年举行一次，遇必要时得由常务委员会议决定召集临时会议。

第十二条　本会常务委员会议每月举行一次，遇必要时得由主席委员召集临时会议。

第十三条　本会常务委员会议之职权由全体委员会议决定之。

第十四条　本会开常务委员会议及全体委员会议时，均以主席委员为主席，主席委员缺席时，得于其余常务委员二人中推定一人代理主席。

第十五条　本会主席委员遇有交替时，应遵照法令办理交代并由县长监交。

第十六条　本会办事细则另定之。

第十七条　本办法如有未尽事宜，由主席委员呈请县长提交县地方会议议决，呈请研究院核准修正之。

第十八条　本办法自呈准公布之日施行。

邹平实验县各乡学经费稽核委员会组织规程

第一条　本县各乡学于经费由县政府代征统收，统支期间为稽核各乡学财政之收支起见，特组织经费稽核委员会（以下简称本会）。

第二条　本会以下列人员组织。

（一）学长。

（二）教导主任。

（三）学董代表二人或三人。

第三条　本会成立后，应由乡理事将各委员之姓名、履历、现职等缮具清册，呈请县政府备案。

第四条　本会之职权如下：

（一）审查乡学内预算、决算。

（二）稽核乡学内一切收支账目。

（三）遇有疑义时，得请负责人出席说明，如无圆满答复，得提交学董会议解决或呈请县政府核办。

第五条　本会互推主席一人，于每月月初由主席召集例会一次，将上月之收支款项详细审查，认为无疑义时，各委员应签名盖章并报告于下次学董会议。

第六条　本会开会时，乡理事除造其收支对照表及支出计算书外，应携带簿册列席说明。

第七条　本会开会时须请辅导员列席。

第八条　本规程自县政府会议通过之日施行。

邹平实验县乡款经理委员会组织办法

一、本县为切实统收支并监督各乡乡学经费及训练联庄会员用费起见，设立乡款经理委员会。

二、本会受县政府之指挥监督执行下列事务。

（一）本县各乡乡学经费训练联庄会员用费之经收保管事项。

（二）本县各乡乡学经费训练联庄会员用费之核定支付事项。

（三）本县各乡乡学经费训练联庄会员用费之稽核事项。

三、本会由下列人员组织之。

（一）县政府第二科科长。

（二）县政府第三科科长。

（三）县政府第五科科长。

（四）地方会议推定之乡理事二人。

四、本会为经收保管各乡乡学经费及训练联庄会员用费洋，委托本县农村金融流通处代收代存其办法另定之。

五、本会事务人员得就县府职员中呈经县长核准调用，不另支薪。

六、本会办公费用除办理经收保管者外，由县政府办公费内匀配动支，不另立预算。

七、本会对各乡乡学经费训练联庄会员用费收支情形应于每月终呈报县政府查核并公告之。

八、本会办事细则另定之。

九、本转法自呈奉省政府核准之日施行，修正时亦同。

邹平实验县乡款经理委员会收支办法

一、本会委托农村金融流通处代收、代支乡款，唯此项乡款以训练联庄会员伙食费及各乡乡学经费为限。

甲、收款办法

（1）每丁银一两代收八角五分，每年分两期征收。

（2）农村金融流通处为省手续起见，派员赴征收处于各庄花户完纳田赋时同时征收。

（3）各花户缴到该款时，征收员立即在该户田赋通知单上加盖收讫戳记，不另擎给收据。

（4）本会代征乡款，悉以征收处底册派簿为根据，每日晚刻共同按户结算，结清后，除登载日记簿册送呈县政府查核外，所收之款悉数由代收员带回，交农村金融流通处收存。

（5）农村金融流通处仅将每日所收总数登入乡款账下，毋庸逐户登载。

（6）农村金融流通处每日将收款情形及详细数目缴本会查核。

乙、支款办法

（1）该款未收到前农村金融流通处不得预借。

（2）支款时，非持县政府支票农村金融流通处不准支付。

（3）支出之款，农村金融流通处至迟于五日内得与县政府核兑一次。

（4）每届月终，农村金融流通处将开支情形报告该会查核。

二、本办法自县政府核准之日施行。

第四章　合作

邹平实验县合作事业指导委员会暂行组织规则

第一条　山东乡村建设研究院邹平实验县为研究实验及促进邹平合作事业于县政府设立合作事业指导委员会（以下简称合作委员会）。

第二条　合作委员以县长为委员长，并由县政府就下列各人员选聘八至十人为委员，组织之。

1. 研究院讲授合作之各教师。
2. 研究院农场主任及职员。
3. 县政府第四科长及技术员。
4. 本县农村金融流通处经理。
5. 其他有关系人员。

第三条　合作委员会设常务委员二人，由委员中互推之。辅助委员长执行委员会决议事件并处理本会日常事务。

第四条　合作委员会分下列三组办事。

第一组办理关于合作事业之调查统计、考核登记等事项。

第二组办理关于合作金融事项及信用合作社之指导事项。

第三组办理各种合作社（信用合作社除外）之指导事项及合作教育事项。

第五条　合作委员会各组各置主任一人，由常务委员或委员兼任之。

第六条　合作委员会各组于主任下设干事及助理干事各若干人，由委员会就研究院实验县各部分工作人员指调若干人兼充之。

前项指调人员应由委员会函转县政府呈奉研究院核准后分别加委。

第七条　合作委员会每两周举行常会一次，于必要时得由委员长召集临时会。

第八条　合作委员各组于必要时得由各该主任召集各该组工作人员会议。

前项会议亦得邀请其他委员及干事参加。

第九条　本规则由县政府呈请研究院核准施行，其有未尽事宜得由委员三人以上联署提议、请求委员长召开委员会决定后，呈请研究院核准修改之。

邹平实验县合作事业指导委员会办事细则

第一章　总则

第一条　邹平实验县合作事业指导委员会（以下简称本会）为确定办事之手续及职员之职责制定本细则，以资遵守。

第二条　本会办事除有其他法令规定外均依本细则办理。

第二章　职掌

第三条　本会委员长总理本会一切事务。

第四条　本会常务委员辅助委员长执行委员会决议及处理日常事务。

第五条　本会分三组办事，各置主任一人，承委员长之指挥及常务委员之指导，分任各该组事务。

第六条　各组之职掌如下：

第一组

（1）关于合作事业之调查统计及其相关各事项。

（2）关于合作社社务及合作事业辅导人员之考核事项。

（3）关于合作社之登记及其相关事项。

（4）关于民众合作教育之设计推进监督考核事项。

（5）关于社员合作教育之设计推进监督考核事项。

（6）关于本会会刊及工作报告之编辑事项。

（7）关于本会文书事务等事项。

（8）关于不属于第二、第三两组之事项。

第二组

（1）关于合作金融之研究规创事项。

（2）关于各种合作社簿记之规划及会计之监督事项。

(3) 关于信用合作社及合作仓库之推进、指导、评定各事项。

(4) 关于信用合作及合作仓库业务报告之审核汇编事项。

(5) 关于信用合作及合作仓库宣传教育刊物之编辑事项。

第三组

(1) 关于各种合作社（信用合作及合作仓库除外）之推进指导事项。

(2) 关于各种合作社业务改进及相关技术之研究事项。

(3) 关于各种合作社业务报告之审核汇编事项。

(4) 关于各种合作宣传教育刊物之编辑事项。

第七条 各组于主任下设干事、助理干事各若干人，承常务委员及各该组主任之指挥监督，分任各该组事务。

第三章 职责

第八条 委员长不能到会时，指定常务委员代行其职权。常务委员因事请假，应由委员长指定组主任或委员一人代理。组主任因事请假，应由常务委员商请其他组主任或委员一人代理并报告委员长。

第九条 各组遇有特殊事件须人协助时，得商请常务委员指调人员协助办理。

第十条 各组互有关系之事项应会同办理。

第十一条 各组经办事件须按日记入工作记事册，每周送请委员长核阅一次，各工作人员并须按日写工作日记，留备委员长常务委员组主任随时调取查阅。

第十二条 各工作人员承命办理某一特殊事件，须于其工作日记外缮具书面报告到会，倘遇偶发事件，不得擅自做主，须请示办理。

第十三条 本会未经公表之文件，会内人员不得对外发表。

第四章 文件处理

第十四条 文件到会统由第一组登记汇送常务委员及各组主任核阅，商定办法分交各组办理或请示委员长核办或留待提会议决后再办。

第十五条 各组办理文稿由组主任及拟稿人签章负责，经委员长判行后，缮校清楚仍由第一组登记发出。

第十六条 凡县府送会审核之文件，须由承办人负责签注送还办稿。如遇到会文件须以县府名义答复者，由会办稿送经县政府用印发出。

第十七条 第一组将文件发出后，须将原稿归档，其由他组主办者应交原组归档。

第五章　会议

第十八条　本会会议分下列三种：

（1）委员会议。

（2）各组工作人员会议。

（3）各组工作人员联席会议。

第十九条　委员会议除全体委员出席外，其经委员长指定之人员亦得列席。委员长为本会议当然主席。委员长不能出席时，适用本细则第八条之规定。

第二十条　各组工作人员会议得由各该组主任邀请其他委员或干事、助理干事列席，各该组主任为当然主席。

第廿一条　各组工作人员联席会议由常务委员主席主持。

第廿二条　各种会议除委员会议每两周举行常会一次外，余由常务委员组主任分别临时召集之。

第廿三条　各种会议规定另定之。

第六章　办公及考勤

第廿四条　本会办公时间与县政府取同一之规定，但遇必要时得延长之。

第廿五条　本会置考勤簿，各工作人员除兼有他职不能常用到会及外勤者外，均须依时亲自签到，不得迟到早退，其考勤簿由常务委员核阅。

第廿六条　本会例应常用到会办公人员因故不能到会或早退者，应向该组主任常务委员或委员长请假，其请假在三日以上者，均须经委员长核准。

第廿七条　各工作人员每届半年，由常务委员会同各该组主任考核一次，请由委员长分别奖惩。

第廿八条　本会于办公时间外，由常务委员指定之工作人员每日分别轮流值日。

第七章　附则

第廿九条　本细则如有未尽事宜，由本委员会修改之。

第三十条　本细则经本委员会议通过施行。

合作事业指导委员会处理申请设立及呈请登记文件手续

（1）凡合作社呈请许可设立或成立登记，均应照以下处理文件手续施行。

（2）合作社到文有两种情形。一种由合作社直投县府，由县府交本会处理者；一种由合作社投至本会，收发转送县府，再由县府交本会处理者。

（3）由县府交本会处理之文件到会后，即由本会收发附本会公文处理单，摘由送常委及组主任核阅分配处理。

（4）常委及组主任分配文件对于社章及他种附件之审查，交由审查者按合作社法、合作社组织步骤及有关章则审核之。

（5）审查者审查完竣，仍交常委及组主任批阅。常委及组主任认为合法，乃交由登记者将社名发起人等项登记。

（6）常委及组主任批阅时，即派定视察人（于本会公文处理单上书明），社名发起人登记完毕即由登记者交视察人视察。

（7）视察结果填许可调查表或登记调查表交常委及组主任核阅，常委及组主任审核合法即在调查表审核情形栏签字，并于公文处理单批明转县府颁发许可证或登记证。

（8）县府颁发许可证或登记证后，即将其原呈及附单一份留下，另将其余附件一份及本会调查表公文处理单交送本会，并于本会公文处理单上填明许可状或登记证号数及发出日期。

（9）本会接由县府各送回之文件，即由本会收发转登记者登记，登记后在公文处理单签字归档。

（10）此项手续经委员长核定施行。

邹平合作事业指导委员会外勤规则

（一）凡本会工作人员出外视察指导调查等统称为外勤。

（二）外勤人员担任分区指导者通常以该指导区为外勤范围，但得随时变通。

（三）外勤人员出发时，除所负特定工作外，须向常务委员及各组正副主任询有无他项附带工作。

（四）外勤人员于出发时须就外勤簿所列项目逐条填明，回会时亦同。

（五）外勤人员应于出发前将工作区域内各合作社概要片先行查阅，并将各社社务状况、人事情形先就主管组询明。

（六）外勤人员于出发前须将路线筹划妥当。

（七）外勤人员在乡工作应时时注意与乡学村学联络进行。

（八）外勤人员对于工作区域内各合作社须随时注意其进行状况，对于例应指导纠正事项（如账簿之备置、使用会议记录簿之备置、使用社所之布置、业务进行之方针或社务进行不合章则及合作原理等或社务上之纠纷等）须随时随地予以指导或纠正。

（九）外勤人员对于工作区内之合作社，于时间及环境上许可之范围内，须召集社员讲演指导。

（十）外勤人员如参与各项会议讲演时，应先将讲词纲目写出并填入工作日记。

（十一）外勤人员如遇重要偶发事件（如有人揭发某合作社借款由职员独占或某合作社未经申请许可即成立大会选举职员等），应根据本会指导处理原则会同乡学或村学妥为处理，并将处理情形提出书面报告于本会或先行报告于本会，妥为处理。

（十二）外勤人员对于有关合作推进之事项（如经济状况及农村需要事项），须随时随地博采广询，并随时随地宣扬合作真义，发动合作组织，并留心乡村中办理合作事业之事务人才。

（十三）外勤人员对于乡学有接洽联络务取商请态度。

（十四）外勤人员于工作完毕后，须就各项工作原有表格详细填写，交主管人核阅。

（十五）外勤人员于工作完毕或告一段落后，除调查视察等使用表格之工作可仅填表格，毋庸另具报告外，其指导工作不能使用表格者（如巡回指导、记账、驻社指导收棉），须另具书面报告交主管人核阅。

（十六）外勤人员之各项报告须扼要，确实其使用表格者须每社一表，不使用表格者应先标明题目后述事实，叙事时并须按事分段（例如社员大会、文件、账簿、社员、职员、村中环境、合作教育、公益事业……），并将个人意见批评感想等附于文末。

（十七）外勤人员须作工作日记，于回会后交主管人核阅。

（十八）外勤茶水或膳食用费，分照研究院及县政府办法办理。

（十九）外勤人员不得接受合作社之供给。

（二十）除本须知所列项目外，关于调查视察指导按照各该项计划或办法办理。

合作先锋团简则

（一）本团定名为第　乡合作先锋团第　团。

（二）本团之旨趣在培养互助精神，宣扬合作意义，促进合作组织。

（三）本团以团员七人以上组织之。

（四）凡具下列资格，赞同本团宗旨者均得为本团团员。

1. 乡学、村学学生。
2. 联庄会会员。
3. 青年训练班学员。
4. 勤俭诚朴而有恒业之农村青年。

（五）加入本团须经本团团员二人以上之介绍及正副团长之认可。

（六）本团团员为达到第二条之目的，约定下列各信条共同遵守。

1. 节俭诚实。
2. 服用国货。
3. 互相帮助。
4. 共同协助公益事业。
5. 随时随地宣扬合作真义。
6. 倡导合作组织。
7. 服从团体决议，勇于为团体服务。

（七）本团设正副团长各一人，由团员大会选举之。

（八）本团团长负领导本团团员之责，并对外代表本团。

（九）本团成立后，呈报乡学转呈县政府备案。

（十）本团在乡学指导下作下列各项活动。

1. 宣传合作社的意义于全体村众。

2. 促进各种合作社及合作社预备社之组织。

3. 协助放足运动。

4. 倡导婚姻改良。

5. 合力整顿村风。

6. 提倡国货。

（十一）本团全体团员均有参加前条活动之义务。

（十二）本团团员如有不遵守本简则克尽义务时，由大会公决予以相当处罚。

（十三）本团团员服务热诚、具有成绩者，由本团呈转乡学转呈县政府予以名誉之奖励。

（十四）本简则如有未尽事宜，由团员大会修订之。

（十五）本简则经团员大会通过，呈报乡学转呈县政府备案后施行。

合作函授班办法

一、函授班教务进行由合作事业指导委员会指定专人负责。

二、函授期限暂定三个月，第一期自本年（廿四年）十月二十一日开始至二十五年一月二十日结束。

三、现任乡村学及村立学校教员由本会去函征求加入。

四、非现任乡村学及村立学校教员而有高小毕业之资格及学力相等者，均可报名参加。

五、为求程度划一起见，凡非现任教员而愿加入者，须作自述一篇，于报告时交于报名处，以便审查其程度是否合格。

六、报名后，凡经审查合格之非现任教员者，均专函通知（不另公布）。

七、报名时间自即日起至十月十五日止。

八、各乡乡学均设有报名处，非现任教员志愿参加者，须向其所属乡学报名处报名，亦可直接以信函向合作指委会报名。

九、报名时须注明下列各种项目：

（1）姓名；（2）年龄；（3）性别；（4）学历及经历；（5）现任本地

何种公职（须详细一一注明）；（6）职业；（7）住址（须注名村庄街道间数及门牌号数）；（8）通讯处（备通知及将来通讯）。

十、为教务进行便利计，按全县十四乡分为十四组，组之顺序依各乡之顺序定为第一组、第二组……，首善乡则编为第十四组。各学员依其所属之乡分属于各组。

十一、于函授期间学员如有住址变动者，须预先通知迁移日期及迁移地点。

十二、函授班以各乡学为通讯传达机关，由户籍主任负收发之责。

十三、各学员如有问题时，须按照发给问题询问表详细写明，送交所属乡学户籍主任，由乡学户籍主任汇集送交本会，分别答复。如愿亲自来会讨论或用他种方法经函本会者亦可。

十四、函授班讲义由本会编印，凡报名加入者须缴纳讲义费一元。

十五、本班课程以切于邹平目前实际情形为准，则其分配于下：

科目	内容	函授期间	日数
合作概论	意义发展史效用（中外）	自十月二十一日至十月三十一日	十日
棉花运销合作	意义效用经营	自十一月一日至十一月十日	十日
信用合作	意义效用经营	自十一月十一日至十一月二十日	十日
庄仓合作	意义效用经营	自十一月二十一日至十一月三十日	十日
蚕业合作	意义效用	自十二月一日至十二月五日	五日
林业合作	意义效用	自十二月六日至十二月十日	五日
合作社组织程序	邹平施行者	自十二月十一日至十二月二十日	十日
合作社联合组织	意义效用组织形式	自十二月二十一日至十二月三十一日	十日
本县合作社应用表格及簿记释议		自二十五年一月一日至一月	十四日
结束测验		自一月十五日至一月十七日	三日
全体集会	训话公布成绩发奖	二月二十日	一日

注　一月十八、十九两日审查测验试卷

十六、为试验各学员学习之进度，于每单元课程授毕时，得出题测验。

十七、于必要时得于函授期间,假各乡学分别召集学员举行谈话讨论或作口头试验。

十八、于结束时得命题以课函授成绩。

十九、于结束时,凡平均分数(以平时测验与结束时间测验之分数合算之)在七十分以上者,一律发给函授班毕业证明书。

邹平实验县合作社职员讲习会简章

(一)宗旨:传授办理合作社必需之学识及技术,以改进合作社经营方法并使各社代表互换意见,联络感情,以谋合作运动之推进。

(二)会员:凡棉业信用林业、蚕业及已改组之庄仓合作社等,每社均须就职员中推出一人到会讲习,如职员中无适当人选,亦可就社员中推选之。

(三)讲习时间:自二十五年二月二十四日开始,讲习期间为十日。

(四)课程:兼重学理与实用其课程表如下:

1. 合作概论。

2. 各种合作社之组织与经营。

3. 章则释义。

4. 会计簿记。

5. 会议须知。

6. 社员职员须知。

7. 合作社组织步骤。

8. 农业常识。

9. 精神讲话。

(五)课外活动:除课程中会议记账等实习外,另有下列各项课外活动。

1. 讲话。

2. 游艺。

3. 讨论会。

4. 健身操。

(六)待遇

(甲)住宿:由本会预备宿舍会员自带被褥。

（乙）膳食：由各合作社代缴膳费一元，余由本会津贴。

（七）证书：会员于讲习完了，一律由本会发给讲习会证书。

（八）报名日期：自二十五年二月十三日开始报名至二十二日截止。

（九）报名手续：

（甲）填写报名单。

（乙）缴纳膳费。

（十）报到日期：二十五年二月二十三日。

（十一）报名及报到地址：合作事业指导委员会。

（十二）来会前之准备：各会员须将其合作社之情形先行考察熟悉，并将所用账簿表册带来。

乡学村学推进合作事业纲领

（甲）对于合作教育

（一）实施民众合作教育。

（二）在合作事业指导委员会（以下简称合委会）指导下实施社员训练。

（三）协助合委员实施职员训练。

（乙）对于合作社之促成

（一）提供设置促进意见于合委会。

（二）实施促进上应有之宣传诱导工作。

（三）协助办理组织手续。

（丙）对于合作社之业务

（一）提供业务指导意见于合委会。

（二）受合委会之委托协助合作社业务之经营。

（丁）对于合作行政

（一）受合委会之委托施行调查。

（二）受合委会之委托施行考核。

（三）受合委会之委托稽核合作社账目。

（四）其他协助事项

乡学村学推进合作事业应根据上项纲领，按照地方情形制订工作计划，并将施行经过列具工作报告按期呈报县府。

乡学村学实施合作教育原则及办法

（一）本县合作教育之实施除另有规定外，应由乡学村学负其责任。

（二）乡学就原定之学校式及社会式活动上，实施合作教育并辅导该乡内村学及村立学校之合作教育。

（三）村学就原定之学校式及社会式活动上实施合作教育。

（四）乡学村学原有之教育活动，除知能教育外，悉可认为合作精神教育。在本办法实施以后，除加重其原有活动外，更明揭合作教育之目标，增加合作材料及合作组织之引登活动。

（五）乡学村学实施合作教育之对象为一般民众及社员。

（六）乡学村学合作教育之实施，以合作精神教育、合作知识教育为主，并应依合作事业指导委员会之计划实施技能教育。

（七）乡学村学运用固有组织实施合作教育。

甲、村学于其所设成人部、妇女部、儿童部，乡学于其所设高级小学部、职业训练部中增加合作课程，并在精神陶冶及劳作或其他各种机会上实施精神的及实际的合作训练。

乡学于其职业训练部中，得依合作事业指导委员会之计划，造就乡村合作事业干部人才。

乙、于固有乡村团体（如联庄会）活动中，酌加合作讲话并领导合作工作（如修路、造桥、除虫害、救火……）。

（八）乡学村学除照以上规定外，并应利用其他各种机会实施合作教育。

（九）各乡之村立学校得视同村学，酌就上列之各条原则实行合作教育。

（十）乡学村学实施合作教育列为成绩考核之一，其考核由合作指导委员会任之，对县政府负其责任。

梁邹美棉运销合作社联合会章程

第一章　总则

第一条　本会定名为梁邹美棉运销合作社联合会。

第二条　本会于民国　年　月　日呈准邹平实验县政府变更登记。

第三条　本会宗旨如下：

一、联合业务区域内各村美棉运销合作社共同推销棉产。

二、调剂乡村金融，充实社员生产资本。

三、供给优良纯种，改进棉产品质。

四、促成直接交易，增进社员收益。

五、促进合作教育，发扬合作精神。

第四条　本会由业务区域内各村美棉运销合作社以上组织之。

第五条　本会会员负保证责任，其保证额为会股之五十倍。

第六条　本会暂以邹平实验县辖境为业务区域。

第七条　本会会址设于邹平县孙家镇，并分设办事处于县境各产棉中心地点。

第二章　会员

第八条　凡在本会业务区域内依法组织之美棉运销合作社，均得申请加入为本会会员。

第九条　本会成立后，新会员入会须填具入会愿书并经会务委员会之通过及会员代表大会之追认。

第十条　会员入会须照章认购会股并委销其全部所产美棉。

第十一条　会员入会须恪遵本会一切则例，并不得跨入其他同种业务之联合会。

第十二条　新会员对于入会前本会所负之债务与旧会员负同一责任。

第十三条　本会会员退会之规定如下：

一、自请退会：社员不足七人或不愿继续合作时，得于年度终了前三个月声请退会。

二、除名退会：会员违反本会章则，破坏本会信誉或假本会名义图私利者，经理事会议决，得予以除名并报告于会员代表大会。

第十四条　会员自请退会，其已缴股金得于年度终了后发还，除名之会员不予发还，即拨充本会公积金。

第十五条：会员退会后，对本会不得有其他要求并须全部偿清其对本会所欠之债务。

第三章　会股

第十六条　会股金额每股定为国币五元。

第十七条　每一会员至少认购一股。其棉田在三百亩以上者，以次增认，每百亩加一股，但不得超过二十股。

第十八条　会股于入会时一次缴足，嗣后棉田亩数增加时并得随时照章增认。

第十九条　会股利息定为周年一分，无盈余时停发。

第四章　职员

第二十条　本会设理事十一人，组织理事会。互推一人为主席，对外代表本会。并因业务需要推选四人为常务理事，处理日常会务。

第二十一条　本会设监事五人，组织监事会，监查本会财产状况及理事执行业务之情形，并推选一人为主席。

第二十二条　本会各办事处各设主任一人，由理事主席就常务理事或理事中选聘之。

第二十三条　本会因业务需要酌设事务员三人至六人，分任会计、文书、机师及外勤工作。

第二十四条　本会理事及监事均由会员代表大会就代表中推选之。

第二十五条　理事任期三年，每年改选三分之一；监事任期一年，每年改选一次，均得连选连任。

第二十六条　本会办事员均为雇员，由理事会聘用之。

第二十七条　本会职员除事务员外，理事、监事均为义务职，但因公必需费用得由会内酌量支付之。

第五章　会议

第二十八条　本会会议分下列四种：

一、会员代表大会。

二、会务委员会。

三、理事会。

四、监事会。

第二十九条　会员代表大会每年开常会一次，理事会召集之。其代表人数以属社社员人数定之，不足二十人者，选一人；二十人至五十人，选二人。以次每增三十人加选代表一人。

第三十条　会务委员会由理事及监事组织之，每半年由理事会召开常会一次。

第三十一条　理事会每三月开常会一次，由理事会主席召集之。

第三十二条　监事会每三月开常会一次，由监事主席召集之。

第三十三条　本会各项会议遇必要时，均得召开临时会议。

第六章　业务

第三十四条　本会以代会员加工并运销其棉产为主要业务。

第三十五条　本会运销棉产暂以脱里斯美棉为限。

第三十六条　会员棉产送会后，由会检定其品级与数量，扯给收据。

第三十七条　本会为促进会务效率，计得装轧花机、打包机加工整制运销产品。

第三十八条　本会为谋产销便利，得斟酌情形，以会员棉产担保向金融机关办理借款，其合同由理事会主席签定之。

第三十九条　本会为改良棉产品质，得设置棉花育种场及技术改进机关。

第四十条　本会为轧花及保管棉产得建筑轧花厂及仓库。

第四十一条　本会视会员需要，经理事会议决得兼营其他业务。

第四十二条　本会对于事业进行及经费开支，应由理事会拟具计划、编制预算提交会员代表大会决定之。

第七章　会计及损益

第四十三条　本会记账采用复式簿记，其会计规程另定之。

第四十四条　本会以每年自国历二月一日起至翌年一月三十一日止为一会计年度。

第四十五条　年度终了时，理事会制成财产目录、资产负债表、业务报告书及盈余分配案，经监事会审核后，由理事会主席报告于会员代表大会并呈报县政府备案。

第四十六条　本会年度结算如有盈余，除提付股息外，应按下列规定分配之。

甲、公积金百分之二十。

乙、公益金百分之十。

丙、职员酬劳金百分之五。

丁、百分之六十五按运销额平均摊选会员。

第四十七条　本会业务如有损失，应按照会员委销棉花数量之多少比例分担之。

第四十八条　本会公积金须存储妥实金融机关，生息不准动用，但超过股金总额二倍时，其超过数额得经会员代表大会议决作为经营业务之用。

第八章　附则

第四十九条　本会各项规则另定之。

第五十条　本章程得经会员代表大会议决修正之。

第五十一条　本章程所有未尽事宜得依照合作社法办理之。

第五十二条　本章程由会员代表大会通过呈准备案之日施行。

邹平县第　乡　美棉运销合作社章程

（廿五年一月修正通过）

第一条　名称：本社定名为邹平县第　乡　美棉运销合作社。

第二条　宗旨：本社宗旨如下：

一、改良棉花品质。

二、促进共同运销。

三、养成互助精神。

第三条　组织：本社以社员七人以上组织之。

第四条　责任：本社社员负保证责任，其保证额为社股五十倍。

第五条　区域：本社以本村及其附近庄村为事业区域。

第六条　社址：本社社址设于　　　门牌　　号。

第七条　社员资格：本社社员应具下列资格。

一、中华民国人民年满二十岁者。

二、居住本区域内种植脱里斯美棉者。

三、行为忠实，无不良嗜好者。

第八条　社员入社：本社成立后，新社员入社之手续如下：

一、经本社社员二人之介绍。

二、填具入社愿书。

三、经社务会之通过及社员大会之追认。

四、照章认购社股。

第九条　社员退社：本社社员退社规定如下：

一、自请退社：社员不愿或不能继续合作时，得于年度终了前三个月声请退社，其已缴股金得于年度终了发还之。

二、死亡：社员死亡，其权利义务得由承继人承管之。

三、除名：社员违反本社章则、破坏本社信誉或假借本社名义图人私利及有脱卖行为，经社务会议决议得予以除名，并报告于社员大会追认，其已交股金概不发还，即拨充本社公积金。凡社员退社，须先偿清其对本社所欠之债务。

第十条　社股：本社社股规定如下：

一、每股金额定为国币二元。

二、社员每人至少认购一股，其植棉在三十官亩以上者，并须以次增认，每十亩加一股。

三、股金得分二次缴纳，入社时须交足二分之一。

四、已缴股金，按周年一分支付利息，无盈余时停发。

五、社股非经本社同意不得转让或以之抵偿债务。

六、社员未缴足之股金，本社得于其应得之盈余或棉价中扣足之。

第十一条　职员：本社设下列各项职员：

一、理事　设理事　人，组织理事会执行社务，对外代表本社，并推一人为主席，处理日常业务。

二、监事　设监事　人，组织监事会监查本社财产状况及理事执行业务之情形，并互推一人为主席。理事及监事均由社员大会选举之，理事任期二年，监事任期一年，均得连选连任。

第十二条　会议：本社会议分下列四种：

一、社员大会每年开常会一次，由理事会召集之。临时会得经理事会之议决或社四分之一以上之请求，召开之。

二、社务会由理事及监事组织之，每半年由理事会召开常会一次。

三、理事会每月开常会一次，临时会得由理事主席临时召集之。

四、监事会每月开常会一次，临时会得由监事主席临时召集之。

第十三条　业务：本社业务如下：

一、社员棉田之调查。

二、社员棉种之检选。

三、社员棉花之收集及检验。

四、社员棉花之脱籽及运销。

五、社员棉花生产资本之贷放及运销代价之借支。

六、其他。

第十四条　年度：本社每年自国历二月一日起至翌年　月　日止为一会计年度。

第十五条　损失及盈余

（一）本社如有损失，应按照社员委销棉花数量比例分担之。

（二）本社如有盈余，得按照下列各类分配之。

一、公积金百分之二十。

二、公益金百分之十。

三、职员酬劳金百分之五。

四、社员余利百分之六十五（照社员运销额比例分配）。

第十六条　附则

一、本社为本县美棉运销合作社联合社之当然社员。

二、本社各种细则另定之。

三、本章程所有未尽事宜得依照合作社法办理之。

四、本章程由会员代表大会通过呈准备案之日施行。

梁邹美棉运销合作社职员考成奖励暂行办法

一、本会为鼓励村社出力人员起见，特由本届贷款利息收益项下提出元充作奖励金，按照各社成绩分配之。

二、各社成绩考成标准如下：

1. 社员合作信仰。

2. 职员服务精神。

3. 委销数额及借款价额。

4. 棉花品级。

5. 缴花零整。

6. 缴花迟早。

7. 社员人数及认购股数。

8. 成立年限及过去成绩。

9. 棉种品级。

10. 记账情形。

三、依照前条所列各项标准，分别考核定为甲乙丙丁等计。甲等奖洋二十元，乙等十五元，丙等十元，丁等五元，丁等以下者不发奖金。

四、凡村社有下列情形之一者，其应得奖金一律停发：

1. 分发贷款与表列数目不符者。

2. 违反本会章则受有处分者。

3. 社务处理失当，致生纠纷者。

五、凡村社职员因兼任本会职务领取酬劳金者，其应领奖金由代理人承受之。

六、本办法由会务委员会通过实行。

改进美棉运销合作社设置预备社办法

一、本县为提高美棉运销合作社村社标准、健全村社组织起见，特订预备社设立办法，以资过渡。

二、凡旧有村社不符章程（修正的）规定标准或内容不充实者，一律改作预备社。

三、凡新经发起组织之村社，均为预备社。俟经过一年后，得按其社务成绩优劣，分别先后改组正式村社。

四、预备社之设立手续与正式社同。

五、预备社组织章程

第一条　名称：本社定名为　　村美棉运销合作社预备社。

第二条　组织：本社以社员三人以上组织之。

第三条　区域：本社以　　村及附近村庄为事业区域。

第四条　社址：本社事务所设于　　村门牌　　号。

第五条　社员：凡本区域内种植脱籽美棉之农户均得加入本社为社员，入社时不缴社股或其他费用。

第六条　职员：本社由社员大会选举社长一人，管账、轧花各一人。

第七条　会议：社员大会每年开常会一次，临时会得以必要时召集之。

第八条　业务

（一）分发棉种指导种植。

（二）收集社员棉花加工或直接运销之。

（三）办理生产贷款。

（四）结账每年一次。盈余除提一成存充公积金外，余按社员交花额分配之。

第九条　附则

本办法经社员大会通过之日施行。

邹平实验县合作轧花贷款暂行办法

一、本县为使各村美棉运销合作社便利轧花、保持纯种起见，特订合作轧花贷款暂行办法。

二、合作轧花贷款数目暂定为三千三百三十五元零九分。以二十一年度农工费二千元，第四科经费节余二百九十五元九角一分，建设经费节余九百六十一元八角八分，本县消费合作社节余七十四元，度量衡检定所节余三元三角，各款充之。

三、贷款数目　每轧花机一架贷款二十元，但用动力机发动者须按照实在情形酌增贷款。

四、轧花贷款限于各村美棉运销合作社社员，每一社员贷款不得超过一架之数，惟必须以合作社名义称贷。

五、各社请贷须先向梁邹美棉运销合作社联合会报名，经该会查实转呈本府核准后，再由该会通知给予贷款。

六、本府向联合会拨发贷款及各社向联合会借款手续均商同联合会另订之。

七、此项贷款如有拖欠不清情事，各社须对联合会负责，联合会须对本府负责。

八、如遇贷款不敷分配，得酌予核减或停贷。

九、贷款偿还期限不得过一年，各社须依限向联合会交款，该会再依限汇交本府。

十、前项贷款免收利息。

十一、如查出贷款移作别用或延不购机，对各该社须酌予处罚。

十二、各社轧花及保种办法须按照各社实际情形商由联合会规定之。

十三、本办法自呈准山东乡村建设研究院备案之日施行。

村社收花简则

一、村社所收棉花均以社员自种之改良脱籽美棉为限。

二、村社不收花衣，只收籽棉，以便保留纯种，免除零碎。

三、社员所送籽棉均须原干，更不准杂有僵瓣、着色花朵及草叶等物。

四、收花过秤一律按市秤计算。

五、棉花等级分特、甲、乙三等，按照联合会规定收花标准办理之。

六、棉花送社均须随时填给收据，以重手续。

七、村社所收籽棉须按照等级分别放置之。

村社轧花简则

一、村社轧花地址须利用公共房舍或借用民宅，不得租赁。

二、社中轧花须集中一处，如房舍不敷应用时，得酌情形增设之，但至多不得超过三处。

三、村社轧花工人须尽先雇用手术熟练之社员充当之，工资由社内所收股金项下垫支，不足时得向联合会申请借款。

四、轧花工人须自带轧花机。

五、轧花灯油用费由社内开支。

六、所轧棉籽须由社内分等保存，不准混杂，棉籽之处置由联合会规定办法办理之。

邹平实验县美棉运销合作社村社处理股金须知

一、各社之股金处理分下列三种。

甲、业务垫支。

乙、贷放。

丙、存储。

二、前条股金之处理均须经社长提交干事会共同决定之。

三、各社管理股金须推举专人负责。

四、股金垫作业务资金时，须于年度结算后连同应得股息一并扣还。

五、各社股金贷放以社员为限。

六、各社贷放股金得按照社员需款缓急及申请先后由干事会商酌决定之。

七、各社社员承借此项贷款，须取具本社社员二人以上之保证，填具借款愿书，加盖名章或手模。

八、贷款利息最高不得超过年利二分。

九、贷款期限不得逾一年。

十、各社股金存储时，须交本县金融流通处存放生息。

邹平县第　乡　无限责任信用合作社章程

（廿五年一月修正通过）

第一条　定名：本社定名为邹平县第　乡　无限责任信用合作社。

第二条　宗旨：本社以贷放生产上必要之资金于社员及为社员储金为宗旨。

第三条　组织：本社至少以社员十五人组织之。

第四条　区域：本社以　为业务区域，社址设于　内。

第五条　社员资格：本社社员以在本社业务区域以内居住之人民、年满二十岁、有正当职业、独立财产完全公权、无恶劣嗜好者为合格。

第六条　社员入社及出社

一、请求入社者须经社员二人之介绍，社务委员全体之认可及社员大会出席社员二分之一以上之同意并署名于本社章程，始得入社。但社员大会流会三次以上此项同意，合作社得以书面期限征求全体社员之意见，限期内不表示异议时，即认为同意。但此项限期不得少于十五日。

二、社员资格因自请出社除名或死亡而丧失之。

三、社员不遵社章或丧失信用或丧失第五条社员资格之一者，得由理事会先停止其各种应享权利，再行提交社员大会处理。

四、社员于入社二年后，得于年度终了时自请出社，但须于三个月前通知理事会。出社社员所缴股款于出社后之三个月内退还之，但得以其股款之一部或全部扣抵对本社之债务。

五、社员除名或自请出社，必须即将债务及担保之责任清理。如系死亡，其责任由继承人负担。

六、出社社员对于出社前本社之债务自出社决定之日起经过二年始得解除。

七、已故社员之继承人对于已故社员死亡前本社债务，自该社员死亡之日起经过一年始得解除。

第七条　社股

一、本社社股每股定为国币_____元，社员入社时至少须认购社股____股，股款可于一年内分期缴足，但入社时所缴股款不得少于所认股金之半。

二、社员入社后得随时添认社股，但每人至多不得过二十股。

三、社股利息按实缴之股额计算，由理事会于事业年度终了时决定之，但最多不得过年利七厘。在社股未缴齐前，其应得利息即由社扣作社股款。

四、本社社股不得转让成作抵押品，但经理事会之特许，得转让于本社社员或抵偿本社债务。

第八条　职员

本社设理事与监事，皆称为社务委员，由社员大会选出之。

一、理事　人组织理事会执行社务，互选主席、会计各一人。理事任期为二年，连选者得连任。

二、监事三人组织监会会，互选一人为主席，监事任期为一年。监事会负监察社内各种事务及财产状况之责，每半年至少须查账一次，监事不得连任并不得兼任社其他职员。

第九条　社务委员违犯法令或本社章程时，由社员大会全体社员过半数之决议，解除其职权，其失职时亦同。

第十条　业务

本社业务为存款、放款、代理收付款项。

一、放款以社员为限，其数目期限等由理事会议决之，惟信用放款不得超过信用程度表之规定。社员向本社借款应填请求书，指明借款用途，日后如经查出用途不当时，本社得令其于一个月以内将本息归还。

二、放款利率以月息计，不得超过一分五厘。

三、社员在未清偿对本社债务以前，不得对第三者放款。

四、存款者不限于社员。

五、收付款项之票据均须经理事会主席及会计连署方生效力。

六、关于存款、放款及代理收付款项规则另定之。

第十一条　结算

本社以国历一月一日至十二月三十一日止为一年度，每年度终止时应结算一次。制成（一）资产负债表，（二）业务报告书，（三）财产目录，（四）盈余分配案。由监事会审查后报告社员大会。

上列书表经报告于社员大会后并须呈报县政府稽核。

第十二条　盈余处分

一、本社每年结账后，于纯益项下提百分之五十作公积金，按期存入殷实金融机关生息，专为抵偿本社营业损失及作借款担保之用。公积金之处理必须得社员大会之同意。

二、本社以每年纯益百分之十五作职员酬劳，以百分之十五奖励储蓄，以百分之二十作发展本社业务区域内合作及其他公益事业费。

三、本社如有亏损，除将公积金、社股金抵补外，不足之数由全体社员负责清偿。

第十三条　会议

一、社员大会至少须有全体社员过半数之出席始得开会，每年至少须举行两次，其一次应于结算后一个月内举行，由理事会主席召集之。其他一次由社务委员会决定，召集日期由理事会主席召集之，但经理事会或监事会之决定或全体社员五分之一以上之请求亦得召集临时会议。

二、理事会遇有特别事故不能按期召集社员大会或社员三分之一以上提出理由书求监事会召集临时大会时，监事会主席依照前项规定之手续召集之。

三、社员无论认股多寡，每人只有一表决或选举权。

四、社员均应亲自出席社员大会，如因特别事故缺席，得请社员或其家属为代表，惟每社员以代表一人为限。

五、社员大会之职权如下：

（甲）社务委员之选举及罢免；（乙）预算及决算之审查；（丙）社务报告书之审查及接受；（丁）社员之承认及开除；（戊）章程之制定及修改；（己）其他重要申请事项。

上列甲、丁、戊三项均须出席社员四分之三以上之同意始得决议。

六、理事会及监事会须各有过半数以上之出席始得开会，并须有出席者过半数以上之同意始得决议。至少每月开会一次，由各该会主席召集之。

第十四条 信用评定

社员信用由社务委员开联席会议评定之，做成社员信用程度表由理事会主席保存，其评定规则另定之。前项会议须有社务委员过半数之出席始得开会，有出席委员三分之二以上之同意始得决议，至少每月开会一次，由理事会主席召集之。

第十五条 簿籍

本社必备之簿籍如下：

社员名册　社股簿　日记账簿　总账簿　会议记录簿

第十六条 存立时期

本社存立时期定为　年，但经社员大会之议决得缩短或延长之。

第十七条 解散

本社遇有下列情事之一者即行解散。

一、存立期满时。

二、社员不足法定人数时。

三、社员大会议决解散或合并而得本县政府之许可时。

四、县政府有解散之命令时。

本社决定解散时，应由社员大会选出清算人三人，按照合作社法清理本社债务及债权事项。清算后，资产余额须存作本地开办新社经费，二年内如无新社成立，则拨充地方公益费。

第十八条 附则

一、本章程如有未尽事宜，概依合作社法办理。

二、本章程经社员大会通过，呈由县政府核准后施行。

信用合作社放款规则

一、合作社放款应以社员为限。

二、凡社员借款时，应令其先填写借款愿书，由社务委员会审核。

三、合作社接到社员借款愿书后，社务委员会应即开会审查并调查所填各项是否确实。

四、合作社对于社员放款，以用于农业（如购买农具、牲畜、种子、肥料及雇用人工等）及婚丧等事为限，如系偿还旧债之放款，须依照为社员整理旧债放款规定办理（该规定附后）。

五、社员借款之多寡，社务委员会应视各社员之品行、财产信用及工作能力等公平决定之。

六、合作社借入之款，应按核准之细数表放给社员，非经社员大会通过及有关此放款之贷款机关之同意，不得变更社员借款数额，尤不得专放给少数人使用。

七、社员领款时，应令其填写领款单据，交会计保存。

八、放款利息以月利计算，最多不得超过一分五厘。

九、社务委员会应监督社员借款用途，如遇有用途不正，即当予以纠正，必要时应追还其借款之一部或全部。

十、社员于合作社债务未清偿以前，不得放款与他人，如有此项情事发生，应由社务委员会加以制止并得立即追还其借款。

十一、合作社向社员收回借款，应于到期前期前一月通知本人，以便早作偿还之准备。

十二、凡社员借款如因特别事故到期不能偿还者，合作社应令该社员先说明理由，送交社务委员会审核。

十三、社员借款到期如不能偿还又未申请延期时，除追令其担保人偿还外，得照原定利率加五厘计算。但无论如何，不得延期至二月以上归还。

信用合作社为社员整理旧债放款规则

一、信用合作社为社员整理债务之放款，均须依下列各条办理。

二、信用合作社为社员整理旧债之放款，须先查该社员旧债之用途是否正当，以为贷否之定夺。

三、遇整理旧债之贷款人有下列事情之一者，本社得拒绝贷放。

甲、有烟、赌嗜好者。

乙、游惰、浪漫、奢侈之习惯太深者。

丙、不理家务或有其他不正当行为者。

丁、旧债发生之原因不明确及用途不正当者。

戊、旧债过多无法整理者。

四、整理旧债之借款须全数用于旧债之偿，还不得移作他用，并须将抽回之约据呈报本社查验。

五、如遇旧债利率过高或本利过多时，本社得代负债人向债主交涉减让。

邹平实验县无限责任信用合作社章程

（一）定名：本社定名为邹平县　　村（或庄）无限责任信用合作社。

（二）宗旨：本社以贷放生产上必需之款项予社员及奖励社员之储蓄为宗旨。

（三）社址：本社设于　　村　　间　　号内。

（四）组织：本社以社员十五人以上组织之。

（五）社员资格：社员以本村居民年满二十岁、有正当职业、独立财产完全公权、无恶劣嗜好者为合格。

（六）入社：入社须经社员二人之介绍，社务委员全体之认可及社员大会出席社员二分之一以上之同意。

（七）社股：每股定为国币二元，每人至少须认一股，股金可分期于一年内缴足，但入社时所缴股款不得少于所认股金之半。

（八）职员：本社设理事与监事，皆称为社务委员，由社员大会推出之：

1. 理事三人至五人组织理事会，执行社务，互推主席、会计各一人，理事任期暂定为二年。

2. 监事三人组织监事会，监查社内各种社务及财产状况，并互推主席一人，监事任期暂定为一年。

（九）业务：本社业务为贷款及存款：

1. 放款以社员为限，不得放与非社员。

2. 社员借款须用于生产事业。

3. 社员在未清偿本社债务前，不得对第三者放款。

4. 放款利息以月利计算，不得超过一分五厘。

5. 储蓄存款不限于社员。

（十）结算：本社以国历一月一日至十二月三十一日为一年度。年度终时，结算制成：

1. 资产负债表
2. 损益计算表
3. 财产目录表

由监事会审核后，报告社员大会，并各缮书一份送呈县政府稽核。

（十一）盈余处分：本社每年度结算后，于利益项下提百分之五十作公积金，百分之二十为公益金，百分之十五作职员酬劳金，百分之十五奖励储蓄。

（十二）会议：社员大会于结算后一个月内举行，必要时得由理事会议监事会召开临时社员大会。

理事会及监事会每月至少须开会一次，由各该会主席召集之。

（十三）账簿：本社必备下列簿册：社员名册、日记账簿、总账簿、会议记录簿。

（十四）解散：社员不足法定人数或因特别事故不能进行，由社员大会决议解散，并经县政府许可或因县政府之解散命令即行解散。

（十五）附则：本章程未尽事宜均参照原章程办理。

邹平实验县无限责任信用庄仓合作社简章

第一条　定名：本社定名为邹平　　乡　　村庄无限责任信用庄仓合作社。

第二条　宗旨：本社以经营银钱、粮食之借贷、存储及粮食之运销、保管而利社员之生活为宗旨。

第三条　社址：本社设于　　乡　　村门牌第　　号内

第四条　入社：须经社员二人以上之介绍，社务委员会议之通过。

第五条　社员资格：社员以本村居民年满二十岁、有正当职业、完全公权、无恶劣嗜好者为合格。

第六条　社股：每股定为国币二元，每人至少须认一股，股金可分期于二年内缴足，但入社时所缴股款不得少于所认股金四分之一。

第七条　职员：本社设社务委员若干人，组织社务委员会负本社社务之全责。

（一）社务委员由社员大会推选，其人数视社员人数之多寡而定。如社员人数在百人以下，推举五人，每增至二十人即多举一人。

（二）社务委员中推一人为主席，其余委员分任会计、文书、金柜、仓库等职务，惟主席不得兼任。

第八条　业务：

（一）业务种类　本社业务分信用业务与仓库业务两类。

（甲）信用业务

（子）借款（指合作社向金融流通处或银行举行信用借款或抵押借款）

（丑）存款（指合作社存储社员与非社员之银钱）

（寅）放款（指合作社放款与社员）

（乙）仓库业务

（子）存粮（指合作社存储社员与非社员定期存储之粮食）

（丑）保管（指合作社保管社员与非社员寄存之粮食）

（寅）贷粮（指合作社贷粮与社员）

（卯）运销（指由合作社将社员粮食集中销售）

（二）业务规定

（甲）放款、贷粮以社员为限不得贷予非社员。

（乙）社员借钱以用于生产事业者为限，借粮以食用或作种子为限。

（丙）放款、贷粮利率不得超过月利一分五厘。

（丁）银钱、粮食定期存储均予以相当之利息。

第九条　信用审查为谋本社信用借款安全起见，设立信用审查委员会。

（一）信用审查委员由社员大会推选，以人格财产作推选标准。委员人数由社员大会决定，惟至少五人至多不得过十五人。

（二）信用审查委员会以社务委员会主席为主席，其他社务委员亦得列席。

（三）凡社员请求借款、借粮，须觅得三人以上之担保，提交信用审查委员会审查核准方为有效。

第十条　结算：本社以国历一月一日至十二月三十一日为会计年度，年终结算制成下列各表：

（一）资产负债表

（二）损益计算表

（三）财产目录表

以上各表须于结算后一月内报告社员大会，并各抄一份呈县政府备查。

第十一条　盈余处分：本社每年度结算后，于纯益项下提出百分之五十作公积金，百分之二十作公益金，百分之十五作职员酬劳金，百分之十五奖励储蓄。

第十二条　簿册：本社必须备下列簿册：

社员名册、银钱流水账、银钱总户账、粮食流水账、粮食总户账、会议记录簿。

第十三条　会议：

（一）社员大会每年一次，于结算后一个月内举行，必要时得由社务委员会召开临时社员大会。

（二）社务委员会每月至少须举行一次，由主席召集之。

（三）信用审查委员会于社员请求借款、借粮时，由主席临时召集。

第十四条　解散：本社因特别事故不能进行社务时，由社员大会议决呈经县政府许可解散或因县政府之解散命令即行解散。

第十五条　附则：本章程未尽事宜得由社员大会修改之。

邹平县第　乡林业生产有限合作社章程

第一章　总则

第一条：本社定名为邹平县第　乡林业生产有限合作社。

第二条：本社之宗旨为下列各种：

一、保护现有森林。

二、实行山地造林。

三、提倡育苗造林。

四、设施森林上各种共同工事。

五、共同售卖森林生品物。

第三条：本社以社员十二人以上组织之，各社员均负有限责任。

第四条：本社社址设于门牌　号。

第五条：本社以第　乡及　山之林场为业务区域。

第二章　社员

第六条：凡具有下列各项资格而无合作社法第十二条所列各种情事者，不分性别均得为本社社员。

一、中华民国人民年满二十岁、有正当职业者。

二、居住本业务区域内者。

第七条：本社成立后，凡愿入社者应有本社社员二人以上之介绍或自具入社请求书，经社务委员会之同意及社员大会之追认，方得为正式社员。

第八条：本社社员有下列情事之一者，经社员之决议予以除名。

一、有合作社法第二十三条所规定各款情事之一者。

二、不遵照合作社法施行细则及本社章程履行其义务者。

三、破坏本社名誉及信用者。

四、假借本社名义以图私人之利益者。

五、无故连续三次或间断五次不出席于其应出席之各项会议并不委人代理者。

六、其他经社务委员会决定者。

第九条：本社社员之自请出社，应于事业年度终了前三个月内提出正式请求书。

第十条：出社社员社股返还，以已交金额为限。

第三章　社股

第十一条：本社社股每股暂定国币二元。

第十二条：社员认购社股每人至少一股，股款如不能于一次交齐者得分期缴纳，于入社后一年内交齐，但第一次所缴股款不得少于所认股款二分之一。

第十三条：本社社员于入社后，得随时添认社股，但每人至多不得过二十股。

第十四条：本社社股非经本社同意不得抵押或转让。

第四章 业务

第十五条：本社业务为下列各事项：

一、保护森林。

二、建筑森林。

三、经营森林生产上各项事业。

四、其他林业经营事项。

第十六条：关于共同保护森林之规则另定之。

第十七条：关于山林生产物处分之规约另订之。

第十八条：本社得附设苗圃其办法另订之。

第十九条：本社应于开始经营业务时，缮具造林计划书、林场概况调查表、林场图及造林预算书，呈报县政府备案。

第二十条：本社规定自国历一月一日起至十二月末日为一年度，每届年度终了，应将本年办理林业情形呈报县政府查核备案。

第二十一条：本社社员育苗、造林著有成绩及经理得力者，由本社呈请县政府奖励之。

第二十二条：本社盈余按下列规定处分之。

一、公积金——以金额百分之三十提存当地信用合作社或其他金融机关。

二、公益金——以金额百分之二十为公益金。

三、股息——年利六厘以已交之股金计算，但无盈余时不得发息。

四、余额——按照各社员造林成绩分配之。

第二十三条：本社之公积金如超过股金总额二倍时，其超过部分每年应提出若干作为经营业务或公共事业之用，其应提之数由社员大会决定之。

第二十四条：本社如有亏损，以本年度盈余公积金、社股金及其他财产以次抵偿之。

第五章 职员

第二十五条：本社社务委员会置理事、监事各三人，由社员大会就社员中选任之。

第二十六条：理事任期三年，每年改选一人；监事任期一年，每年改选一次，连选均得连任。

第二十七条：本社理事会及监事会之主席由理事及监事分别互选之。

第二十八条：本社理事会负经理社务之全责，对外代表本社。理事得就理事或社员中另行聘请会计、书记各一人，分别担任职务。

第二十九条：本社监事会之职权如下：

一、监查社内各种事务及财产状况。

二、监查理事执行业务之状况。

三、审查各项书类。

第三十条：本社各项职员皆为义务职，但因公费用得由本社内核实发给之。

第三十一条：理事及监事违犯法令或本社章程时，由社员大会全体社员过半数之决议解除其职权，其失职时亦同。

第六章　会议

第三十二条：本社各项会议之规定如下：

一、社员大会——每年开大会一次，由理事会主席定期召集之。

二、社务委员会——每三个月开常会一次，由理事会主席召集之。

三、理事会及监事会——每月各开会一次，由各该会主席召集之。

以上各项会议遇必要时，均得召集临时会议。

第三十三条：本社社员不能出席社员大会时，得以书面委托其他社员代理之，但同一代理人不得代表二人以上之社员。

第三十四条：本社理事会应于每年度终了时，造成财产目录、资产负债表、业务报告书及盈余分配案提交社员大会请求承认，并呈报县政府备案。

第七章　附则

第三十五条：本章程所有未规定之事项均依合作社法及其施行细则之规定办理。

第三十六条：本章程经社员大会议决并呈准备案后施行，修正时亦如之。

邹平实验县机织合作社简章

第一条　定名：本社定名为邹平第　　乡　　村机织合作社。

第二条　宗旨：本社以办理社员机织上之购买及运销事宜，促进乡村工业之发展为宗旨。

第三条　责任：本社责任为无限责任。

第四条　区域：本社以邹平第　　乡　　村及附近村庄为事业区域。

第五条　社址：本社社址暂设于　　村内。

第六条　社员：

一、凡事业区内品行端正、勤苦耐劳、有志机织者皆可为本社社员。

二、本社成立后，请求加入者须有社员二人以上之介绍，经干事会同意提交社员大会认可后始得为本社社员。

三、凡社员有下列情形之一者，经社员大会之议决得予以除名。

甲、不遵守本简章之规定者。

乙、破坏本社之名誉及信用者。

丙、假借本社名义，以图私人利益者。

丁、沾染不良嗜好、妨害社务进行者。

四、本社社员之自请出社者，应于事业年度六个月前请求本社干事会，经干事会提交社员大会认可后始得出社。

五、凡除名及自请出社社员须将对于本社应负之责任完全终了后，始得与本社脱离关系。

第七条　资金：本社资金之来源如下：

一、社股每股定为国币五元，入社时一次缴足。

二、本社股金不敷周转时，得向社员或社外挪借，其责任由全体社员共负之。

三、织机均由社员自备，如有抵押或转让情事，须经干事会提交社员大会认可。

第八条　职员：

一、本社设干事五人，由社员大会选举之，并互推社长一人处理一切日常社务。司库一人掌管款项出纳、记载、账簿等事宜。

二、社长干事均由社员大会选举之。

三、社长干事任期均为一年，但连选得连任。

第九条　会议：

一、社员大会为社务议决之最高机关，每两个月开会一次，如有特别事故，得由干事会议决随时召集之。

二、干事会曾由社长及全体干事组织之，每十日开会一次，有必要时得由社长或干事二人以上之提议随时召集之。

第十条　营业

一、购买事宜

甲、凡本社社员机织事业需用物品皆由本社社员共同集资购买之。

乙、购买贷品时，货价之凑集及缴付方法均由干事会随时规定之。

二、运销事宜

甲、凡社员机织物品皆须缴本社共同出售。

乙、社员交社运销织物，应由干事会评判优劣，按市价分等定价。

丙、前项织物出售后所得价款，除尽先按定价支付社员外，余俟年度结算，按社章规定处分之。

三、事业年度

本社自本年阳历七月一号起至来年阳历六月三十一号为事业年度，每年度结算一次。

第十一条　公积金：

一、本社年度结算后如有盈余，除按年利八厘提付股息外，以下列规定分配之。

甲、公积金百分之二十。

乙、职员酬劳金百分之十。

丙、百分之七十按社员合作量比例分配之。

二、亏损时，由全体社员按合作量比例负担之。

第十二条　附则：

一、本简章自社员大会通过后施行之。

二、本简章如有不适宜处，得由社员三人以上之提议，经干事会同意交大会议决修订之。

邹平实验县普设庄仓合作社办法

一、本办法根据内政部颁布之各地方仓储管理规则及山东省政府历次催办各县地方积谷备荒通令并参酌地方需要订定之。

二、本办法之目的：一在积谷备荒。二在储蓄致富。三在立信用之基础。四在平准粮价，勿使过贱伤农、过贵伤民。五在调剂农村食用需供。

三、本办法举办之区划以邹平县原有纳税区划之庄为单位，其两庄以上愿合办者听之。

四、庄仓之筹办员以原来庄长充之，由县政府加委。其庄长改为村长或村理事，之庄则以村长或村理事或庄仓之筹办员仍由县政府加委，负各该庄村仓廒筹办之责。

五、筹办员负下列之责任：

（子）调查本庄有地之家数及其家长、姓名、年龄，并各家地亩多寡制定社员调查表，其亩之大小并须注明统换算为官亩数。

（丑）调查本庄出产某种粮名为最多为普遍以为收集仓谷种类之标准。

（寅）筹划仓廒之地点，其有庙宇者，用庙宇；无庙宇者，用祠堂；庙宇祠堂俱无者，指借本庄有地最多之家之屋，每年酌予低少之赁租，其不愿受租者，呈明县政府褒奖之。

（卯）有地之家数调查完毕，即召集各家家长开成立会，选举管理委员二人至四人加入。庄长为当然委员计，管理委员三人至五人，管理委员任期为三年，共推一委员长主持仓务，筹办员责任至此完毕。

六、庄仓之性质为有限仓库合作社，其加入之社员所负之责任限于所出之粮石。

七、各庄有地之家，除一户有地不足三官亩，所收仅可自给或不敷用度，又无其他生产，经管理委员认为情形特殊者，得免予加入外，余均有加入庄仓合作社之义务。

八、各家入仓之粮石，由管理委员长鉴定，经风扇打过，不湿、不秕为合宜。

九、庄仓所用之斗，以新斗为准，其折新旧秤斤数如次：

高粱每一新斗按新秤重十四斤五两，旧秤重十二斤二两；谷子每一新斗按新秤重十二斤半，旧秤重十一斤；小麦每一新斗按新秤重十五斤半，旧秤重十三斤九两；黑豆每一新斗按新秤重十四斤，旧秤重十二斤半。

十、各庄有新斗者，用新斗，无新斗者，用新秤或旧秤代之，均按上列数量折合斗数。

十一、各仓所存之总粮数统以新斗之石数为单位，其下记斗记升名几石几斗几升，升以下卷算升内。

十二、各庄仓应于本年十一月一日成立，按每官亩一亩收秋粮新斗半斗，其种类依该庄所种较普遍秋粮为准，纳收完毕后，应分呈县政府及该管乡学备案。

十三、在多种棉花、花生等不便仓储，救荒之庄村应将所产变价购进秋粮小麦，依各家所有地之亩数比例入仓，不得借故推延不办。

十四、各庄仓社员愿在法定纳仓粮数量以上多交者听之。

十五、其无田产之庄民愿纳粮入仓在一斗以上者，行为端正、有职业亦得认为庄仓社员。

十六、纳粮入仓之社员随时可以觅得社员二人以上之垫还，保人（须有产业信用可靠）向庄仓借粮、借钱，其期限不得过一年，利率统按月利一分六厘。借粮者还粮，借钱者还钱，其请借数目不得超过其所存入粮数或粮价之额十分之七。

十七、各庄仓得以其全部存粮作押向农村金融流通处抵借现金，其金额以所储粮石之现价总额十分之七为准，期限不逾一年，利率不逾月息一分二厘。

十八、各庄仓得以所储之粮为抵押向他处金融机关通融款项转贷于社员，其条件一如本办法第十六条所列，不得稍涉含糊。

十九、各庄未纳粮入仓之人，如行为端方、有正当职业并邀得社员二人作保者，庄仓须依一般之条件贷予仓粮或现金，其数额不得超过保人社员入仓粮额合计之半数。

二十、各庄仓遇粮价高涨存有余粮时，得依全体管理委员之决议尽先出售于本庄之人或运外销售，其所得之现金除贷放外，须即日存于本县农村金融流通处生息，不得私自挪用或搁置。

二十一、各庄仓成立后，经县政府视察办法良好，即令农村金融流通处以该庄仓储粮之数为抵押，责令与该庄仓立来往存放款项契约，或由各该乡理事查得情形良好，亦可介绍于农村金融流通处订立来往存放契约。

二十二、机关或个人以金钱贷予庄仓合作社者，得随时查看其仓粮数目及保管是否合法，及各庄仓不得以储粮向两处同时抵押借款，违者查明情由，依法予以相当处分。

二十三、庄仓以储粮已经抵押借款后，如欲出售还债时，须预先通知贷出款项之机关或个人，变价立即偿还所负之债务，不得迟延致生枝节而失信用。

二十四、每年国历十二月月底为庄仓结算期，经全体管理委员审核无异后，须将其盈亏报告于全体社员，并分呈县政府及该管区域之乡学备案，报告全体社员及向县政府乡学备案不逾次年一月十五日。

二十五、每年结算有盈余时，提十分之一报酬全体管理委员，其委员长劈得红利之比例较其他管理委员应多一倍。

二十六、管理委员概不支薪，但因办理庄仓事宜所费之款得就本庄公费内支付之。

二十七、每年红利除提十分之一报酬管理委员外，其余按各社员入仓粮石之数比例分配，其中一半须滚作各该社员重行加入仓粮之数，其余一半任其提取。

二十八、各庄仓结算后如有盈余，各社员存仓粮数增加时，其请求贷借时亦比例提高。

二十九、各庄仓以粮石为本位即计算盈亏，统以各该仓所存之粮石种类为计算之单位，即存有现款亦应依当时该种粮价换算之以计盈亏。

三十、各庄麦秋两季收成但在七分以上时，即须遵照本办法集粮入仓，分呈县政府及乡学备查。其小麦入仓不得逾国历七月月底，秋粮入仓不得逾十一月月底。

三十一、各庄仓积储粮石之数，以达到全体社员家属平均每口一石为标准。

三十二、各庄仓仓廒地址之选定标准以房屋不漏、不潮、墙壁坚固、空气流通且地点不甚孤查便于照管，地位较高不易被水患者为佳。

三十三、各庄仓管理委员随时查看储粮，盖以印板封锁仓门，粘贴封条，以免偷窃，并随时指挥全体社员轮流从事晒晾，以免虫蚀霉坏。

三十四、各庄仓管理员有实心任事成绩良好者，县政府酌量情形予以匾额或其他名誉之奖励；其怠废不任事、推诿敷衍有实据者，县政府得责令该庄仓全体社员改选贤能继任，以免贻误。

三十五、庄仓管理员因故出缺时，应一面呈明县政府及乡学，一面改选呈请加委。

三十六、各庄仓全体社员选出之管理员不得辞却。

三十七、各乡学学长及乡理事有督催监察各庄仓之责任。

三十八、各庄仓所用账簿统由县政府代为置办，加盖骑缝县印，以昭郑重，其账簿领价按照工料实费，不得超过实价。

三十九、各庄仓所用之一切表簿、书据，定有一定格式（详载于后）以昭划一，而免分歧。

四十、本办法经县地方会议议决呈准山东乡村建设研究院备案后，公布施行之。

四十一、本办法有未尽事宜或发生疑问时，得随时提交地方会议修正并解释之。

邹平实验县仓库合作社章程

第一条　名称：本社定名为　　仓库合作社。

第二条　责任：本社组织为　　责任。

第三条　宗旨：本社以调节食粮产销，流通农村金融，改善农民经济为目的。

第四条　区域及社址：本社以　为事业区域，社址设于　村内。

第五条　社员：一、凡居住本社区域内，亲事耕植，无不良嗜好之忠实农民均得申请入社，填具入社愿书，缴纳社股为本社社员。二、社员退社于半年前向本社声明方为合法，但因死亡或出外退社者，不在此例。

第六条　社股：一、本社社股每股定为国币二元，一次缴足。社员入社时每人至少认购一股。二、本社社股按年利六厘付息。三、依法退社之社员，其社股得于退社后一月内退还之。

第七条　职员：一、本社设理事五人，总理一切社务，互选主席或社长一人，任期三年。二、本社设事务员二人或三人，分掌文书、会计、管仓过称等事，由理事会就理事或社员中聘任之。

第八条　业务：

一、本社仓库储粮只限于易保管之农产品，如小麦、芝麻、大豆等。

二、储粮不限社员，但须以自产者为限。三、储粮起码须在　斤以上，但至多不得超过　斤。四、储粮交社均须经过风扇，然后由理事会评定品级，填发仓库栈单交社员收执。五、社员需款得以栈单交由本社，向外方金融机关通融，按所储粮价七成、年利一分予以贷款。六、储粮贷款日期最长不得过六个月。七、储粮运销由理事会征得储户多数同意执行。八、储粮出入均以本社特备之衡器为准。九、储粮运社及由社运往车站、码头所需脚力，均由储户担任（凑集大车自行搬运），以节公费。十、仓库所需房舍，暂行借用庙宇或社员闲置房屋，施以灰铺砖砌，但以基地高燥便于管理者为宜。

第九条　损益处：一、本社盈余，除支付股息外，得分作十成，按下列规定分配之。甲、公积金二成；乙、储库基金一成；丙、职员酬劳金一成；丁、公益费一成；戊、储户摊还金五成，按社员储粮多少比例分配之，但非社员减半。二、本社倘因意外发生亏损时，除尽先以公积金暨社内财产抵补外，由储户平均分担。

第十条　会议：一、理事会每月开常会一次，临时会得以业务必要由主席或社长随时召集之。二、社员大会每半年开常会一次，临时会以理事二分之一或社员三分之一之请求召开之。

第十一条　附则

一、本社应需各种细则，由理事会另订之。

二、本章程有未尽处由社员大会修正之。

三、本章程自社员大会通过呈准县政府许可之日施行。

邹平实验县蚕业生产有限合作社章程

（二十五年一月修正通过）

第一章　总则

第一条　本社定名为邹平县第　乡　庄蚕业生产有限合作社。

第二条　本社之宗旨为下列各种：

一、共同购买改良蚕种。

二、改进养蚕技术。

三、改进桑树品种及栽培技术。

四、共同暖种。

五、稚蚕共育。

六、共同烘茧缫丝。

七、共同建设蚕室、茧仓及烘茧灶等。

八、共同购买蚕具及用品。

九、贷款与社员。

第三条　本社以社员九人以上组织之，社员均负有限责任。

第四条　本社以第　　乡　　庄为事业区域。

第五条　本社社址设于第　　乡　　庄门牌　　号。

第二章　社员

第六条　凡具有下列各项资格而无合作社法第十二条所列情事者，不分性别均得为本社社员。

一、中华国民年满二十岁有正当职业者。

二、居住本社事业区域内者。

第七条　本社成立后，凡愿入社者应有本社社员二人以上之介绍或自具入社请求书，经社务委员会之同意及社员大会之追认方为正式社员。

第八条　本社社员有下列情事之一者，经社员大会之决议予以除名。

一、有合作社法第二十三条各款情事之一者。

二、不遵照合作社法、合作社法施行细则及本社章程履行其义务者。

三、破坏本社名誉及信用者。

四、假借本社名义以图私人之利益者。

五、无故连续三次或间断五次不出席于其应出席之各项会议并不委人代理者。

六、其他经社务委员会决定者。

第九条　本社社员之自请出社，应于事业年度终了前三个月内提出正式请求书。

第十条　出社社员社股返还以已交金额为限。

第三章　社股

第十一条　本社社股每股暂定国币二元。

第十二条　社员认购社股每人至少一股至多不得超过二十股。股款如不能于一次交齐者,得分期交纳,于入社后一年内缴齐。入社时所缴股款不得少于所认股款二分之一。

第十三条　本社社股非经本社之同意不得抵押或转让。

第四章　业务

第十四条　本社业务为下列各事项:

一、购办蚕具、缫丝器具及消毒药品、消耗用品以供社员共同使用。

二、代社员购买改良蚕种,按成本酌收佣金,惟所收佣金不得超过成本百分之十。

三、举行共同贮藏蚕种与共同催育,其消耗得酌量收费。

四、共育稚蚕,其桑叶与人工均由社员自任,每户蚁量以二钱起至二两为限。

五、用消毒法共同防除蚕病。

六、设立公共茧灶以供社员烘干,其所产之鲜茧其消耗费得酌量征收。

七、建设共同茧仓以保管社员之干茧。

八、蚕茧及各种建筑（除茧灶外）之保火险。

九、共同执行负担桑园中之施肥、修剪及防除虫害等工作。

十、贷款与缺乏养蚕资本之社员,但须备具相当抵押品。

以上各项业务细则于必要时另定之。

第十五条　本社规定春秋蚕事毕后,将收支结算公布之。

第十六条　本社规定自国历一月一日起至十二月末日止为一年度,每届年度终止时,应将本年办理蚕业情形呈报县政府备案。

第十七条　本社社员育蚕产茧著有成绩及经理得力者,由本社呈请县政府查明奖励之。

第十八条　本社社员非先得本社之认可,对于本社事业区域内之蚕种、蚕茧以及其他关系蚕业之各项产物,不得单独经营之。

第十九条　本社盈余按下列之规定处分之。

一、公积金：以全额百分之三十提存当地信用合作社或其他金融机关。

二、公益金：以全额百分之二十作为公益金。

三、股息：年利六厘，以已交之股金计算。但无盈余时不得发息。

四、余额：按照各社员育蚕产茧之成绩分配之。

第二十条　本社之公积金如超过股金总额之二倍时，其超过部分每年应提出若干作为经营业务或公共事业之用，其应提之数由社员大会决定之。

第廿一条　本社如有亏损，以本年度盈余公积金、社股金及其他财产以次抵补之。

第五章　职员

第廿二条　本社社务委员会置理事、监事各三人，由社员大会就社员中选任之。

第廿三条　理事任期三年，每年改选一人；监事任期一年，每年改选一次，连选均得连任。

第廿四条　本社理事会及监事会之主席由理事及监事分别互选之。

第廿五条　本社理事会负经理社务之全责，对外代表本社理事会。得就理事或社员中另行聘请会计、书记各一人，分别担任职务。

第廿六条　本社监事会之职权如下：

一、监查社内各种事务及财产状况。

二、监查理事执行业务之状况。

三、审查社内各种书类。

第廿七条　本社各项职员皆为义务职，但因公费用得由本社核实发给之。

第廿八条　理事及监事违犯法令或本社章程时，经社员大会全体社员过半数之决议解除其职权，其失职时亦同。

第六章　会议

第廿九条　本社各项会议之规定如下：

一、社员大会：每六个月开常会一次，由理事会主席定期召集之。

二、社务委员会：每三个月开常会一次，由理事会主席召集之。

三、理事会及监事会每月各开常会一次，由各该会主席召集之。

以上各项会议遇必要时均得召集临时会议。

第三十条　本社社员不能出席社员大会时，得以书面委托其他社员代理之，但同一代理人不得代表二人以上之社员。

第卅一条　本社理事会应于每年度终了时，造成财产目录资产负债表、业务报告书及盈余分配案，经监事审核提交社员大会请求承认并呈报县政府备案。

第七章　附则

第卅二条　本章程所有未规定之事项均依合作社法及合作社法施行细则之规定办理。

第卅三条　本章程经社员大会议决并呈准备案后施行，修正时亦如之。

蚕业合作社规程

甲、蚕种催青合作

1. 蚕户欲饲养改良蚕种并加入合作催青者，须将姓名、住处及其桑叶若干等报告本社。

2. 本社接受蚕户报告后，随时登记支配种量给予合作社社员。

3. 本社合作期时在清明节至谷雨节前后，凡十四天至十六天之间。

4. 合作催青室内应用煤油、煤炭等杂费，按分种多寡平均计算，由社员负担之。

5. 催青期中，每日上午九时至十一时，本社派员讲演催青、收蚁及养蚕等方法，凡社员一律到社听讲。

6. 催青期中每日酌派社员数人在社轮流工作，归指导员指导之。

乙、稚蚕饲育合作

1. 本社合作期限自催青着手至蚕三龄，眠起为止。

2. 在催青前十天以内，蚕户须将姓名、住址及欲订蚕种张数报社先行登记。

3. 登记之蚕户即为本社社员，在合作社期内一切工作须受本社指导员之指挥。

4. 合作期内应用蚕具暂由本社设法借用。

5. 蚕种催青及稚蚕饲育皆以本社规定之种为限。

6. 支配蚕种时以蚁量计算，不限张数。

7. 收蚁期限约为三天，本社须视该日发生多寡按次收蚁分给社员，不得争先恐后。

8. 稚蚕用叶由社自给，每日应需多寡由本社预先通知，社员按时采入存记。

9. 合作期内应需薪炭油、烛净糠等类均由本社代办。至合作期满按蚁量多寡支配费用，由社员照数缴还。

10. 在合作期内由本社导师及指导员随时讲演催青及饲育等方法。

蚕业合作社蚕茧运销办法

1. 本社合作运销之蚕茧以本社社员用改良蚕种育成之蚕茧为限。

2. 本社合作运销之蚕茧酌分上、中、下三等，于蚕茧收集时由本社蚕茧品评会评定之。

3. 本社由社员中公推评判员三人，并聘请本社蚕师及指导员共同组织蚕茧品评委员会。

4. 本社合作运销蚕茧之品评标准约分四项：

（一）纯净；（二）色泽；（三）重量；（四）厚薄百分比。

5. 本社合作运销之蚕茧得借用研究院农场设置之烘茧灶，烘干后再为运销。

6. 本社合作运销之蚕茧未售出前，得应社员之请求以蚕茧市价之八成请研究院代为借款，俟蚕茧脱售后正式清算。

邹平实验县蚕业合作社改良设备贷金暂行办法

1. 本县为改良蚕业，倡办蚕业合作社，由二十二年度建设经临费，节余项下划拨二千元作为各社改良设备贷金。
2. 贷款以村社为单位，每社社员须十户以上，每社桑树须八十株以上并饲改良蚕种者。
3. 此款只限各社改良蚕室及置备新式蚕具之用。
4. 贷款数目按各社成立情形贷与五十元至一百元。
5. 此款为提倡蚕业，无息贷给。
6. 贷款以各社呈准登记之先后为序，款不敷时得宣告停贷。
7. 贷款分五年还清，每年茧丝变价后归还五分之一。
8. 受贷之蚕业合作社关于技术改良方面须完全接受本府之指导。
9. 凡违反七八条之规定者，须将贷金全数缴回，并酌予惩处。
10. 本办法自呈准公布之日施行。

凿井合作社通用简章

第一条　名称：本社定名为　乡　村凿井合作社。
第二条　宗旨：本社以帮助社员凿井灌田、防止旱灾并养成自助互助精神为宗旨。
第三条　责任：本社借贷款项对外均负无限责任。
第四条　区域：本社以附近　村为事业区域。
第五条　社址：本社社址设于　村　号。
第六条　组织：本社以事业区域内之农民七人以上组织之。
第七条　社员：凡其有下列资格之农民，经社员二人以上之介绍均得加入本社为社员。

一、自有土地。
二、品行端正，行为忠实。
三、无不良嗜好，有正当职业。

第八条　社股：

（一）本社社股每股定为国币二元，分二次交足，第一次于入社时纳一元，第二次于开凿时交足之。

（二）社员认股至少一股，至多不得过二十股。

第九条　业务：

（一）社员需要凿井器材（如水车、水桶等）时，得联合购买，其办法另定之。

（二）社员需要凿井款项时，经干事会许可，即得共同向外借款。

（三）社员田地在十亩以上者，得各自单独凿井；其在十亩以下者，得联合凿井，共同灌溉。

（四）凡联合凿井应注意下列事项：

甲、社员田地亩数少三数家相接连。

乙、凿井须住于各家地亩之适中地点。

丙、各人使用井水之先后可自行商议决定。

丁、遇有社员退社或合作社解散时，该井得按使用之年数折价出让，折价时由社员斟酌商议决定之。

戊、社员遇有纠纷不能解决时，得由合作社代为解决。

第十条　职员：

（一）本社设社长一人，干事二至四人掌理社务，均由大会推选之。

（二）职员均系义务职，任期一年，得连选连任。

第十一条　会议：干事会每月开会一次，社员大会每半年开会一次，遇必要时均得召开临时会议。

第十二条　社余：本社如有盈余可按下列规定分配之。

一、公积金百分之五十。

二、职员酬劳金百分之十。

三、公益费百分之四十。

第十三条　附则：

（一）本简章如有未尽事宜得由社员随时提出，社员大会修改之。

（二）本简章由社员大会通过呈请县政府备案施行。

第五章　金融

农村金融流通处简章

第一条　本县为调济农村金融，减轻农村利率，推进本县建设事业，设立农村金融流通处。

第二条　金融流通处为本县地方公立机关，设于邹平城内，于必要时得酌设代理处于本县农民交易繁盛之地。

第三条　金融流通处资本金定为拾万元，由县政府先拨足叁万元，开始营业其余在三年内陆续筹集。

第四条　金融流通处之营业范围如下：

（甲）经收各种存款及储蓄；（乙）经营农村各种放款；（丙）保管本县各机关各团体之基金与财产；（丁）经管农产品买卖后之拨兑；（戊）经营与产品有关之期票或证券；（己）经营仓库事业；（庚）代理收付款项；（辛）经营其他经董事会议决之金融业务。

第五条　金融流通处得受县政府之委托，经理县库及募集偿还公债事务。

第六条　金融流通处设董事会及监察员监理业务，其规程另定之。

第七条　金融流通处置经理一人总理全处事务，由县长提出相当人选经董事会通过任用之，任期三年，得连选连任。

第八条　金融流通处于经理下分设营业、出纳二股，各设主任一人，由经理商承董事会任用之。

第九条　金融流通处每三月结算一次，每年十二月终为总决算期，应编具下列表册书类交由董事会及监察员核定，呈报县政府备案。

（甲）财产目录；（乙）资产负债表；（丙）营业报告书；（丁）损益计算书；（戊）盈余分配表。

第十条　金融流通处年终结算有盈余时，以十二成计算，五成为本县建设之用，四成为公积金，三成为处内人员之奖励金。

第十一条　本简章由县政府呈请山东乡村建设研究院核准后施行。

农村金融流通处董事会监察员规程

第一条　本规程依据邹平县农村金融流通处简章第六条规定之。

第二条　农村金融流通处董事会以下列董事十一人组织之。

（一）本县县政府第四科长、第五科长为当然董事；（二）由本县县政府于各乡学学长聘任七人；（三）由本县县政府于本县具有商业经验之绅耆中聘任二人。

第三条　董事会设候补董事七人，由本县县政府于各乡学学长中聘任之，遇有董事缺额递补。

第四条　董事会设董事长一人，由各董事互推之，主持本会会务。

第五条　董事会之职务如下：

（甲）本处业务方针之审定；（乙）本处预算决算之审定；（丙）各项规章之审定；（丁）决定各代理处之设立及废止；（戊）经理人选之通过。

第六条　董事会每三月开会一次审查本处之结算。

第七条　聘任董事任期三年，得连聘连任。

第八条　金融流通处设监察员五人，除本县县政府第二科长、第三科长为当然监察员外，其余三人由县长于各乡理事中聘任之，聘任监察员之任期为一年。

第九条　监察员之职权如下：

（甲）本处账目之稽核；（乙）库存数目之检查；（丙）本处预算之审核；（丁）本处人员有不良嗜好者之检举。

第十条　监察员得单独行使职权，不必待其他监察员之同意。

第十一条　金融流通处有为下列营业之情事时，监察员得纠正之。

（甲）贪图高利有违调剂农村金融之本旨或不顾资本金之危险者；

（乙）牵于情面为长期之贷放不为发展之经营者。

第十二条　董事及监察员俱不得在本处为私人担保借款或自有拖欠。

第十三条　本规程由县政府呈请山东乡村建设研究院核准后施行。

农村金融流通处整理旧债贷借规则

一、整理旧债之借款须依本规则为贷付。

二、整理旧债之借款须查明旧债发生之原由并审其正当与否以为贷否之定夺。

三、整理旧债之借款须全数偿还本金，不得作填付利息或其他消耗之用，并须将抽回之旧约据呈本处验明注销。

四、整理旧债之借款，借款人有下列情事之一者，得对之拒绝告借。

（甲）有烟、赌嗜好之嫌疑者；（乙）有游隋习气者；（丙）有奢侈习气者；（丁）不能约束其家人者；（戊）旧债发生之原因不明确及用之不正当者；（己）旧债过多无彻底整理之计划者。

五、整理旧债之借款，其旧债系因下列事故发生并能切实证明者，得依照较低利率为贷与。

（甲）因本身或其家属之疾病纠缠而发生者；（乙）因救助亲邻之急难困迫而发生者。

六、整理旧债之借款须于二十日前报明欲借数目及保还人姓名，经查明与本规则无不合时，即与许可通知，按章贷付。

七、整理旧债之借款额数与期限，照本处普通贷款之规则办理。

八、整理旧债之借款于第四条前三项所列查不明确时，得令借款人所住庄之庄长、学董再加具确系勤劳并无上列不正习气之保证书，始可贷付。

九、整理旧债之借款在五拾元以上时，除依章具保还人外，并须有节俭之生活之保证人加具保证书，俾此后实行节约，以渐减少债累。

十、节俭生活保证书须由债务人所在村之学董、庄长及素有节俭生活之声闻者填具盖章，与借款字据一同交给本处。

十一、凡具保证书之人于所保证者发现有不能遵依情事时，须切实劝告，不听时即须通知本处声明不再保证。

十二、凡具保证书之人遇有前项情事不履行所定程序时，本处除在信用程度表填入等次公布外，并须停止其此后在本处借贷或保证。

说明：人当富裕无求人之必要时，凡事每轻易看过，漫不致思，故对之进言，常言之谆谆而听之藐藐，甚且反致嫌厌。惟当穷迫不能不求人时，于事始易发感想，易致深思，此时若有良言入之自易，若与以援助，使其信真有为我之心，则规劝之言入之自更易深，此施行善教之机而人民结合之媒也。本规则于人民告借时，常令多求保证人或加具保证书者，非但欲债权之确实，亦实欲树施教之机缘耳，盖金融流通处不能显然自当教化之责，只可加以暗示，而能为适当之教化者即系立于第三者地位之保证人也，保证人此时若有教导之责任心，则所言所劝，彼必不视为多事，而事半功倍之教育功效亦应乎可期，此本规则常令其加具保证人、保证书之意义也。而礼遇保证人唤起其助人、教人之心，此又在流通处人员之致诚致教，亦实在教育人员能认此为播教之良媒而时加启诱，盖此等与人保账之人每为富于群性之人，人民需用之处甚多用为社会教育媒介，随时有施展之可能也。

今政治趋势于改良监狱教诲罪犯咸认为要举，每不惜破费为之。然于罪恶酝酿之初，不为设计消弭，而于罪恶既成之后，始为待遇改良，岂非失算。故于人易发愤怨将入险途之时，而令其有善导之人为之善导，此亦社会教育深入之门。社会教育减少之计也故对债务压迫者而作整理之时，固不可只以减轻一时之担负为已足也惩前毖后之计，尤为必要，若漫然贷予，减轻其不正之债而任其纵酒欲、畅烟瘾则吾人亦何苦为此而加深其恶习哉。此所以于整理旧债之借款，不能不充分慎审而手续更不厌烦多也。

农村金融流通处存款规则

一、本处存款分为定期、活期、往来三种。

二、定期分为三月、六月、一年三种利息，参照存入时市面情形及期之长短酌定。

三、活期存款。存款满足一千元并订明于支取前二十日通知者，亦按市面情形酌为起息。

四、活期存款在支用之月所支用之部分概不起息。

五、往来存款随时支用者概不起息。

六、存款人初次存款时，须在本处所备之存款单填写何种存款并加盖图记，以便取款时对照。

七、存款人由本处给予之存约或存折须严密保存，取款时即用为凭照。

八、存款人图记存折如有遗失时，须即日报明本处挂记失号并须在县府旬刊声明作废。

九、存款人之图记存折如有盗取窃用等情事时，其发生之损害由存款人负担。

金融流通处奖励储蓄规则

一、本处为提倡人民节俭，聚集社会零资起见，因设奖励储蓄规则，以奖励储蓄。

二、本处储蓄分为随时储蓄、按期储蓄、特别储蓄三种。

三、随时储蓄从储蓄之下周起息，从支出储蓄之周止息，满六个月结算一次，所生之息即滚入原本储蓄款，最多以三百元为限，过三百元者即按存款规则办理。

四、随时储蓄利息按照储蓄时市面利率情形酌定。

五、按期储蓄分为按月储蓄、按季储蓄二种。

六、按月储蓄自一角起至五元止，每月储一定之数，以四个月为一结算期。起息、止息与利息滚入原本之法与随时储蓄同。

七、按季储蓄自一元起至十元止，以满三季为一结算期，起息、止息与利息滚入原本之法与前项同。

八、按期储蓄得比照市面通常存款利率酌为提高。

九、按期储蓄三年不间断者，除利息外本处当在公积金项下酌提奖励金以为奖励。

十、特别储蓄分为下之六种：

（甲）备婚储蓄——不论男女从生后弥月时起，储银一元者至十八岁结婚时，可取本息十二元，储三元者可取二十四元，多则类推。若一岁以后储者每增一岁，每元须增储三角，依约期结婚时方可取得十二元之数。

（乙）备学储蓄——不论男女从生后弥月时起储银一元者，至满十岁读书时，每年可支取书费一元，五年为满，即储一元者可共取五元，储二元者可共取十元，多则递推。若二三岁储时，其递加法与前项同，若十三四岁停学，停学时即不得续支。

（丙）养老储金——不论男女从四十岁起储一元者，至六十后每年可取二元，以十年为尽，即可共取二十元。至七十后每年可取三元，亦以十年为尽，多储时照前递推。若取之未尽而归老时，本年可按照每年应取之数加倍给付一次即可完结。

前项储蓄若在四十以后储蓄者，每增一岁照前例每元须增加三角，始得照享权利。

（丁）防灾储蓄——即凡储蓄一元满五年后，遇有水旱、霜雹，损折田禾以及本身失偶、牛马伤亡等灾害时，经其庄长证明，除可取其金本息二元外，并得加一倍在本处低息告借，分年归还。若储满十年者，除取其本息四元外，并得在本处加二倍低息告借，分年归还。储二元者照例递进，满十五年时，每一年得取其本息十元即告一结束。

（戊）建设储蓄——即储蓄一元满五年后，如欲修房、修地、添购农具时，除得取其本息二元外，并可在本处低息告借额数，还期由本处临时酌定，最后结束与前项同。

（己）喜庆纪念储蓄——即生子、结婚、祝寿以及各种义举欲永留纪念而资尚不敷之储蓄，即储蓄一元满六年后，欲作纪念之建设或购置时，除取其本息二元外，并得在本处告借以资助成息率，还期由本处酌定。满十二年后，除其本息五年外，加借办法同前，最后结束亦同于前项。

十一、以上六项特种储蓄未到支取之期而欲支取时，只可取还原本即算终结，概不给付利息。

十二、以上六项特种储蓄，每户储本最多以十元为限。

十三、随时储蓄、定期储蓄由本处发给折据，特种储蓄由本处发给证券，取款时即以此为证。

十四、折据、证券若有遗失时，除在本处挂失号外，并须登报声明作废，经二周后始得另为补给。

十五、本规则由董事会通过并在县府存案后施行。

农村金融流通处贷款规则

一、本处贷款须以贷于经县府承认之各乡信用合作社，助其生产为最要之务。

二、对私人及商号贷款，须以不碍于各合作社之借用为最要。

三、对私人及商号贷款，期限不得过三月，总以存有余资时临时暂放为原则。

依前项规定，商号贷款额数不得过壹仟元，私人贷款额数不得过壹百元。

前项商号及私人贷款时，须酌量情形令取具铺保或相当人保，如无保时须得交纳抵押品。

四、对各合作社贷款，须先征集各社员之申请书，详审其用途，调查其信用，依贷款表分别酌定，如认为有不当之点时，得拒绝贷予。

五、对各社社员整理旧债之，贷予其总额不得超过其社应借总额三分之一。

六、对各社社员所借款项发现有用途不正或与其申请书所填不合时，应一方记载于信用程度评定表，一方得令其妥觅铺保于最短期内归还。

七、对各合作社应贷之额数、期限、利率依下列所规定行之。

金融流通处对各合作社贷款之最高额及利率

说明	承认年数	考成等最高额	一社员借放最高额	一全社借放最高额	二期逾清时	三期逾清	四期逾清	承认年数	考成等最高额	一社员借放最高额	一全社借放最高额	二期逾清	三期逾清	四期逾清
四、利息及社员对社之最高薪保以承认之久暂及社务成绩之高下而定甲乙丙丁四等各社如一期逾期二期起社员利率照表规定本令之一部乙丙丁等社停止贷款（利息不列表细则可口逐年增加）	一年	丁	15	300	—	分	分	六年	丁	40	800	—	分	分
		丙	20	350		分	分		丙	45	850		分	分
		乙	25	400		分	三		乙	50	900		三	三
		甲	30	450		分	五		甲	55	950		三	五
	二年	丁	25	400				七年	丁	45	900			
		丙	30	450		分	分		丙	50	950		分	分
		乙	30	500		分	三		乙	55	1000		三	三
		甲	35	550		分	五		甲	60	1050		三	五
	三年	丁	25	500				八年	丁	55	1000			
		丙	30	550		分	分		丙	55	1050		分	分
		乙	35	600		分	三		乙	60	1100		三	三
		甲	40	650		分	五		甲	65	1150		三	五
	四年	丁	30	600				九年	丁	55	1100			
		丙	35	650		分	分		丙	65	1150		分	分
		乙	40	700		分	三		乙	65	1200		三	三
		甲	45	750		分	五		甲	65	1250		三	五
	五年	丁	35	700				十年	丁	60	1200			
		丙	40	750		分	分		丙	65	1250		分	分
		乙	45	800		分	三		乙	70	1300		三	三
		甲	50	850		分	五		甲	75	1850		三	五

八、依规定，若有特别情形应予变通款额利率者，只可记明理由为一级之通融，不得超过二级。

九、合作社组织如系保证责任时，其贷款额不得超过保证金额之数。

十、本规则由董事会通过施行。

各乡信用合作社对金融流通处借款须知

一、凡本县各乡成立之信用合作社，在县府依法登记，经其承认且考查列在甲、乙、丙、丁四等者，得依其等列及社员之多寡，比照流通处贷款表，限额向流通处申请借款。

二、借款之最高限度分社员每人最高额及每社最高额二种。

三、各社借款之标准系以社员人数与表列社员每人之最高额相乘数斟酌而定。

四、初经承认之社社员在十五人以上者，借贷最高额不得过五百，每一社员不得过三十元。

五、各社除社股外，自集之款额储金如有成数得于上列最高额之外申请加借其数额，以此项储金之数为比例，但不得超过其原来最高额之一倍。

六、借款期限因用途而异，用途以能协助为限，暂分为下列之四种：

甲、购置肥料种子（此项借款期限不得过一年）。

乙、购买农具、牲畜等（此项借款期限得延长至三年，惟每年除偿还利息外并须还本三分之一）。

丙、支付地租工资（此项借款期限不得过十个月）。

丁、整理旧债（此项借款须视其旧债之正当与否而定，认为正当并其人确系勤劳者，始可贷借期限得延长至三年，还清依照乙项）。

七、每社应借之款社员用项不同者，得分开种类，各按其偿还之期为偿还。

八、流通处对各社借款之请求，如认为不妥或用途不当，款已被他社借完时，得减少借额或拒绝贷借。

九、各社已借去最高额之借款后，遇有五人以上之社员出社或社务上发生变化时，流通处得斟酌情形，在原订还款日期以前提前收回借款之全部或一部。

十、借款到期务须本利付清，不得拖延，但遇有特别事故预料不得按期归还时，至少须于一个月以前说明理由，申请展期。

十一、未经先期请求而逾期不还者，在此延还期内利率按照原约每元每月加增四厘，且在此处理下亦不得延付至二月以上。

十二、各社员有拖欠不清者，该社各社员同负偿还之责，最后由县府追还不问其为某一社员所欠。

十三、流通处制有各社信用程度评定表，嗣后依各社信用程度之如何为借与之定夺，各须互自勉励信用，不得漫然援例要求。

十四、各社借款之最高额满一年后，依其社信用程度之如何得分甲、乙、丙、丁等次，酌为增减。

十五、以上条款由县政府会议通过公布，有增减之必要时，金融流通处董事会得呈请县政府增减。

邹平实验县各乡庄仓保管委员会章程

一、本县为保管庄仓仓谷起见，于各乡设庄仓保管委员会。

二、各乡庄仓保管委员以下列人员组织之：

甲、乡学董。

乙、乡理事。

丙、各庄仓管理委员长。

三、各乡庄仓保管委员会除乡理事为当然常务委员外，应于其他各委员中推出二人至四人为常务委员，负随时察看各庄仓之责。

四、各乡庄仓保管委员会每季至少须开全体会一次，共同察看仓房、仓谷情形有无变动，其会议日期由乡理事定期召集之。

五、依前条规定察看如发现有虫鼠伤耗不能足原数时，即筹划补足。

六、各乡庄仓保管委员会为活用仓储调剂农村金融起见，得依仓谷之时值为准，由全体委员负责发行庄仓证券，所发行之数目须呈经县政府核准其发行，章程另定之。

七、各乡庄仓保管委员任期以各该委员原有职务之任期为任期。

八、本章程呈由山东乡村建设研究院转呈山东省政府核准之日施行，如有未尽事宜，得随时呈请修正之。

庄仓证券发行章程

一、各乡庄仓保管委员会为活用仓储调剂农村金融起见，依各该乡所有各庄仓仓谷之时值，发给庄仓证券于各庄仓合作社社员。

二、庄仓证券之种类分为一角、三角、五角三种。

三、本证券平时兑现由各乡庄仓保管委员会与本县农村金融流通处妥定契约由其代兑。

四、遇荒年时持证券者得按时价支出庄仓仓谷。

五、本章程若有修改增加之处，须由各乡庄仓保管委员三分之二通过并呈县府核准后方能施行。

庄仓证券发行细则

一、本证券由各乡庄仓保管委员会经理发行，由曾经入仓之农户尽先告借。

二、各农户告借之额数以其所入仓谷之价值为标准，但数有畸零时，不足一元者可按一元告借。在五元以上者，畸零即不得算入（如谷值□得五元数角时须按五元告借）。

三、告借时仍须立正式约据，有相当之保还人保还。

四、告借之利息每月以一分二厘为度，期限以一年为度。

五、入仓农户有不愿告借者，得声明让与其他入仓之农户告借，不告借亦不声明让谁时，即由经理人酌贷他人。

六、证券所得利息除准备兑现金利息及办公费用外，须分给各庄仓管理委员备修仓上仓之用。

七、证券贷放须由保管委员会将各庄仓谷实值算出总数，按各庄应得之数分托各庄庄仓管理委员向入仓各户照章分贷。

八、各庄庄仓管理委员有不知书算或因其他事故不能经理贷放时，得公告本庄入仓农户直向乡仓保管委员会经理员告借，但仍须本庄庄仓管理员介绍并保证。

九、本细则由县长核准施行。

农村金融流通处代兑庄仓证券办法

一、本县农村金融流通处为调剂农村金融起见，对各乡庄仓保管委员会所发行之庄仓证券经与各该乡妥立契约后，即须代为兑现。

二、金融流通处代庄仓保管委员会证券兑出之现款，于每年六月十二月各结算一次。

三、结算时由各乡庄仓保管委员会自行检验，流通处兑存证券实数按月息一分出息。

四、各乡庄仓仓储倘有短欠不敷抵补金融流通处兑出之款及利息时，应由该乡各庄仓负连带摊还之责。

五、金融流通处得随时派人至各庄仓察看仓储情形，保管欠周时，并得予以警告。

六、各乡庄仓保管委员会所发行之证券如有伪券发生时，须由各社庄仓完全负责。

七、本办法自呈由山东乡村建设研究院转呈山东省政府核准后施行。

附：庄仓保管委员会与农村金融流通处订立合同

立合同约邹平第　乡庄仓保管委员会、邹平农村金融流通处为发行庄仓证券双方拟订如下之条件以资遵守——

一、保管委员会须遵守呈准省政府之金融流通处代兑庄仓证券办法。

二、第　乡出庄仓证券　圆，券面须加盖保管委员会发行及金融流通处代兑之印章。

三、第　乡按六成现金准备存放金融流通处代兑。

四、第　乡在金融流通处息借现洋　圆，利息暂定为月息一分，自发行庄仓证券之日起算。

五、每年六月十二日为结算利息之日期，遇必要时可提前结算。

六、金融流通处代兑庄仓证券暂以一年为期，期满后双方另订契约。

七、第　乡及金融流通处双方严密防范伪券。

八、第　乡庄仓保管委员会全体委员均须在合同上署名盖章。

金融流通处盖章

监理庄仓证券规则

一、邹平县府于各乡发行之庄仓证券为预防流弊、保管合理起见，应随时严密稽查之。

二、各乡于此证券款项贷出收入之账，每年终须开列清单呈报县府查核并公布乡学门首俾乡人周知。

三、各乡庄仓证券之款项其贷出使用发现有私滥不当之情形时，依法惩办其经理人。

四、各乡庄仓证券经理人若有更换时，须将其交接情形呈报县府，经审核无错予以批示时，方免除其责任。

五、各乡庄仓证券须依照县政府所定之收回及清算要则切实奉行。

庄仓证券收回及清算要则

一、庄仓证券每七年为清结期，须全数收回另行计划。

二、庄仓保管委员会对金融流通处之准备金须按七年分别还清。

三、庄仓保管委员会自发行证券之第二年起，每年满后须向流通处分还借款六分之一。

四、流通处于满二年后每年收到还款六分之一时，即须将收到之证券封存六分之一。

五、流通处与各乡每年满另订契约时，须将此载入契约慎重执行。

六、清结后若尚有发行之必要时，可斟酌情形呈明县府核办。

说明：事无清结之期则易流于放驰混乱无人负责，其为利之处亦因之不觉此种证券之发行尤易，如此苟不早为收束之计必致流于滥而不当，习而不察，致于良法善意反不知实爱也。今第一乡之证券已全数兑现，而去年考其账皆按一分六厘贷出，以二千元计每年可得利息三百八十二元，即原本稍稍开放之时，为时当亦无多让一步。以三百六十元计算，第一年除提还准备金利息一百四十四元外，尚余二百一十六元，再以二百元还准备金之借项，即令封存证券二百元作为收回，其事谅非甚难，如此满六年后，借款还清，证券亦收回一千二百元，则在外流行者只八百元，再由其所贷出之二千元中提出八百元收回证券，则此一乡即可净得一千二百元为其公用金。若经过良好尚欲续发时，仍以一千二百元为准备金发行证券，二千元是此乡即不啻有二千元之应用金，每年有三百七十八元之利息可以供用，一切事务皆举办不难尽矣。不过尤须于此六年中谨慎维持，不贪图便利苟且，使用之若嗔鸡下卵之迟，而剖用鸡腹之卵则失计大矣。

第六章　自卫

邹平实验县联庄会训练暂行办法

一、本办法基于地方需要并参酌山东联庄会训练简要办法及本县充实民众武力注重成年教育之实验计划订定之。

二、本县人口约计二万七八千户，以每二十五户为一闾计之，约计一千二百闾。每闾拔选二人，须年在二十五岁以下十八岁以上，有身家田产者为合格，到各该乡学考试，录取一人送县集中受训，名曰联庄会训练员，综计全县可得一千二百人。除寄庄户及闾之编制有合并或奇零不计外，至少以一千人为足额，名曰联庄会训练班，分两期受训，每班受训者约为五百人，其同闾受训先后有争议时，在乡学用抽签法定之。

三、每期训练员受训期间定为两个月，自本年十二月十二日起至二十三年二月十二日止（旧历十月二十五日起至腊月二十五日止）为联庄会训练班第一期。自二十三年二月二十三日起至四月二十三日止（旧历翌年正月初十日起至三月初十日止）为第二期，以后视地方情形及农事忙闲再定继续拔选训练办法。

四、每期训练班设总队长一人，由县长兼任，下分四队。队设队长主持全班训练计划及事务之进行，由研究院军事教官及民团干部训练所之官长分别兼任。每队分三排，排设排长，由民团干部训练所征训队毕业学员分别担任。每排分三班，班设正副班长，由征训队毕业学员及选拔受训人员中之粗通军事者充之。

五、每期训练除军事训练由上条所列人员分别担任外，关于事务方面，设总务组总务主任一人，以本县府第三科长担任之。关于教育方面，设教育组教育主任一人，以本县第五科长担任之。

六、总务主任以下设会计、庶务、文书各一人，由县政府及民团干部训练所人员兼任之。有必要得设临时雇员一人，协助办事。教育主任以下设军事教育、成人教育教官二人，军事教育教官由民团干部训练所督教练兼任之，成人教育教官由县府第五科长兼任之。

七、各队设书记、司事各一人，由征训队毕业学员充任，分担各队文书庶务事宜。

八、训练课程除参照山东联庄会训练简要办法外，注重人格陶冶及乡村建设之常识，其细目另定之。

九、训练地点暂假研究院。

十、训练员所需伙食、服装杂费等项，统由该员本庄公摊，每员两个月所需各费共计定为十一元。入班受训时，一次带来交本县农村金融流通处备用，毕业后有余仍退还该庄（服装土制毡帽一顶、粗布蓝棉袄一件、裹腿一副，统由所带十一元内纳付）。

十一、各训练员应各带本庄公私所有之枪械一支，无快枪者可带来复枪，均归各本庄庄长或乡村理事设法簿措。

十二、本班关于教育及事务，遇必要时得请研究院教职员分担、讲授及协助。

十三、本班所需设备尽量借用研究院及民团干部训练所之家具，图书不另购置，其必须临时添置及消耗者，得于训练终结后据实开列，呈准于地方预备费内支付之。

十四、每班训练中前四十五日依军队编制，各乡受训人员混合组织。届末十五日，则按各人住所分乡、分村组织。编制每乡设乡队长一人至二人，以征训队学员充任。村设组长，以受训练人员成绩较优者充之。以上各按地段编成部队，为实行本县实验所所列之民兵制度基础及乡村建设之中心组织。

十五、各乡受训人员毕业后之服务规则及继续召集训练办法另定之。

十六、本办法呈准研究院转呈省政府备案后施行。

邹平实验县联庄会训练员组织及服务规则

一、本规则根据邹平实验县连庄会训练暂行办法第十五条之规定及山东各县连庄会暂行章程所规定，会员应负责任各条款，并参照本县试行民兵制度强迫成年教育各实验计划订定之。

二、本县连庄会训练队直隶于县政府总队长，由县长兼之。

三、训练员毕业后，应按所住乡村地段编制，不论人数多寡，各乡编成一乡队，队设正副队长各一员，委征训队学员充之，直隶于各该乡乡学，受乡理事之指挥、监督，负维持地方治安并传达章令之责。

四、每编村已受训练之连庄会训练员共编为一村组，互选村组长正副各一人，直隶于各该村学，受村理事之指挥、监督。其未成立村学之村，受该村村长之指挥、监督，负维持地方治安并传达章令之责。

五、各村组长同时受乡队长及村理事或村长命令时，应以乡队长命令为准。乡队长对各村组长发布命令除在十分迫切又乡理事未在乡学不便请示外，应事前秉承乡理事之意旨而指挥其所属各村村组及训练员。

六、乡理遇乡队长发布之命令与处理事务之方法若与省县法令抵触时，应纠正之，以免歧误而昭统一。

七、各村遇有水火盗匪之警，除本村村组长应立即召集本组训练员并村民一致扑救外，并得飞报乡队长及邻近村组长前来协助。

八、乡队长遇有水火盗匪事变，应立即指挥邻近有事变各村庄，村组长率所属训练员及村民速为有效之措置，并一面报告县长及乡理事请示机宜。

九、乡队长遇有水火匪盗等事变本乡实力不克防御救护或因事关两乡以上时，得直接求邻近乡队长迅予协助并报告县长及乡理事请示机宜。

十、各乡队长及各村组长闻邻近乡学及村庄有警报时，应立即召集训练员及村民前往努力协助，如临事托故不前致误机宜者，县政府得予惩罚。

十一、乡队长、村组长及训练员扑救抵御水火盗匪迅速努力卓著者，由该乡村理事列举事实，由县政府酌予奖励。其因公受伤或致命者，应由县地方公款项下予以医药费或三百元之恤金。

十二、平时除乡队长外，村组长及训练员均不得著所发之服装，非遇匪警或夜间打更时，不得持武器，违者除五元以下之罚或责打十板示惩。

十三、每月各乡学训练员集合各该乡学开会一次，其日期由各乡学自行酌定，呈报县府备案，但于麦秋两季得各停开一次，遇雪雨顺延，其次序如次：

1. 各村组长及训练员应著所发服装，持武器集合于村学或村长门前，报告赴乡学开会，请示有无吩咐之事，致礼而去。依距离乡学之远近决定出动时间，务于当日上午十时到达乡学，将应到人数、实到人数报告于乡队长，听候指挥操作。

2. 训练员有重大事故得村组长准假者，不得无故不到，违者传至乡学责罚。

3. 乡队长于届开会时，向乡理事报告到会人数，请求学长辅导员、乡理事及乡学学董教员之在学者莅会训话。其开会仪式如次：（1）乡队长指挥各村组训练员集合于乡学体育场，向学长辅导员、乡理事及师长行礼致敬，学长点名，乡理事唱名毕，阅操，操毕，休息十分钟。先由学长训话，辅导员讲述乡村各项问题，乡理事报告县政府及乡学本月工作及下月计划其各村庄应进行举办之事，未办者向各该村组长及训练员诰勉，其各村庄有应与应革事情或发生困难问题时，各村组长应即提出报告，以便乡学筹办解决。同时列席各学董及教员发表意见或致训词。（2）十二点会毕，午餐餐前唱歌，餐毕休息。（3）午一点由乡队长指挥开始打靶，并校阅国术，至迟不得逾下午三点钟。（4）打靶及比试国术毕，择优给奖。（5）受奖者向学长行一鞠躬礼，再向全体师长行一鞠躬礼。（6）授奖仪式毕，乡队长率领全队训练员向全体师长行礼，分村组解散。

4. 各村组长率各该村训练员返回村时，先到村学或村长门首向村理事或村长报告在乡学开会情形及得奖姓名，再散队回家。

5. 回家后即将服装换下折叠，收藏武器，系自有者置放于妥实之处，借自公家或他人者应即送还，不得拖延。

十四、训练员平时应注意查报下列各项人等于村组长或乡队长，请为适当之处置，以免有害治安，败坏风俗。

（一）无业游民专一为非作歹者；（二）贩吸毒品或鸦片者；（三）交接外来形迹可疑之人者；（四）赌博取利者；（五）演唱有伤风化之淫戏者；（六）宣传破坏中国固有良好礼教者。乡队长、村组长及联庄会训练员知有上列情形而不举报者以渎职论。

十五、乡队长、村组长接得上项报告后或自己觉察后，应即禀报乡村理事或村庄长核示办法，自非时间急迫，不得擅自行动。

十六、连庄会训练员如有假借本会名义招摇嚇诈等情事及挟嫌诬告者，以法治罪。

十七、连庄会训练员除队长外，概不支领薪饷。公费其为办理公众事务有所使费时，核实报销，事关一村者一村公布，事关一乡者全乡公筹。若事件特别重大，一村一乡财力不克担负时，得请求乡地方、县地方设法补助。

十八、连庄会训练员已毕业者，应一律于每年冬季作十五日之召集训练，其办法另定之。

十九、各乡学关于联庄会训练员每次开会之伙食及奖品等费用，平均每员每次按两角计算，综计每月一千一百人（两期合计）该用二百二十元，统由民团干部训练所本年度节余项下拨付，呈请研究院备案。

二十、本规则提交地方会议通过呈准研究院后公布施行。

邹平实验县联庄会实施细则

一、本细则依据山东各县联庄会暂行章程，参照本县自卫组织情形制定之。

二、凡二十岁以上四十岁以下之男子均负有保卫地方治安、轮流打更之义务。每家至少须派出一人以便轮流值牌，但家无男丁并无雇工者不在此项。

三、由每户应派之会员中每日抽集五分之一编为一牌守夜打更。例如某庄有五十户，应派出之会员为五十人，每日抽集十人编为一牌守夜打更，各为值日牌，每牌自行推举牌长一人或由各该乡理事会同乡队长指定之。

四、各牌牌长须先尽以曾受训练之联庄会村组长或会员充之，不足时再行推举精明强干之壮丁任之。

五、每庄值日共分五牌，由村理事或庄长按户编定，推出或指定牌长值日期定为六日，一个月轮流一周。每日应行值夜之会员晚饭后集合，次晨日出散归。集合时如有托故不到者，准由各乡理事或庄长禀明，由总会长从严惩处。

六、各乡理事皆为联庄会分会长，使用乡学钤记。

七、每庄借用庙宇或筹设闲屋一所以作值日会员每日晚饭后集合地点，集合后由牌长轮流派五分之一打更，其余寄宿屋内守卫之处，务悬铁钟或铜钟一个，有警即鸣钟敲锣示众，本庄及邻庄会员闻警即须集合前往协助。

八、值日会员须携带枪、刀、矛、棍等武器，其无力自备者由庄长负责通融借用。

九、各乡曾经受训练之联庄会会员必须负本村及邻村本地方警卫之责，各会员务在各乡队长、村组长指挥之下参加并督察各该村夜间打更守夜工作，以身作则，勤谨服务，并随时将各该村守夜情形报告乡理事及乡队长，以资整顿。

十、本庄或邻近村庄遇有匪警发生，各村组长及会员一面须鸣钟敲锣示众警备，一面须奔赴乡学及有电话处所报告乡学及县政府派队往剿，不得因循迟误。

十一、每日晚饭后壮丁集合时，由村组长及会员等商请村学教员前往讲授自卫常识及时事报告等，借以实施民众教育。

十二、以上办法除临时派员分赴各庄严查外，概由分会长（即乡理事）、乡队长分别督饬各庄长联庄会员负责整顿，不得敷衍疏忽。

十三、值日会员每日守夜灯油、炭火零费由各庄自筹。

十四、本细则如有未尽事宜概依山东各县联庄会暂行章程办理之。

十五、本细则自公布之日施行，如遇有修正之必要时，得由总会长提交县政会议通过修正之。

邹平实验县联庄会训练班假期内会员应遵守及注意事项

1. 假期以三日为限，假满一律集合回部，不得逾期。

2. 各会员各按乡编为一队，设正副队长各一人，由各乡训练员担任，负全队行动纪律及集合之责。每村编为一组，由各该组公举组长一人，负全组一切指导监督责任。

3. 各乡会员由队长率领先至乡学谒见乡理事，将训练之经过情形及此次放假之意义详为报告，事毕分组解散。

4. 分组后由组长率领至村学或村庄长家，再将训练之经过情形及放假之意义详为报告，方得解散回家。

5. 会员与家中尊长见面后即进行调查工作，并询本庄庄仓是否办齐。

6. 调查时须细心考虑，按实际情形详为填表。

7. 队长在调查时须赴各村视察。

8. 各事办毕，由组长集合各会员至乡学，由各队长率领回部，不得逾过假期。

9. 各会员在假期须将公私事办理完竣，不得续假。

10. 至乡学时，见乡理事及各位师长须道感谢之意。

11. 见家中尊长要特别安慰，勿使挂念。

12. 遇相识者须先行礼后与之接谈。

13. 行动要保持军精神，与人接谈时态度要和蔼，言语切忌粗鲁。

14. 与人接谈时，要说明联庄会训练员不是当兵、不是骗人，是造就知识，锻炼体格，统一组织集中训练，目的在保卫地方，亦是保卫身家。

各乡学选送联庄会会员注意事项

（一）按各乡已呈报各村间数，全县共一千一百七十二间。每间出会员一人，应共一千一百七十二人。本年冬季农隙，第二届联庄会应征人数经县地方会议议决，征集半数计五百八十六人，以其半数会员之费用计六千四百四十六元，充作地方购买枪械之用，此款由应征会员一次带来。

（二）各乡应征之会员经乡学检验合格后，再送交县政府复验，惟第二、第十三两乡已呈准山东乡村建设研究院就近在各乡学集中受训，兼顾冬防送城，经政府复验后仍发回各该乡学训练。其余各乡均照县地方会议议决，集中城里训练。

（三）各乡学选送联庄会会员应按照各乡已呈报各村之间数，每间责令保送合格会员一人，于限期内各携带大洋十一元齐，送乡学检验合格后，用抽签法决定应征之半数。中签者即携带二人之用费，由乡学送交来县，其未中签者回家，由乡学将姓名登记呈报，以备下年再行召集训练。

（四）各村间选送会员即以田赋粮银之多寡定受训次序之先后。殷实富户粮银较多，家有壮丁具备应征之条件者，应先依次征训（已受联庄会训练者免）。无论贫富不得推诿规避，不得代雇。届时由县政府密派干员下乡认真侦查，如有蒙蔽逃脱、雇用顶替等情，一经查出，定行严惩。

（五）应征之会员纯系义务性质，服装、伙食已归各该村间所交纳之十一元内支给，不得再向村长、间长无理要挟，索取财物，如有违犯，一经查出索给两方均予严惩。

（六）各间保送会员之条件：

1. 有身家田产者。

2. 粗通文字者。

3. 身体强壮年在十八岁以上二十五岁以下者。

4. 不准代雇，违则雇者及被雇者依法从重处理。

（七）各乡学考送会员办法。

1. 由乡学通令各村各间于国历十一月七日将所应保送会员一人一律依限送交乡学，听候考验。

2. 各乡学学长、乡理事辅导员会同考验后，再行抽签法，保送半数。将中签之会员人数、姓名、年龄、职业、学历（如上私塾几年，某某学校毕业）、住址（分某乡某村某间）造册注明，各该乡学留一份，呈报县府一份，未中签者亦须登记呈报，以备下年召集。

3. 经乡学考取之会员即日回家随带被褥、深蓝棉袄各一件。第首一、三、四、五、六、七乡限于十一月九日齐集；乡学二、八、九、十、十一、十二、十三乡限于八日齐集。乡学由乡理事等当日率领到县报到，交研究院连庄会训练队总队部验收，第二、第十三两乡会员经县府复验后，仍带回各该乡学训练。

（八）各村考取之连庄会会员所需伙食、服装杂费等项统由该员本庄分摊。每员两个月所需各费共计定为十一元，连同未中签之会员每人十一元，共计二十二元，入班受训时由乡理事带来一次交足，存本县金融流通处备用，不得拖欠（服装土制毡帽一顶，粗布蓝棉裤一件，裹腿一付，腰带一条，统由所带十一元内支付）。

（九）各训练员应各带本庄公私所有之枪械一支，无快枪者可带来复枪，均归各本庄庄长或乡村理事设法筹措。

（十）各村青年具有本办法第二条所列之资格自愿受训者，准予附学，其一切费用概归自备。

邹平实验县第三届联庄会分乡训练暂行办法

一、本办法为本县第三届联庄会分乡训练订定，凡未经本办法规定者，仍依前颁联庄会训练暂行办法及各乡学选送联庄会会员注意事项之规定办理。

二、训练期限为两个月，自本年十一月十五日起至二十五年一月十五日止。

三、训练人数照二十三年度第二届训练办法，按全县所有间数一千一百七十二间，每间选拨会员一人之半数计，应征训五百八十六名，即就上届选定而未中签之半数召集之。照本年度原定预算所余之款按上届成案，仍备作购置枪支，以补充地方自卫实力之用。

四、各乡上届选定而未中签之半数会员如有死亡、迁徙、疾病、残废情事须另选人递补，并由各乡学按照前颁选送会员注意事项之规定详细造具名册，限期呈送县政府，以便派员分赴各乡召集考验，考验日期另定之。

五、分乡训练依训练员所住各乡地理上之关系，暂分编为六队训练。

1. 首善乡及第四、第五等乡之训练员编为第一训练队，训练地址设城内。

2. 第一、第二、第三等乡之训练员编为第二训练队，训练地址设醴泉寺。

3. 第六、第七等乡之训练员编为第三训练队，训练地址设旧口。

4. 第八、第九、第十等乡之训练员编为第四训练队，训练地址设辛梁镇。

5. 第十一、第十二等乡之训练员编为第五训练队，训练地址设辉里庄。

6. 第十三乡之训练员编为第六训练队，训练地址设花沟。

六、为统筹各队训练事宜，设总队部于县政府。总队长一人，由县长兼任。总队副二人，由第二科科长及警卫队队长兼任。总教练一人，由警察队队长兼任。总务主任一人，由第三科科长兼任。教育主任一人，由第五科科长兼任。办事员若干人。

七、各训练队设队长一人，副队长一人或二人，由乡理事兼任。军事主任教官一人，军事教官若干人。民事主任教官一人，民事教官若干人。办事员一人至三人，勤务兵一人，号兵一人，班长、伙夫各若干人。

八、教官及职员由县政府就各机关人员中聘任或调充，一律为义务职。

九、各队班长由训练员中遴选之。

十、训练课程及作息管理规则由总队部计划规定，其细目另定之。

十一、本届训练经费遵照二十四年度联庄会训练概算书之规定，由乡款经理委员会负责办理，其办法另定之。

十二、各训练队应有设备事项及训练员之伙食管理等由总队部计划规定，令各队分别办理之。

十三、训练员应各带被褥、鞋袜、单裤、单褂、深蓝棉裤、饭碗、筷子等件及本庄公有或私有之枪械一支，无快枪者可带来复枪，是项枪支均归本庄庄长或乡村理事设法筹办，受训期满各自带还。

十四、考验合格之训练员统须在十一月十四日午前随带物件备齐，集合于各该乡学，由乡理事即日率领至其所属各该训练队队部报到，如有届期不到意图躲避者，其本人及村闾长均应受严重处罚。

十五、各训练队训练员报到人数统限于十一月十五日由队长用电话报告总队部，并造具点名册听候总队长点验。

十六、训练开始一月后及训练期满时，各举行总校阅一次，其临近之队得随时定期举行会操以资观摩、校阅，会操地址临时由总队部决定之。

十七、训练员毕业后，如回本村编入村组与前两届之会员同等服务，统受各该乡乡队之管辖。

十八、总队部及各训练队队部于训练期满结束完毕后即行撤销，其未尽事宜由县政府及各乡乡学办理之。

十九、本办法自公布之日施行。

邹平实验县各乡联庄会员每月开会应行注意事项

各乡每月开会日期规定如下：（统依阳历为准，以免参差误到）

首善乡	每月之十五日	第一乡	每月之一日
第二乡	每月之二日	第三乡	每月之三日
第四乡	每月之四日	第五乡	每月之五日
第六乡	每月之六日	第七乡	每月之七日
第八乡	每月之八日	第九乡	每月之九日
第十乡	每月之十日	第十一乡	每月之十一日
第十二乡	每月之十二日	第十三乡	每月之十三日

各乡应按照上列各该乡开会日期阴阳历对照开会，日期单分送各会员，其不识字者各村组长须与之讲释明白，俾免遗忘，遇雨不能开会延期，另行通知之。

各乡乡队长每届开会五日前，分饬各村组长注意通知各该组会员，届期集合带往乡学。

通知方式应用印就之通知名单，名下画押，挨次递传，不得延搁耽误，传遍画押讫，仍返转送村组长核阅。会员有因故不到者，向该管村组长说明许可后方准不到。开会通知单式样列下：

邹平实验县　乡联庄会会员开会通知单

国历　月　日（即旧历　月　日）上午　时在乡学开会特此通知

○○○（签名或画押）

第　乡第　组村组长○○○国历　月　日

旧历　月　日

村组长如因故不能执行任务时，须事前向该乡乡队长请假，并推举适当之代理人，经该队长核准后，即通知村理事或村长及所管之联庄会会员，以便接洽而免贻误。

村组长应置备所管会员名册，以便记录各员是否每月到会并每次打靶成绩，又平日有无特别善良行为及功劳或恶劣事迹，年终汇报乡队长以资奖惩。

县政府为稽考曾在戒烟所戒烟之本籍人回家后是否再吸，又送入成人教育特别班之人，经考查悔过已回家者是否故应复萌，为害闾里。各按烟民、莠民住址、村庄分编成册分交各该村组长平日查考，随时具报，并于每月校阅之时强迫带领各该在册之人一齐到乡学听训并受检查，其不服从时，得以强制手段执行之。

县政府为查考乡射到会人数，计制发三种报告人数单式如下：

（一）官长会员报到单（乡队长所用者）

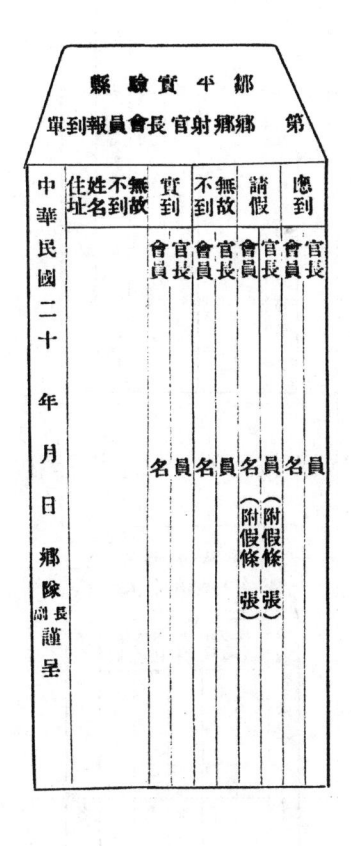

```
          鄒平實驗縣
      第　號鄉射官長會員報到單

┌─────┬──────┬────┬────┬────┬────┬────┐
│中華 │住址  │無故│實到│無故│請假│應到│
│民國 │姓名  │不到│    │不到│    │    │
│二十 │      │    │    │    │    │    │
│　年 │      │會員│官長│會員│官長│會員│官長│會員│官長│
│　月 │      │    │    │    │    │    │
│　日 │      │    │    │    │    │    │
│鄉隊 │      │　名│　名│　名│　名│　名│
│副長 │      │  員│  員│  員│  員│  員│
│謹呈 │      │    │    │(附 │(附 │(附 │
│     │      │    │    │假條│假條│假條│
│     │      │    │    │　張)│　張)│　張)│
└─────┴──────┴────┴────┴────┴────┴────┘
```

（二）各村组会员报到单（村组长所用者）

邹平实验县

第　乡第　村组会员报到单

应到	请假	无故不到	实到	无故不到	姓名	住址
名	名（附假条　张）	名	名			

中华民国二十年　月　日　村组长谨呈

（三）各村组所辖受训人报到单（村组长所用者）

邹平实验县

第　乡第　村组受训人报到单

应到	请假	无故不到	实到	无故不到	姓名	住址
名	名（附设条　张）	名	名			（烟民莠民应分别注明）

中华民国二十年　月　日　村组长谨呈

会员无故不到者，应报告县政府科以五元以下之罚金或其他轻微示惩之体罚，所科之罚金入该乡乡射会作奖品或聚餐之用。

受训人无故不到者其罚则同上。

会员开会次序除遵照原定章程外，应注意下列事项：

（一）关于报告者除本乡新闻应由该乡学自行择要报告外，其余应有下列各项：

（甲）上月内国际上发生某事与中国之关系（择要报告一两条）

（乙）中国要闻

（丙）山东省新闻

（丁）研究院近闻

（戊）县政府要办事项

（己）各乡新闻

以上各项报告统由县政府各科排定，交由二科编印，须于每月二十九日发交各乡学并令知警卫队知照。

（二）关于军事训练者

（甲）打靶时必须举办的。

（乙）每月开会练习科目由警卫队队部每月二十九号以前，开列行知各乡队长，准备演习。

（丙）警卫队长以下官长发现会员服务之错误或不努力时，即予警告，切实纠正之受训人到会时，乡学师长应立即施行下列数事：

1. 训话。

2. 检查气色体力是否健康，气象是否改善。

3. 分别怙恶、迁善两类，分注于名册以备半年内考核。受训人经过半年之考核，确实愧奋向善者，乡学公布列入善人簿，予以保障。

受训人开会不得逾一小时，会毕即行解散，各自回家安度。

村组长兼充户籍员，每于开会时应将所辖庄村上月份各种人事异动报告单分类交于乡队副，即该乡之户籍主任其有来往迁移、形迹可疑者应附报告，不得含浑。

关于乡队副及村组长兼户籍办法另定之。

各乡每月开会日期除遵照第一条列举日期开会外，倘若有各乡联合举行某种演习时得变更其时日，但事前须竭力通知周到，不得忽略。

以上列举应行注意事项有未尽时得随时增订之。

邹平实验县征训员服务规则

一、本规则根据本县实验计划第二项关于改组警团及充实民众武力之计划，与本县联庄会训练暂行办法第七、十、十四各条之规定，及本县联庄会训练员组织及服务规则订定之。

二、征训员毕业后，由县政府按其所属乡籍派充为各该乡学正副乡队长，其该乡原来保送之征训员不及二人时，县政府得调委他乡毕业之学员充任之。

三、各乡学除第十三乡因乡区特大定为正队长一人，副队长三人外，其余各乡均定为正队长一人，副队长一人。

四、未派往各乡学之征训员留本县民团干部人员训练所服务，直接受所长督教练及分队长之指挥监督。

五、各乡正副乡队长直隶于乡学，受乡理事之指挥监督，负指挥联庄会训练员、维持地方治安及向所属训练员传达公家章令之责。

六、正副乡队长除遵照本县联庄会训练员组织及服务规则所定职责服务外，正乡队长应担任各该乡学、村学军事训练员，副队长除协助正队长训练民众外，应兼任该乡户籍吏，办理户口调查人事登记并本队文书事宜。关于户籍吏服务规则及办理户籍调查人事登记等章程另定之。

七、各乡学每月召集训练员开会，正副乡队长除依联庄会训练员组织及服务规则第十三条规定各项办理外，应将当日开会情形分别报告于县政府及民团干部训练所。

八、各乡正副乡队长报告开会情形应注意下列各事：（甲）乡学师长（即学长辅导员、乡理事）是否出席，教员、学董等共到几人；（乙）会员应到几人，请假几人，无故不到几人，实到几人；（丙）开会次序所有应行礼节是否严肃遵行；（丁）开会报告事项、讲演题目及训练员提出之问题；（戊）午餐样数；（己）打靶成绩；（庚）得奖人名及等等物品；（辛）训练员在各村庄集散是否严守规则。

九、正副队长应常带武器往所属各庄村及要道梭巡，以备不虞。

十、正副乡队长对于所属各村组长及训练员应时常注意其行动是否勤谨忠实，并能否依照章则努力服务。

十一、正副乡长对于下列人等及事实有查禁报告之专责，知而不禁并不报告县政府者以渎职论：（一）无业游民专一为非作歹者；（二）贩吸毒品或鸦片者；（三）交接外来形迹可疑之人者；（四）赌博取利者；（五）演唱有伤风化之淫戏者；（六）宣传破坏中国固有良好礼教者；（七）联庄会训练员有恃势吓诈及借端招摇者。

十二、正副乡队长遇有紧急水火、盗匪情事不及报告乡理事及县长时，得立即命令该乡学所辖训练员及民众从事扑救、抵御，以免有失机宜，事后经过情形仍须报由乡理事转呈县政府核办。

十三、联庄会训练员定期每月开会，及冬季之十五日短期训练，又每年全县联庄会会员之集中县城训练，均应遵照章令工作，不得违误。

十四、每年民团干部训练所得召集各乡正副乡队长集中所内为短期之讲演，授以较新较高之军事学术，以资深造，受训各员仍支原来薪饷，不另津贴。

十五、正副乡队长除因公离乡学外，须常川住学，以免有误事机。若因事因病除直接向乡理事请假外，其时间遇三日以上者，同时须呈准县政府备查。

十六、正副乡队长除盗匪案外，不得与闻乡村词讼争执调解之事，其他攸关乡村建设事项除农村自卫事项外，其余非有明令规定概不负责。

十七、正副乡队长遇事得禀报县长，县长并得直接指挥之，但县长须同时知照乡理事，以免隔阂。

十八、各乡正副队长每日早八点以前，应向民团干部训练所督教练报告昨日夜地面上有无事故发生，今日有无特别工作，以凭考勤并通达消息。

十九、各乡正副乡队长对于应尽责任及县长乡理事之命令不曾竭力遵行或行动不合法时，县长得酌予以下列处分：（一）申斥；（二）记过；（三）责罚；（四）撤惩。

二十、各乡正副乡队长平常忠于职守，遇事克著功绩者，县长应酌予以下列奖励：（一）传令嘉奖；（二）记功；（三）奖实物品；（四）记名提升民团干部训练所分队长助教或呈明省政府研究院酌予委用。

廿一、各乡正副乡队长除上列条款外，余应遵照本省联庄会章程之规定，努力尽其责任。

廿二、本规则经过地方会议通过呈准研究院核准公布施行之。

邹平实验县民团干部训练所征训员送考简章

1. 定名：本简章定名为邹平实验县民团干部训练所征训员考送简章。
2. 宗旨：以培养民团干部人才，训练农民自卫，普及民兵制度为宗旨。
3. 名额：第一期以三十名为定额。
4. 资格：身体健全，品行端方，并无不良嗜好，曾由高级小学毕业或具有同等学力者。
5. 年龄：以二十岁以上二十五岁以下为合格。
6. 征训办法：每乡由乡理事选送合格学员四名，经本府甄别试验，择优录取二名实施训练。但十三乡因区划特大，得加倍保送录取。
7. 试验课程：国文、算术、常识、口试、身体检验。
8. 待遇：服装、书籍、宿膳费概由本所供给。
9. 毕业期限：以四个月为期满，毕业后分派各乡学村学训练民众自卫并办理户籍事宜。
10. 试验日期：八月二十日早八点到研究院候试。
11. 开学日期：八月二十五日。
12. 附则：本简章自呈奉山东乡村建设研究院核准之日施行，如未尽事宜得呈请修正之。

邹平实验县联庄会各乡队村组长训练暂行办法

1. 本办法基于治安上之需要及地方自卫初级干部人才之培养订定之。
2. 本县联庄会各乡队共计村组长一百零八名，分期调集民团干部训练所重加训练，名曰"村组长训练班"每期三十六名，其各乡村组长受训先后由乡队长商同乡理事选择程度较优者先行受训，其余依次按期轮流之。
3. 每期村组长受训期间定为四个月，第一期自二十三年十月一日开始至二十四年元月底止。第一期结业，第二期开始，第三期亦如之。

4. 村组长在训练期间每名发给制服一套，每月支给薪饷七元五角，此项费用均由各村组长所在乡公摊之。

5. 各村组长应带本庄公有或私有快枪一支，如本庄无快枪者，由本乡乡理事设法筹办之。

6. 本班所需设备尽由训练所中器具图书供用，其印刷、讲义及灯火等项费用，除由训练所公费项下开支外，如不敷应用时，再由所呈请县府补助，至应用参考书籍及笔墨、纸张均归村组长自备。

7. 本班关于教务方面，除干部训练所应负完全责任外，必要时得请山东乡村建设研究院及县政府人员担任讲授。

8. 村组长在受训期间所遗职务由副组长代理之。

9. 各村组长如有程度太差碍难上进者，得由各乡学就已在第一、二届联庄会员训练队征训班受过训练之会员遴选保送，但不得超过规定之额数。

10. 各村组长结业后，凡品学俱优者遇乡队正副队长出缺，得尽先补用。

11. 本班关于学术科之训练及临时编制另订之。

12. 本办法如有未尽事宜，得按制定手续临时修正之。

13. 本办法自呈奉山东乡村建设研究院核准之日施行。

邹平实验县团警放哨暂行办法

一、本办法依据第二次县政会议关于公安局民团干部训练所联合组织放哨队之决议案制定之。

二、本县团警放哨划全县各乡为五区：第一、二两乡为第一放哨区；第三、四、五乡为第二放哨区；第六、七乡为第三放哨区；第八、九、十乡为第四放哨区；第十一、十二、十三乡为第五放哨区。

三、本县团警联合放哨暂分三组：第一、二两组由公安局官兵组织之，第三组由民团干部训练所官兵组织之。

四、每组由官长一员，士兵六人组织之，士兵人数遇有特殊情形得呈明县长酌量增减。

五、各组出发时间及路线由县长随时指示。

六、出发各组任务完了时，应由带队人将放哨情形按照县政府颁发之放哨报告单详细填明，交由主管长官审核后转呈县政府备查。

七、本办法自公布之日施行。

第七章 教育

邹平实验县设立村学乡学办法

一、总则

（一）本实验区为改造社会促成自治以教育的设施为中心，于乡设乡学，于村设村学。

（二）乡学村学以各该区域之全社会民众为教育对象而施其教育。

（三）乡学村学由各该学董会于县政府之监督指导下主持办理之，学董会之组织另订之。

（四）乡学村学由各该学董会依该区民众群情所归推举齿德并茂者一人，经县政府礼聘为各该学学长，学长主持教育为各该区民众之师长，不负事务责任。

（五）乡学村学之经费以由地方自筹为原则，但县政府得酌量补助之，其补助办法另订之。

（六）乡学村学之一切设备为地方公有，应开放于一般民众而享用之，其管理规则由各该学董会自行订定之。

凡各地方原有之体育场、图书馆等均应分别归并于乡学村学设备中而统一管理之。

二、村学

（七）本实验区各村为改进其一村之社会，促成其一村之自治，依法组织村学学董会，推举村学学长后，得成立各该村之村学。

（八）凡初成立之村学，在一年以内，其教员之一人或二人以县政府之介绍而学董会聘任之，其薪给由县款支出之。一年期满后应由其地方自行聘任自行供给之。

（九）村学受县政府及乡学之指导辅助，视其力之所及又事之所宜，进行下列工作：

（甲）酌设成人部、妇女部、儿童部等，施以其生活必需之教育，期于本村社会中之各分子皆有参加现社会，并从而改进现社会之生活能力。

（乙）相机倡导本村所需要之各项社会改良运动（如禁缠足、戒早婚等），兴办本村所需要之各项社会建设事业（如合作社等），期于一村之生活逐渐改善，文化逐渐增高，并以协进大社会之进步。

（十）村学为行其教学，应有之分部、分班、分组等编制，办法另定之。

凡村学成立之村，其原有之一切教育设施如小学校、民众学校等，应分别归入前项编制中，以统属于村学。

（十一）村学学长为一村之师长，于村中子弟有不肖者，应加督教，勿使陷于咎戾。于邻里有不睦者，应加调解，勿使成讼。

（十二）村自治事务经村学之倡导，以村理事负责执行，而村学学长立于监督地位。

（十三）村理事办理政府委任事项及本村自治事务，除应随时在村学报告于村众外，每月应有总报告一次。

三、乡学

（十四）本实验区各乡为改进其一乡之社会，促成其一乡之自治，依法组织乡学学董会推举乡学学长后，得成立各该乡之乡学。

（十五）凡初成立之乡学在一年以内，其教员之一人或二人以县政府之介绍而学董会聘任之，其薪给由县款支出之，一年期满应由其地方自行聘任，自行供给之。

（十六）县政府于各乡学得派辅导员辅导其进行。

（十七）乡学受县政府之指导辅助，视其力之所及又事之所宜进行下列工作：

（甲）酌设升学预备部、职业训练部等办理本乡所需要而所属各村学独力所不办之教育。

（乙）相机倡导本乡所需要之各项社会改良运动，兴办本乡所需要之各项社会建设事业。

（十八）乡学对于所属各村学之一切进行应指导辅助之。

（十九）乡学为行其教学，应有之分部、分班、分组等编制，办法另订之。

凡乡学成立之乡，其原有之一切教育设施除应编归村学者不计外，如高级小学、民众学校高级部等应分别归入前项编制中以统属于乡学。

（二十）乡学学长为一学之师长，于乡中子弟有不肖者，应加督教，勿使陷于咎戾。于乡党有不睦者，应加调解，勿使成讼。

（廿一）乡自治事务经乡学之倡导，以乡理事负责执行，而乡学学长立于监督地位。

（廿二）乡理事办理政府委任事项及本乡自治事务，除应随时召集所属各村理事在乡学会议进行外，并应每月举行例会一次。

四、附则

（廿三）乡学村学之设立，以政府办法地方乐于接受地方自动政府善为接引为原则，无取强迫进行。除乡学因关系地方行政较多，须于本实验区工作开始后三个月内一律成立，以应行政上之需要外，其村学逐渐推广，设立不定期限。

邹平县村学学董会暂行组织规程

第一条　本规程依据邹平实验计划设立乡学村学办法第三条之规定订定之。

第二条　村学学董会（以下简称本会）应依本规程之规定组织进行之。

第三条　本会以学董三人至五人组织之。

第四条　村学学董由实验区县政府就本村人士中遴得相当人选，经邀集村众开会咨询同意后，由县政府函聘之。

前项咨询应有每户一人，全村村户过半数之出席集会，以全体同意为原则。其有对所提议人选声明异议者，经有出席人数三分之一之附议，应即另提人选，其附议不足三分之一时，由县政府决定之。

第五条　村学学董任期一年，如任期届满，经县政府继续函聘者仍得连任。

第六条　本会由全体学董互推常务学董一人，常川住会执行会务，开会时并担任主席。

第七条　本会于下列事项付讨议后，交常务学董执行之。

（一）推举本村学学长及聘任教员事项。

（二）筹划本村村学经临各费及审定预算、稽核、支销款目事项。

（三）拟定本村村学一切进行计划事项。

（四）倡导本村各项社会改良运动及兴办本村社会建设事业事项。

（五）答复县政府及本乡乡学咨询事项。

（六）本村村理事提请本会讨论进行之县政府令饬办理事项。

（七）本村村理事提请本会讨论进行之乡学公议办理事项。

（八）其他关于本村学务进行及学长提议之事项。

第八条　本会开会时，本乡辅导员、本村学长及教员得应本会之邀请，列席参加讨论。

第九条　本会常会定每月至少三次，其常会开会日期由第一次会议议定，临时会由常务学董遇必要时临时召集之。

第十条　本会行文应借用村学图记。

第十一条　本规程如有未尽事宜，由县政府提交县政会议议决，呈报乡村建设研究院核准修正之。

第十二条　本规程自呈报乡村建设研究院核准后实行。

邹平县乡学学董会暂行组织规程

第一条　本规程依据邹平实验计划设立乡学村学办法第三条之规定，订定之。

第二条　乡学学董会（以下简称本会）应依本规程之规定组织进行之。

第三条　本会之学董分当然学董与聘任学董。

（一）本乡各村村理事及未设村学之各村村长均为当然学董。

（二）本乡人士资望素孚、热心公益者经县政府礼聘一人至三人为聘任学董。

第四条　当然学董任期应以其充任村理事或村长之任期为任期，聘任学董任期一年，如任期届满经县政府织续，礼聘者仍得连任。

第五条　本会由全体学董互推常务学董一人或二人住会执行会务，开会时并担任主席。

第六条　本会于下列事项附议后交常务学董执行之。

（一）推举本乡学学长及聘任教员事项。

（二）筹划本乡乡学经临各费及审定、预算、稽核支销款目事项。

（三）拟定本乡乡学一切进行计划事项。

（四）倡导本乡各项社会改良运动及兴办本乡社会建设事业事项。

（五）答复县政府咨询事项。

（六）本乡奉县政府令办事件，经乡理事提出，本会讨论进行之事项。

（七）其他关于本乡学务进行及学长提议之事项。

第七条　本会常会定每月一次集会，日期由第一次会议议定。临时会须经学董三人以上之提议，由常务学董临时召集之。

第九条　本会行文应借用乡学钤记。

第十条　本规程如有未尽事宜，由县政府提交县政会议议决，呈报乡村建设研究院核准修改之。

第十一条　本规程自呈报乡村建设研究院核准后施行。

邹平实验县乡学村学实施合作教育原则及办法

（一）本县合作教育之实施，除另有规定外，应由乡学村学负其责任。

（二）乡学就原定之学校式及社会式活动上实施合作教育，并辅导该乡内村学及村立学校之合作教育。

（三）村学就原定之学校式及社会式活动上实施合作教育。

（四）乡学村学原有之教育活动除知能教育外，悉可认为合作精神教育。在本办法实施以后，除加重其原有活动外，更明揭合作教育之目标，增加合作材料及合作组织之引发活动。

（五）乡学村学实施合作教育之对象为一般民众及社员。

（六）乡学村学合作教育之实施，以合作精神教育、合作知识教育为主，并应依合作事业指导委员会之计划实施技术教育。

（七）乡学村学运用固有组织实施合作教育。

甲、村学于其所设成人部、妇女部、儿童部。乡学于其所设高级小学部，职业训练部中增加合作课程，并在精神陶冶及劳作或其他各种机会上实施精神的及实际的合作训练。

乡学于其职业训练部中得依合作事业指导委员会之计划造就乡村合作事业干部人才。

乙、于固有乡村团体（如联庄会）活动中酌加合作讲话并领导合作工作（如修路、造桥、除虫害、救火……）。

（八）乡学村学除照以上规定外，并应利用其他各种机会实施合作教育。

（九）各乡之村立学校得视同村学酌就上列之各条原则实行合作教育。

（十）乡学村学实施合作教育列为成绩考核之一，其考核由合作指导委员会任之，对县政府负其责任。

邹平实验县实施短期义务教育计划大纲

甲　设立共学处

一、本县为实施短期义务教育，于各乡学村学设立共学处。

二、民国二十四年下半年各乡学一律设立共学处（限九月一日开学），二十五年上半年各村学一律设立共学处（限二月一日开学）。

三、各共学处之名称应按成立先后定名为邹平实验县第　乡学第　共学处或第　乡　村学第　共学处。

四、每乡学村学至少须设共立学处十处。

乙　设备

五、各处不必另筹房舍，如墙角、场园树下均可施教。

六、每处须设小黑板一块，教竿一支。

七、学生来处就学时，各带小脚凳一个。

丙　导友及巡回导师

八、每处设导友一人，担任辅导教学。

九、乡学设立之共学处由全体学生担任导友，村学设立之共学处由三四年级学生担任导友。

十、乡学村学教员对各该乡学村学设立之共学处担任巡回导师，负指导考察之责。

丁　学生

十一、凡设有乡学村学村庄，七岁至十四岁之失学儿童均可入共学处就学。

十二、每处学生至少须有三人，至多不得过十人。

戊　修业期限

十三、修业年限定为一年半，每日上课两小时，至少上课四百零五日，共八百一十小时。

十四、各处休假日期以各该乡学村学之休假日期为准。

巳　课程及教材

十五、各处课程编制以遵照山东教育厅对于设立短期小学之规定办理为原则，于必要时得酌量变通办理。

十六、各处所用课本及挂图呈请山东省政府教育厅印发采用。

庚　奖惩

十七、县政府为奖励各乡学村学，设办共学处起见得购置各项与共学处有关系之适用物品，分别奖励之。全县全年以五百元为限，二十四年度奖励费暂由地方预备费内筹拨，俟二十五年度开始时再列入正式预算。

十八、各乡学村学教职员设办共学处不努力或不当时，经县政府查明酌予惩戒，其惩戒分下列三种：

（一）申斥

（二）记过

(三)停职

辛 附则

十九、本大纲自呈请山东乡村建设研究院转呈山东省政府核准之日施行，其修正时亦同。

附 原呈文
案奉

山东省政府教字第一六三九号训令内开：

"案据教育厅拟具山东省二十四年度实施义务教育增设短期小学概算书，各县设立短期小学数目表，设立短期小学注意事项，山东省县长办理义务教育奖惩办法，山东省褒奖捐资办理短期小学暂行办法，请通令施行等情，经提本府第四一三次政务会议议决'照准'记录在案。除分令外，合行抄同原办法及概算书表件，令仰该县长知照，并饬属一体知照，此令。"

等因，附发山东省二十四年度实施义务教育短期小学概算书，各县设立短期小学数目表，设立短期小学注意事项，山东省县长办理义务教育奖惩办法，山东省褒奖捐资办理短期小学暂行办法，各一份到县，并奉钧院第二七号令同前因饬即知照等因，奉此，查本县曾于本年二月间，为普及教育救济无机会入学之贫苦儿童起见，于本县第十一乡王伍庄等处，试办共学处，若干所，即由第十一乡乡学教员指导该乡学及附近各村之高年级学生充任导友，□每□午饭后利用贫苦儿童之休闲时间，假墙角场园树荫等处，授予国语常识唱歌书算等科目一小时二小时不等，附近各村失学儿童，均因以得受相当教育，试办半年以来，颇奏奇效！就王伍庄一村而论，已设有共学处十一所，共有学生七千余人，本年五月间。

教育厅徐高雨督学来县视察时，深致赞许。按本县原定计划即拟继续扩充，普及全县，此次奉令筹办短期小学，本应按照。

教育厅订定各项办法，积极办理，惟查设办上项，短期小学，系以实施义务教育为旨归，而本县试办共学处之结果，各村学龄儿童已普遍的受到相当教育，倘能推行尽力，则普及义务教育之期望，实质上即可做到，虽在经费设备上师资上或不如短期小学之认真合格，然值此经济衰疲财政困难之际，似亦唯有此路容或可通。查本省此次筹办短期小学全年经费，共需七十九万二千二百四十元，除由中央补助十五万元外，下余不敷之数，悉由各县十九年军事垫款及义务教育基金内拨充，但上项垫款基金，并非当年收入，若仅足二十四年度一年开支，则后此何以为继？如短期小学，逐年拨充，则经费更恐无着，师资一层亦同此情形；本省小学师资，素感缺乏，就本县论，各格之师资，仅占全县小学教员总数二分之一，将来短期小学开办之后，当更供不应求，无从按照计划办到，以此，本县以共学处推行义教之计划，既经在第十一乡试行半载，仍应继续推行，似不可中途更张。复查本县现有乡学十三处村学四十处，每处平均设立共学处十所，每所平均招收学生五名，每一年半即有二十六百余儿童，受到与短期小学同等之教育，将来全县村学陆续正式成立，则共学处数量当更能逐渐增加，拟即于本年下半年起，令全县各乡学村学分期开办共学处，其各处之课程编制，仍遵照厅令办理，并请教育厅将应用之课本挂图照数印发，以求免除本县自行编印之困难，所拟普遍设立共学处免于筹办短期小学之处，是否有当？理合拟同本县实施义务教育计划大纲，呈请钧院鉴核转呈山东省政府核示只遵。谨呈山东乡村建设研究院。

兼邹平实验县县长梁〇〇

邹平实验县设立共学处注意事项

一、设立

各乡学村学设立共学处应参照本府颁布实施短期义务教育计划大纲办理之。

二、调查

各乡学村学应先将所在村镇失学儿童（六足岁至十四岁者）数目详细调查，如失学儿童较少者，可将附近村镇划入教学区域合并办理之。

三、召集村老谈话

共学处办法系属新创，与旧习惯不合，乡老固多疑难，可先召集谈话说明办共学处之意义及教育学者均不耽误时间之便宜，并须说明此种义务教育为国家所法定为国民必受之最低限度之教育过程，除有疾病及残废、痴癫之学龄儿童，均须就学，否则强迫之。

四、导友

乡学学生及村学三四年级学生已具教学能力均有作共学处导友之资格，但该项学生较多者，可分任为正副导友或选择较热心者为之导友，得设教学研究会报告教学情形，研究教学问题导师均须随时参加训练指导之。

五、编制

各处编制应以学友（共学处学生称学友，下以此）教育程度为准，人数不宜太多，恐难照顾不宜，太少以免零散，最好每处以三人至十人为宜。

六、教学地址

教学地址不限于房舍课堂，以便利教学为原则，可由导友自行规定之。但导师须注意该教学地址是否妨碍交通卫生或有无危险等问题，作最后决定。

七、教学用具

每处须置小黑板一面（可用火柴箱制，每箱可制五块，合计工料洋不过五角）、教竿一支，如能指导导友绘作与课程有关之各种挂图尤为相宜。

八、教学时间

教学时间以便利失学儿童就学及不妨害导友功课为原则，例如在午饭后晚饭前均可，应斟酌当地情形办理之。

九、课程及教材

除用颁发之短期小学课本，得设唱歌、公民讲话等课，但短期小学课本每日教学时间须在四十五分钟以上。

十、集会

合村共学处得设联合大会地点，在乡学或村学每两星期举行一次，内容可自由决定，例如讲话、游艺、唱歌、说故事、秩序演习等。有时可作各种竞赛及测验，此会务使导友、学友均感精神兴奋，热烈前进，而免日久懈驰之弊为主旨。

十一、巡回视导

共学处办理之良否于视导之勤惰极有关系，导师每日至少须对所办之共学处巡视一周，并随时予以指导。

邹平实验县各乡初等教育研究会组织规程

第一条　本规程依据教育厅颁发之山东县市各学区初第教育研究会组织规程订定之。

第二条　本县各乡初等教育研究会以下列人员组织之。

一、辅导员

二、乡理事

三、乡学教导主任及教员

四、村学正副教员

五、村立小学教员

第三条　各乡初等教育研究会至少每月开会一次，以辅导员或乡学教导主任为主席。

第四条　各乡初等教育研究会附设于各乡学内，但开会时得另择适宜地址。

第五条　各乡初等教育研究会内部事务由各乡学教职员兼理，但遇有需要款项时，得经开会议决，由本乡会员分担。

第六条　各乡初等教育研究会研究范围如下：

一、小学行政

二、小学课程

三、教学方法

四、训练方法

并得利用各种集团活动（如成绩展览会、运动会、观摩会，各种竞赛会、参观会等）所发生之问题以为研究中心。

第七条　各乡初等教育研会所在乡学为乡内辅导研究中心，应充分以研究所得供给乡内村学、村立小学参考实施。

第八条　各乡初等教育研究会开会时，得由县政府派员列席指导。

第九条　各乡初等教育研究会研究之各项教育问题，应缮具研究报告呈由县政府审核后提交本县初等教育研究会研究。

第十条　各乡初等教育研究会应承本县政府交议关于初等教育问题研究具报。

第十一条　本规程如有未尽事宜，由县政府县政会议议决修正并分呈研究院教育厅备案。

第十二条　本规程自公布之日施行。

邹平实验县大学生贷金暂行办法

（廿四、八、公布）

一、本县为培养高深人才起见，每年暂划定洋四百元作为大学生贷金。

二、大学生贷金每人每年贷洋一百元。

三、大学生合于下列三者，始得领取贷金。

1. 邹平县籍人

2. 肄业于国立大学者

3. 成绩在七十五分以上者

四、领取贷金者须于每学年终了一月内持所在学校之证明文件来县政府报到具领，如超过定额时，依报到先后发给之。

五、领取贷金时须觅妥实铺保。

六、领取贷金之大学生毕业后，须每年偿还，百元还清为止。

七、本办法经县政会议通过后施行。

邹平实验县青年义务教育实施办法草案

一、邹平实验县政府于冬春农暇期间，各乡择定适当庄村普遍施行青年义务教育。

二、经县政府择定之庄村，凡村内年满十五岁以上二十五岁以下之男子，除废疾者，得自由入校外，均须一律在本村村学每日受青年义务教育两小时。

三、本年冬季义务教育施行期间自十二月十五日起至来年三月十五日止，共九十日。在此期间应受教育之青年不得随便退学或不到，如确实因故不能到校时，亦须向村学请假。

四、经择定之庄村由村理事或村庄长召集各该村闾邻长，按照本办法之规定逐户调查登记，将年龄合格之青年姓名列册造报，呈各该乡学转呈县政府备案。

五、村学教员按册逐一通知各青年，令其到校上课，每次上课均须点名而资考核，不服从者，强制施行，以立规矩。

六、教师及教官由村学教员及研究院下乡实习学生及曾经受训练之联庄会员村组长分任之，学长村理事亦可担任功课。

七、关于筹备召集等事务，由村理事会同各闾邻长任之，关于青年到校后之编制、教授，由教师教官任之。

八、村学为教授之便利，得将应受教育之青年以童子军式组织编制之，而以村学教员为负责指导者，其他教官教员均听其指挥。

九、施行军事训练时可不穿制服，但须短衣扎腰、佩戴符号，每人自备来复枪一支，训练时一律纪律化团体化。

十、教授目标及科目分军事训练、唱歌、识字明理、精神讲话、实际作业活动等，课目以军事训练为经，以成人教育为纬，以期就村学中造成军事化、团体化、纪律化、开通明理之国民。

十一、村学教员务须在训练期间注意有心向上之青年培植之、领导之，以为该村一切建设推动之基本。组织运用此青年团体，使学董会及其他组合发生真正力量。

十二、各村学教员务在训练期间利用种种机会，按照村学乡学须知之规定，促使村学发生其团体作用。

十三、择定之庄村须遵令按照规定日期认真办理，县长随时到各村考查。

十四、各村应受教育之青年不服从命令者，由村理事、村庄长报告县政府强制之。但确有特殊情者，经村学之审查无异，呈报县政府得暂免之缓期受训。

十五、本办法供在乡工作同人自行采用。

邹平实验县青年义务教育实施大纲

一、本县依据本大纲之规定，实施青年义务教育。

二、青年义务教育以启发民族意识，培养团体生活，陶冶服务精神，俾能参加本县实验工作，从事乡村建设为宗旨。

三、凡居住本县年龄在十六岁以上及已达三十岁之男子，无论曾否受过教育均须受青年义务教育，但在学校学生及现任教职员、公务员不在此限。

四、有下列情形之一者，得由乡学之许可免受青年义务教育之一部或全部。

1. 身有废疾或体质孱弱者（但须经本县卫生院或分院证明）。
2. 于民国二十四年三月一日以后因事离县者。

五、有下列情事之一者，应停止其青年义务教育，并由乡学转送本县成人教育特别班受训。

1. 有不良嗜好者
2. 品行不端者

六、下列人员经乡学之许可得入青年义务教育训练班。

1. 年龄未满十六岁及已逾三十岁之男子（但年龄不得低于十四岁及高于三十五岁）。
2. 因第三条但书之情形，免除其青年义务教育者。
3. 因第五条各款所列情形，停受青年义务教育，其停受原因已不存在者。

七、青年义务教育之实施期间定为六个月，以民国二十四年三月一日至五月三十一日为第一期，民国二十四年十月二日至民国二十五年一月二十日为第二期。

八、青年义务教育之实施以村为单位，并为村学或村立学校内容之一部定名为某乡某村青年义务教育训练班。无村学或村立学校之村庄，应由乡学斟酌情形归并于附近之村学或村立学校办理之。

九、青年义务教育以村学教员、村立学校教员为教员，村组长副及联庄会训练员为军训教员及助教，乡理事辅导员、乡队长为指导员县督学为巡回指导员，于必要时得增设专任巡回指导员。

十、各村村理事、村庄长对于该村青年训练班负有事务及领导之责，并以村组长副及较优秀之联庄会训练员为该班班长，负指挥教导之责。

十一、青年义务教育之课程纲要另定之。

十二、青年义务教育之奖惩办法另定之。

十三、各村每月应将训练概况、课程进度呈报备查以资考核。

十四、各村青年义务教育开办情形应分别向各该乡学具报备案。

十五、各村每活动应以敲钟为号，受训青年均应依照规定地点前往集合。

十六、本大纲如有未尽事宜得随时修正之。

十七、本大纲自公布日起施行。

邹平实验县青年义务教育课程纲要

一、本课程纲要依据邹平实验县青义务教育实施大纲第十一条之规定订定之。

二、青年义务教育课程包括下列各项：

1. 国语（识字教育、应用文演说竞赛等）

2. 音乐

3. 常识（自然科学、农业改良及一切日常生活指导）

4. 军事训练

5. 国术（国术、团体操及其他有关体育活动）

6. 公民（乡学村学须知时事报告、社会问题讨论、精神陶炼等）

三、每日上课以一百八十分钟为限，以四十分钟为一节，共上课四节。上午七时以前上课二节，下午七时以后上课二节。

四、每周教学科目分量分配如下：

1. 国语七节

2. 音乐二节

3. 常识三节

4. 军事训练七节

5. 国术七节

6. 公民二节

五、各教育单位如遇有特殊情形不适用第三条所列上课时间分配及第四条所例科目分量时，得由指导员酌为变通，但每周上课时间不得少于二十一节。

六、各教育单位均应采用乡农的书识字明理，小学各科教科书、乡学村学须知、县公报大公报、山东民国日报、县政府各种政令、乡村常用契约柬贴及其他适宜之读物。

七、教学方法得采取导友制，导友之种类如下：

1. 受训青年凡初级小学毕业或具有同等学力者，均得为识字导友。

2. 受训青年凡于某专科有特长者，均得为专科导友。

3. 凡热心教导青年者，得由乡学聘请之。

八、每教育单位均须斟酌受训人数多寡，分为若干组，每组至多不得超过十人，指定一人为组长，负该组之完全责任，有劝导勉励组员及随时报告各组员之情形于教员或指导员之义务。

九、本课程纲要如有未尽事宜，得随时由县政府修正之。

邹平实验县青年义务教育奖惩办法

一、本办法依据邹平实验县青年义务教育实施大纲第十二条之规定订定之。

二、奖励分名誉与物质奖二种。

三、惩罚分训饬罚、劳役罚二种。

四、有下列情事之一者应受奖励。

1. 在教育期间从未缺席一次者。

2. 每月从未缺席一次者。

3. 从未迟到或早退者。

4. 学业成绩优良者。

5. 努力教导他人者。

6. 经指导员认为有特别成绩应予奖励者。

五、有下列情事之一者应受惩罚。

1. 于青年义务教育开始时延迟报到或意图规避者。

2. 无故缺席者。

3. 每月请假至五次以上者。

4. 荒怠学业者。

5. 迟到或早退者。

6. 行为不端者。

7. 经指导员认为有特别过失者应予惩罚。

六、奖励惩罚均有教员商承指导员决定,其执行办法如下:

1. 名誉奖由该管教育机关呈请乡学汇呈县政府下令褒奖之。

2. 物质奖由该管教育机关呈请乡学授予之。

3. 训饬罚由指导员或教员执行之。

4. 劳役罚由该管教育机关呈请乡学汇呈县政府下令惩罚之。

七、惩罚得因被惩罚者诚意悔过,经指导员审核后暂缓执行,但如重犯该项过失时,应加倍处罚。

八、本办法如有未尽事宜,得随时由县政府修正之。

青年义务教育每日活动表

时间＼曜日活动	月	火	水	木	金	土	日
5:00	起床	起床	起床	起床	起床	起床	起床
5:20—5:40	朝会	朝会	朝会	朝会	朝会	朝会	朝会
5:40—6:20	军事训练	军事训练	军事训练	军事训练	军事训练	军事训练	军事训练
7:00—7:30	早饭	早饭	早饭	早饭	早饭	早饭	早饭
7:30—12:00	自由工作	自由工作	自由工作	自由工作	自由工作	自由工作	自由工作
12:00—1:00	午饭	午饭	午饭	午饭	午饭	午饭	午饭
1:00—6:00	自由工作	自由工作	自由工作	自由工作	自由工作	自由工作	自由工作
6:00—6:30	晚饭	晚饭	晚饭	晚饭	晚饭	晚饭	晚饭
7:00—7:40	国语	国语	国语	国语	国语	国语	国语
7:40—8:20	常识	公民	音乐	常识	常识	公民	音乐
8:20—8:40	国术	国术	国术	国术	国术	国术	国术
8:40	休息	休息	休息	休息	休息	休息	休息
说明	一、此表适用于春季。二、入夏季另行公布。三、各庄遇有特殊情形不适于该表之规定时,可斟酌增减之。四、朝会时,由学长教员及学童等训话。						

邹平实验县成年教育实施办法

一、本县成年教育之实施依本办法行之。

二、本县成年教育以启发民族意识，培养组织能力，增长普通常识，陶冶服务精神为宗旨。

三、凡住本县年龄在十六岁以上四十岁以下之男子，均应受成年教育，但在校学生及现任教职员公务员不在此限。

四、成年教育之实施每年分为两期，每期十周，于春冬两季行之。

五、成年教育之实施以村为单位，并为村学或村立学校之一部定名为某村村学、村立学校成年部，每部得依人数之多寡、年龄程度之差异，分编为若干班。其无村学或村立学校之村庄，应由该管乡学斟酌情形归并于附近之村学或村立学校办理之。

六、各村村理事、村庄长为各该村成年部主任，负事务领导之责，并以村组长副及较优秀之联庄会员为班长，负调查召集指挥管理之责。

七、成年部以村学或村立学之教员为教员，村组长副及联庄会员兼军事教员及助教，曾受小学以上教育之受训员得充导友。

八、各乡乡理事辅导员、乡队长为各该乡成年部指导员。

九、本县为便于指导成年部进行起见，得添设巡回指导员，由县长就县府职员或研究院导师分别委聘之。

十、各村成年部之课程如下：

1. 公民户籍及人事登记民族故事时事报告、乡村学须知、精神陶炼三十五小时。

2. 国语识字、应用文演说三十五小时。

3. 常识社会、自然、合作、卫生三十五小时。

4. 音乐二十小时。

5. 军事训练学科、术科五十小时。

十一、各村成年部每周课程表由县政府制定，于开始之前二日发布之。

十二、本县为供给各村成年部教材，得组织成年教育教材编辑委员会，各委员由县长委聘之。

十三、各科教材编辑后即由县政府印发，各村所需之印刷费，村县各任一半，村任之一半由县府补助费内扣留之。

十四、在各村成年部上课间期，县政府乡学村学或村立学校均须组织交通队，以期由县至乡、由乡至村均无传递迟缓之弊。

十五、各村每月应将成年部进行概况呈由各该乡学转送县政府备查。

十六、各村成年部奖惩办法及请假规则另定之。

十七、本办法如有未尽事宜得交县政会议修正之。

十八、本办法自县政会议通过公布之日施行。

附　原呈文

查本县为普及成人教育起见，每当农暇即通令各乡村学校立学校办理成年部，唯各成年部向无一定办法，多失漠散，于二十四年春拟定本县青年义务教育实施大纲，呈请

钧院鉴核，指令照准在案，此项办法施行后，感有诸多不适，为此，对成人教育之实施不能不另有变更，改拟适当办法，兹将前项青年义务教育实施大纲废止，另定邹平实验县成年教育实施办法，以利进行，当经提交第六十一次县政会议议决"修正通过"记录在案，理合缮同上项实施办法二份，呈请

钧院鉴核准予备案，实为公办。

谨呈

山东乡村建设研究院

邹平实验县县长徐树人

邹平实验县各级学校办理壁报办法

一、凡乡学村学村立学校必须办理壁报。

二、各校壁报每周至少出一期。

三、办理壁报用黑板、墙壁或纸均可。

四、各乡学教导主任、各村学教员、各村立学校教员对壁报负办理责任。

五、壁报内容以时事功令为主，文字务求简明通俗。

六、各校各期壁报均须留底以备查考。

七、各校教员对壁报负有说明讲解之责。

八、办理壁报工作列入各负责人员之考绩。

设立成人育教特别班办法

一、凡各村村民具有下列行为之一者，即应送入成人教育特别班施以教化，并分配工作。

甲、吸食毒品或鸦片者（先应在戒烟所戒除烟瘾）。

乙、有贩卖毒品或鸦片嫌疑者。

丙、时常聚赌或开场合局为营业者。

丁、常窃禾稼被害人不敢指名告诉或告诉判罪执行期满就有再犯之虞者。

戊、身无正业，常以嚇诈手段向人借用财物者。

己、有放火之嫌疑者。

庚、常酗酒行凶、打架骂人者。

辛、身无正业，而用度奢侈银钱来历不明或常交接形迹可疑之人者。

二、有上条所列行为之人，经本府派员查实或经各乡村庄公务人检举后，应由县府传唤，即日到县入班受训，其延抗不到者，即饬警拘摄强制执行。

三、各乡村公务人员均有检举莠民、送县入班受训之责，各庄民众发现莠民时，亦禀同庄长转县入班受训。

四、各受训人民衣服、饮食等费以责令自备为原则，其亲友乡党愿供给者听之。其无力自备又无人资助者，本县政府另筹公益捐补助之。

五、每人每月定为小米、豆子、高粱各二十斤，共立饭团自行管理，其烧盐、菜蔬亦归饭团自己匀摊。

六、入班受训之人一切生活，须遵照本班规定实行，不得违误。其每日生活顺序如下：

子、早起洗漱后，由管理员举行精神讲话。

丑、每日两餐均应合伙轮做，其自己备用较好食物者听之，但不得饮酒及吸食纸烟。

寅、早餐后作工，晚餐后学习书算或其他常识，课程表另定之。

卯、早起晚眠均须格遵规定时间。

辰、受训自新工作成绩优良者，准其提前觅保回家，并由各职业团体或各机关量予介绍工作。

七、本班定四个月毕业，未届毕业时期，确有自新表征有庄长首事公保者，得提前回家安度。

八、届毕业期，行为心习无悔改自新模样，得展长其训练期，展期届满，其怙恶不悛者，则专文检举事实呈请省政府惩办。

九、成人教育特别班设主任一人，由分公安局长兼之，不支薪。下设管理员一人至三人，其薪津由县政府筹给之。

十、关于教育课程由县政府第五科科长排定，分请院县各专门人员讲演。关于工作项目，由县政府第四科科长负责分配，但均系义务职不支薪津。

十一、关于开办设备医药等费，以县政府筹公益捐充之。

十二、本办法呈准研究院后公布施行。

第八章　建设

邹平实验县机织贷款办法

第一条　本县为提倡家庭工业改良机织起见，将呈准平民工厂基金三千五百三十五元六角六分划作机织贷款，以为农人之补助。

第二条　本办法所称之机以新式织布机为限。

第三条　机织贷款每机一张贷款六十元，每户以一张为限。

第四条　贷款人须先向县政府第四科报告，经派员查明核准后再行填注贷款单，签名划押并取具殷实铺保或三家以上之机户连环作保领取贷款。

第五条　借用贷款之先后，以报名之次序为标准，依次递贷。

第六条　借用贷款以十二个月为限，自贷出之日起算，按年息一分偿还，不得拖延。

第七条　贷款逾期不还者由保人负责。

第八条　借用机织贷款各户营业情形由县政府随时派员调查指导，藉资考成。

第九条　本县办理贷款一切事宜得设指导员一人，由第四科技术员兼任，不另支薪。

第十条　借用贷款各户经指导员视察营业成绩确属良好者，得酌免一部分利息以示鼓励。

第十一条　借款人须于领款一月以内开工，延不开工经查觉后，除追还贷款及利息并加罚贷款额百分之二十。

第十二条　本办法自呈准山东乡村建设研究院之日施行。

邹平实验县特种凿井贷款暂行办法

一、本府为救济旱荒推广凿井，原有凿井贷款不敷，需用经第四十四次县政会议议决暂以变卖私运人造丝存款洋一万七千元二六附捐存款洋二千一百元灾赈贷款存款洋二千元借充特种凿井贷金。

二、除本办法特有规定外，一切仍照本府前颁之凿井贷款暂行办法办理。

三、凡凿井请贷各户均可就近赴本乡乡学报名，按照本府制定之报名单式逐项填明，经乡学初步查询，如认为确系凿井防旱，即令其具保证手续，由该农户亲持保单来府请领贷款，其以凿井合作社承借者得免取保手续。

四、请贷农户如不易觅取殷实铺保，须取具本庄庄长及本乡乡学学董二人以上之保结，并须于保单上加盖乡学钤记及乡理事名章，以昭核实。

五、农户领回贷款十天后，由本府派员挨户详查，如发现延不开凿款移他用或假冒顶替情事，除立即追回贷款外，并处以同数之罚金。

六、本办法提经地方会议通过自呈准备案之日施行。

邹平实验县凿井贷款暂行办法

第一条　贷款基金暂定六千一百七十八元九角，以建设厅规定之十九、二十、二十一三年度建设，特捐凿井费五千元暨呈准二十年度水利预备费一千一百七十八元九角充之。

第二条　贷款凿井以用于农田灌溉者为限。

第三条　承借凿井贷款限于一百二十亩以下之农户，其以凿井合作社承借者不限亩数。

第四条　贷款数目以穿井眼种类为标准，其规定如下：

甲、水车钻井，每眼大洋一百六十元。

乙、钻井及水车砖井，大洋一百二十元。

丙、砖井大洋六十元。

丁、土井（井筒深度在三丈以上，距离地面有三尺以上之砖筒者）大洋三十元。

第五条　请领贷款凿井农户须先向本府第四科报名，经本府派员调查核准后即给予通知。

第六条　请领贷款农户接到前项通知，须于五日内来本府填具贷款表单并取具殷实铺保或乡理事保单方准领款，其以凿井合作社承借者得免取保手续。

第七条　承借贷款依报名之先后依次贷放，于基金贷窑未及收回时得暂行停贷。

第八条　前项贷款免收利息。

第九条　贷款一年为限，分两期偿还，不准拖欠，以六个月为一期。

第十条　贷户倘因特殊情形凿井失败，呈经本府查勘认为情有可原，得呈院核准，将偿还期间酌缓一年或半年。

第十一条　贷款如有移作他用或不按约定日期开凿故意延宕情事，经查觉后得追还贷款并酌予处罚。

第十二条　凿井遇有困难情形得请求县政府派员指导之。

第十三条　本办法呈准山东乡村建设研究院备案之日施行。

邹平实验县各乡保护行道树暂行办法

一、凡本县汽车路及县镇各路所栽行道树，除照山东省保护行道树暂行办法及有关林业法规办理外，依本办法保护之。

二、凡沿路各该乡乡理事、乡队长、村理事、村组长、看坡人、地主等均负共同看护之责。

三、各乡乡队长须随时督同联庄会员梭巡保护，查有行道树损失死亡，应随时通知各该村地主于五日内补植，如有违抗或查获窃犯时，并送交本府依法办理。

四、各乡乡队长须督饬沿路各村组长、看坡人将所辖坡界植树株数每月查验一次，于举行乡射典礼时，报告乡学并由乡理事将每月各路树株情形呈报本府以凭考查。

五、各村坡界内行道树如有损失死亡，除按第三条规定办理外，每少树一株并责罚该村大洋一元，以促进共同保护之意。

六、前项罚款专作保护行道树奖励金。

七、本府每半年将各乡乡队长、村组长、看坡人各所辖界内行道树成绩总考核一次，如成活九成以上者，即酌予奖金，成活在八成以下者，即分别惩处。

八、本办法自经县政会议通道之日施行并呈请研究院备案。

邹平实验县二十四年春栽植行道树办法

一、本县今春栽植行道树悉依本办法行之。

二、全县汽车路及县镇各道共分三期。

1. 第一期：自三月一日起至五日止，周青汽车路、邹周县道、邹小镇道等属之。

2. 第二期：自三月六日起至十日止，邹辛镇道、邹章县章等属之。

3. 第三期：自三月十一日起至十五日止，台羊汽车路、孙花镇道、潍惠汽车路等属之。

三、每期均由本府派员督饬各该乡乡理事、乡队长、村组长、甲总负责办理。

四、各乡辅导员须率同乡村学教员对于植树专任宣导之责。

五、每期须由沿路各乡乡队长在施工前三日督饬各该乡沿路各村村组长、甲总、看坡人等划清路段，令各地主筹备树苗以便栽植。

六、沿路内侧除河川、山领不能植树者外，均于各路沟外一尺植树一行，其距离以十市尺为准。

七、树苗高度以市尺以上为合格，并以柳树为限。

八、沿路责成各地主自行栽植，此项树株即归地主所有。

九、各路树株均须依限栽齐，不得延期。

十、各路树株栽植完竣后，应由各乡乡理事、乡队长督饬沿路各村村长填具行道树调查表（表式另定之），由各乡学汇转本府以便按表查验，成绩良否，即列为该乡乡理事、乡队长之奖惩。

十一、各路树株均由各地主负责保护，随时浇培，如有损坏或不成活，即由乡队长、村组长勒令地主即时补植。倘逾植树期间不能栽植时再故意损坏，应按森林法及山东省保护行道树暂行办法从重处罚地主（办法另行印发）。

十二、本办法自公布之日施行。

邹平实验县普遍植树奖惩及保护暂行办法

1. 本办法系依照本年造林计划大纲订定之。

2. 为普遍植树藉倡林业起见，大庄应植树在千株以上，中庄在八百株以上，小庄在五百株以上。除道路及河岸两旁一律栽植柳树外，其他各地桑柏、杨柳、榆槐均可种植。八成成活者奖励之，不足者惩罚之。

3. 不论庄之大小，凡于地一亩至少须植树五株，愿多植者更佳，不足五株者查出处罚。

4. 凡沿汽车路县镇各道暨荒山河岸以及村旁隙地、坟墓、围壕、庙宇等处，应责成村理事或村长令饬地主各就自己地面每距离市尺一丈植树一株，否则受罚。

5. 栽种树秧高度以八市尺为限，挖穴宜深，栽培坚实，树身出土宜在五尺以上，庶不至为风雨摇撼防害成活。

6. 各庄植树期间应自谕令到达之日起至国历三月十二日止一律栽竣，由村理事或村长立刻验明各户栽植数目，按照颁发表式分别填妥送交乡学汇转来府，以便按表抽查，如敷衍不报者，唯该乡理事是问。

7. 各村理事或村长于填送表册时，如有代为捏报情事，查出予以相当惩戒。

8. 新植树株报明存案后，除令公安局大队部征训队员随时巡查外，并责成各村理事或村长、地保及联庄会员等切实负责保护，如遇私伐作践者，无论何色人等，准其人赃并获送县讯办。

9. 凡新植树株一律于树身涂抹红土锅灰或石灰以资识别而备奖惩。

10. 查获窃树人犯，如村理事或村长罚办不服，准将人赃一并送县惩办。

11. 儿童及雇工等扳毁树秧，应罚办其家主或其父兄。

12. 此次植树期在必行，如有造谣阻挠及借端敲诈者，一经查明或被告发即应严惩不贷。

13. 此次植树分组指导催办，凡在事出力人员按成绩大小分别发给奖章、奖状、联屏匾等，办事不力者得予以罚俸、记过、撤职处分。

14. 本办法自提经县政会议议决通过后施行。

邹平实验县山林保护暂行办法

第一条 本县山林保护除照森林法及其他有关林业各项法规外，并依本办法行之。

第二条 关于营林事项在不抵触森林法及其他有关林业各项法规范围内，各乡村得沿其习惯公立禁约，共同保护，其禁约须呈报县政府备案。

第三条 本县山林有下列情形之一者，绝对禁止私人砍伐，由县政府直接管理或委由附近之乡学或村学管理之。

（一）凡年代久远为个人或公私团体一次施栽或继续施栽之山林，其土地不属私人所有者。

（二）凡山林之所有权不能鉴定谁属者。

第四条 凡有乡学或村学管理之山林，其收入除留作扩充营林费外，得酌提若干作为看护人之奖励金及该乡学或村学举办公益之用。

第五条 凡有乡学管理之山林，如达成才年龄必须砍伐时，由该乡学呈请县政府核准后行之。

第六条 本办法如有未尽事宜得呈请研究院修正之。

第七条 本办法自呈奉研究院核准公布之日施行。

邹平实验县各乡建修桥梁涵洞补助金暂行办法

一、本县为修整道路便利交通起见，特将建设特捐道路费结余洋一千〇六十二元五角及二十、二十一年度建设临时费结余洋三千三百一十七元七角三分，共四千三百八十元〇二角三分充作本县桥梁涵洞费。各乡建修桥梁之补助金即由此款内支给之。

二、桥梁涵洞以经过之汽车路及县镇道为限。

三、凡各乡应修之桥梁涵洞，须由各该乡理事及附近村理事切实勘估，造具工料预算书图说明，呈经本府派员查勘核实后，按照核定预算书目准给三分之一之补助金。

四、所修桥梁涵洞一经呈准补助时，呈请人须将其余工款三分之二克日筹齐定期兴工，不得借词迁延。

五、所修桥梁涵洞须依照核准预算书图说明办理，不许任意变更。

六、建修时，各该乡理事或附近村理事须负责监工并呈本府派员督修。

七、各该乡负责督修桥梁涵洞时，对于工款须核实开支，如有侵蚀情形者，一经察觉定予依法惩处。

八、工完竣后，各该乡理事等须呈报竣工日期并连同工料支出计算书表单据呈由本府核销并开具清单公布周知。

九、桥梁涵洞补助金以呈准之先后依次补助，倘遇补助金告罄时得宣告停止补助。

十、本办法自呈准山东乡村建设研究院备案之日施行。

邹平实验县政府取缔私钞办法

一、本府为遵令取缔私钞、维持金融起见，特订定本办法。

二、本府取缔私钞分三步进行：

1. 票商查报；2. 分月缴销；3. 限期收清。

三、第一步，先派员向各票商调查其资本及票额，其有已印未发或已经收回之票纸，须立即截角缴调查员带回本府汇案焚销。

四、票商对调查员查询事项须据实报告，如隐匿不报或报告不实，一经查觉依法惩治。

五、第二步，各票商须按照本府规定收兑日期起，每月至少须呈缴发行之全票额三分之一之截角票纸，由本府备案焚销。其有延不缴销或缴不足额者，按期勒缴全票额三分之一以上之保证金，违者扣押出资人及经理人之财产。

六、第三步，各票商限三个月将所发票纸全文收清，如逾限延不收清者，即以其所缴之保证金或拍卖其被扣押财产之价额作为续兑未收票纸之用。

七、各票商不得藉词分期缴销而限制兑现，并不得以他家私钞抵兑。

八、完粮、经税及一切公项，一律拒绝使用私钞。

九、本办法实施后，如感觉辅币不敷周转时，各票商得备价向农村金融流通处换取中央中国交通平市官钱局庄仓证券角票，以资救济。

十、本办法自公布之日施行。

邹平实验县棉商登记暂行办法

一、本府为保持纯棉，谋棉农、棉商之正当利益，藉便取缔棉花掺水掺杂暂行条例实施起见，特订定本办法。

二、凡在本县辖境开设花行或轧花店贩卖花衣或籽花之棉商，均须遵照本办法呈府登记后，方准开业。

三、凡在本办法公布前开设之花行或轧花店，均须于本办法公布后一月内呈府补行登记。

四、棉商应登记之事项如下：

1. 花行或轧花店名称及所在地。
2. 经理人姓名及住址。
3. 资本数额。
4. 贩资场所。
5. 成立年月。
6. 其他。

五、核准登记之棉商均有本府发给登记执照。

六、凡未领有前项登记执照之棉商本府得勒令停业。

七、凡经登记之棉商须恪遵下列各项：

1. 不准掺水掺杂。
2. 不准将棉种优劣混置。
3. 不准贩卖脱籽棉种。
4. 不准私用旧秤。
5. 不准破坏合作社。

八、棉商如有违犯前条情事由本府查明依法罚办。

九、本府办理前项登记概不收费。

十、本办法自经县政会议通过呈准公布后施行。

邹平实验县疏浚杏花沟临时工程委员会组织章程

第一条　本县为疏浚杏花沟免除水患起见，特组织临时工程委员会办理之。

第二条　本会委员长一人，由县长兼任。委员若干人，由县党都县政府第二、三、四各科长及各乡代表中分别聘任之。

第三条　本会议征工主任、总务主任、工务主任各一人，由县政府第二、三、四各科长分别兼任之。事务员若干人，由县长指定人员兼任之，担任文书、庶务、会计事宜。

第四条　本会关于工程实施由建设厅委员第十四区水利专员主持进行。

第五条　关于全河工程分做六段，每河设公段长一人，由县长指定技术人员担任之。

第六条　本会为工程实施便利起见，以各乡乡理事为督工员，各乡代表得任监工员，并拨长警若干员，负纠察弹压雇工之责。

第七条　本会各员、警均系无给职，但赴工任事者，每日酌给食宿津贴及旅费。

第八条　本会一切工程费用须另造预算，呈由建设特捐项下动支。

第九条　关于本会对外仍以县政府名义行之。

第十条　本会职员于实施工程不敷分派时，须临时加派员工。

第十一条　本会于工程告竣后即行裁撤。

第十二条　本章程经县地方会议通过后施行并呈请上级机关备案。

邹平实验县征工服役事务所组织简章

第一条　本简章依据山东省人民服工役办法暨山东省冬令征工筑路治河办法订定之。

第二条　本所定名为邹平实验县征工服役事务所。

第三条　本所附设县政府。

第四条　本所因应地方之需要，分别计划修路、治河、筑堤等各项工作。

第五条　本所设正主任一人，以县长兼任之；副主任一人，以第四科科长兼任之；督工员若干人，以第四科办理技术人员及各乡乡理事兼任之；监工员若干人，以各乡乡队长兼任之；事务员一人，以本府职员兼任之。

第六条　本所设督察员若干人，以县政府秘书第一、二、三、五科各科长、警察队长、警卫队长、商会主席等兼任之。

第七条　本所设工程师一人，以县政府工程技术员兼任之。

第八条　本所督工员、监工员、事务员、工程师等秉承正副主任之命令办理各项事务，督察员秉承正主任之命令会同副主任督察各项事务。

第九条　本所之职权如下：

一、关于计划本季实施工作事项。

二、关于调查征集应服工役人民及境内各机关公务员、学校教职员、学生名额事项。

三、关于实施工作之督察事项。

四、关于实施工作之督工监工事项。

五、关于实施工作之分配事项。

六、关于技术工作之管理训练事项。

七、关于实施工作之一切事项。

第十条　本所职员均为义务职，不另支薪，但赴工次工作时得支旅费。

第十一条　本所应用县府刊发戳记日常应用但关于征工服务时，应以县政府名义行之。

第十二条　本所职员应由县政府造册呈省政府备案。

第十三条　本所征工办法施工程序施工细则另定之

第十四条　本所在实施征工期间，得酌支办公费，其额数随时造具预算呈报省政府核准之。

第十五条　本简章如有未尽事宜得随时呈请修正之。

第十六条　本简章自呈准公布之日施行。

第九章　户籍

邹平实验县全县户口调查委员会组织规程

第一条　邹平实验县政府为办全县户口调查事宜，设全县户口调查委员会。

第二条　本会委员定为十五人，除县长为常务委员外，余由县政府就乡村建设研究院及本府人员分别聘定之。

第三条　本会为指挥全县户口调查之最高机关。

第四条　本会设主任委员一人，常务委员二人主持日常会务，主任委员及常务委员由委员互推之。

第五条　本会设统计科掌理调查后之统计事务，置主任一人，由委员互推一人兼任之，置统计员若干人，由研究院训练部学员调充之。

第六条　统计科办事细则另定之。

第七条　本会设事务科办理庶务事项，置主任一人，由主任委员遴选，提请委员会议决聘任之，置事务员一人至二人，由县政府事务人员临时调充之。

第八条　本会设设计处掌理调查前及实施调查中之设计指导事项，置设计委员五人，由委员互推兼任之。

第九条　设计处置书记一人至二人抄录文件，由院县现有书记临时调充之。

第十条　设计处为便于指导调查起见，就本县现有乡界划为十四巡查区，区置巡查员一人，监督各该区内调查事宜。巡查员除第十四巡查区应由简易乡村师范校长充任外，余由研究院训练部下乡指导实习教员充任之。

第十一条　各巡查区内划分为若干调查区，每一调查区置指导员一人，调查员三人至七人，担任实施调查事宜。指导员就研究院训练部暨简易乡村师范学员中遴选派充，调查员除第十四巡查区由简易乡村师范全部学员充任外，其他十三巡查区由研究院训练部学员分任之。

第十二条　巡查员、指导员、调查员服务规则由设计处随时分别制定呈请本会颁发之。

第十三条　各巡查区置联络员若干人，以联庄会会员充任，受巡查员、指导员、调查员之指挥调遣。

第十四条　各巡查区置乡导若干人，各由该区内之村长理事、闾邻长、村学、村小学教员充任之，受指导员、调查员之指挥。

第十五条　本会聘调指派各级人员除支原薪外不另给薪。

第十六条　本规程如有未尽事宜得随时呈请修正之。

第十七条　本规程自县政会议通过呈报研究院转呈省政府核准施行。

邹平实验县户籍及人事登记实施办法

一、本办法依据户籍法及施行细则并参照地方情形制定之。

二、凡本县户籍及人事登记之进行依本办法办理之。

三、本县户籍及人事登记自二十四年四月一日开始施行。

四、本县户籍及人事登记以县之各乡学所属村庄为一户籍管辖区域。

五、每乡户籍管辖区域设户籍主任一人，以各该乡学之联庄会乡队副兼任之，户籍员若干人，以联庄会之村组长任之，户籍警若干人以各村庄之甲总兼任之，分掌户籍管辖区内所管之户籍及人事登记事务。

六、户籍主任及户籍员由县政府委任以专责成。

七、户籍主任、户籍员、户籍警概不支薪，但户籍员得酌给公费。

八、各乡乡理事有襄助县长指导各该乡办理户籍及人事登记事务之责任。

九、全县户籍及人事登记事务之经费依照户籍法第十五条之规定由县政府筹给，其预算另定之。

十、户籍登记依下列事项分为三种：

1. 设籍；2. 转籍；3. 除籍。

十一、人事登记依下列事项分为九种：

1. 出生；2. 认领；3. 收养；4. 结婚；5. 离婚；6. 监护；7. 死亡；8. 死亡宣告；9. 继承。

十二、户籍及人事登记簿由县政府依照法定格式制定颁发给管辖区域之乡学，备正副二本，正本由乡学永久保存，副本呈送县政府永久保存。

十三、户籍主任办公之处所设于乡学内，名为邹平实验县第　县学户籍处。

十四、户籍主任图记依照户籍法施行细则第三十条、三十二条之规定，由县政府刊发之。

十五、户籍及人事登记之声请义务人向其所在地之乡学以书面或以言词为之，但声请义务人因故不能亲往声请时，得由各户籍区域内之户籍警查报但必须于声请书面当时，由声请人签名盖章并告知查报内容，无章者捺右手拇印。

十六、户籍警查报时，须代为填写声请书，户籍警不能填写时由村学或小学教师协助办理。

十七、各村之人事异动应行声请查报者，户籍警务须于每月过后十五日内报告户籍员，户籍员于十日内转报乡学户籍主任。

十八、户籍及人事登记声请书由县政府依照法定格式制定颁发，各乡学由户籍主任转发各户籍警保存，随时查报乡学，如有隐匿违误不声请查报情事，一经查出，家长及户籍警同受处分。

十九、关于户籍及人事登记之罚则依户籍法办理。

二十、各乡学户籍管辖区域内之庄长、闾长、学校教师、联庄会会员等均有协助办理各该村庄户籍及人事登记事务之责任，其训练及服务办法另定之。

廿一、关于户籍及人事登记之详细规定本办法未有规定者，依户籍法及户籍法施行细则办理之。

廿二、本办法如有未尽事宜得随时修改之。

廿三、本办法自公布之日施行。

邹平实验县户籍及人事登记办事细则

第一条　本县为实行户籍法依据户籍法施行细则参酌本地情形订定本细则。

第二条　本县于县政府设户籍室，派科员一人，办事员一人，巡查员及统计员若干人，分掌全县户籍及人事登记事务。

第三条　本县户籍及人事之登记以乡学区域为其管辖区域。

第四条　每户籍管辖区域设户籍处于乡学内，名为第○○乡学户籍处（以下简称户籍处）。

第五条　户籍处设户籍主任一人或二人，受乡理事之监督，指导掌理户籍及人事登记事务。户籍员若干人，受户籍主任之指导，协助办理户籍及人事登记事务。

第六条　每户籍管辖区域设户籍警若干人，督催人民声请户籍及人事登记事务。

第七条　每户籍管辖区域内之学校教员有协助人民办理各项登记手续之责。

第八条　各村理事、庄长、闾长等有监督指导户籍警督催人民声请登记之责。

第九条　户籍及人事登记簿正本由户籍处永久保存，副本由户籍室永久保存。

第十条　书类簿册格式悉依户籍法之规定，其如有特殊情形时另拟补充之。

第十一条　声请事项因声请人之便利得以声请书送交各村内之学校中，由户籍警转送至户籍处。

户籍主任受理前项声请认为有疑点时，得派户籍员复查，如有错误应令原声请人更正之。

第十二条　户籍警收受人民之声请书后，须当日送达各该乡学户籍处。

第十三条　户籍主任受理声请时，依法登记于户籍及人事登记之正本上，同时用电话报告户籍室，由统计员登记于副本上。

第十四条　户籍主任在各该管辖区域内每三个月须督同户籍员轮流至各户总复查一次，前项复查由巡查员督饬户籍主任及户籍员为之。

第十五条　本细则如有未尽事宜得提交县政会议修正之。

第十六条　本细则自呈准公布之日施行。

邹平实验县户籍登记变通办法

（一）本办法参照户籍法户籍法施行细则第四条及实验县政府布告政字第四号第二项订定之。

（二）户籍登记之声请本当由各家长备具声请书向各乡学户籍主任声请登记，但因限于乡民之知识程度，故由户籍主任督饬户籍员（村组长）上门挨户办理户籍登记。

1. 邹平人在邹平有家者以一家编为一户，虽属一家而已异居者各为一户。
2. 非邹平人在邹平有家者，亦以一家编为一户。
3. 无家可归之僧道或其他宗教徒所住之寺院，以一寺院为一户。
4. 无家可归之救济机关留养者，以一救济机关为一户。
5. 机关中无家可归之住居人，以一人编为一户。
6. 商店内住有家者亦须编户。
7. 工厂内之有家者亦须编户。

（三）有下列情形者不必办理户籍登记。

1. 邹平人或非邹平人家中有家可归之雇工亲戚朋友或其他暂居者。
2. 寺院中有家可归之雇工或暂居者。
3. 救济机关中之职员或有家可归者。
4. 机关中之职员或有家可归者。
5. 商店内有家可归之伙友或雇工。
6. 工厂内有家可归之工人或职员。
7. 军人寄居于邹平者。

（四）户籍登记之事先预备如下：

1. 办理登记者参看本年一月八日之甲、乙、丙、丁四种户口调查表。
2. 将甲、乙、丙、丁四种户口调查表依照新编之门牌号数户数清册排列整齐。

3. 依门牌之次序至各家去办理登记手续。

（五）户籍登记声请书之详细填列法如下：

1. "前家长"指现在家长以前的家长（在户口调查表上无此一项，有已死的，有分家而居的，有还在世而精力衰弱不能管理家务的，有女的等等情形），"前家长"之"附注"格内当注明生死或分居等详细情形。

2. "家长"指甲种户口调查表上的户主，但在办理户籍登记手续以前死了的，则填新家长，调查表上的户主就是"前家长"。

"家长"之"附注"格内当注明与"前家长"之"亲属关系"，"为家长之原因"及"为家长之年月日"，父母姓名，父母之生死情形及第几子或第几女等。

3. 有下列情形者当为家长。

家属中最尊长之男子

无男子或有男子而尚未成年之家属中当以最尊长之女子为家长

宗教徒所住寺院中之主管人

救济机关中之主管人

机关中之无家可归独居者

4. 有下列情形者不得为家长。

有精神病者

有重大废疾者

判刑在狱者

未成年之男女

5. "家属称谓"栏下第一空格填与家长之亲属关系之称谓，如"妻""母""长子""长子之长子之妻""弟之妻"等字样。家属之外出者或判刑在狱者，亦须登记但须在"附注"栏内注明情形。

无家可归之亲戚或非家属，亦作家属论，但须在"附注"栏注明其本人之原籍父母姓名及详细事由。

6. 家属之先后排列法依户籍法第一百条之规定。

7. "姓名"当填大名，小孩没有大名时，填上小名。已婚女子可填"某某氏"或夫姓及自己姓名如"孙宋庆龄"等。

8. "性别"指男或女。

9. "出生年月日"填"光绪几年""宣统几年"等字样（请详细参看出生年份推算表）。

10. "职业"须将现在从事何种职业详细注明，但服务家庭人事者得经填家庭管理或侍从佣役等。

11. "附注"栏凡有废疾者或信仰何种宗教者，均须说明如系外国人者当填其原国籍。

由他家人为家属者应于本人"附注"格内注明其原籍父母姓名父母之生死情形及第几子或第几女字样。

机关中之无家可归者、寺院中之宗教徒及救济机关中之留养者，应于每人之"附注"栏内注明父母姓名、父母之生死情形、第几子或几女及其原本籍，不明者注明事由。

家属中除有父母可考者外，其他每人之"附注"栏内须注明父母姓名、父母之生死情形及第几子或第几女字样。

12. "籍别"栏如系邹平人即填"本籍"字样，如系外地人须填明本籍地名，同省者注县或市，不同省者省县或市并注。

如系宗教徒之寺院当在"籍别"栏内注明寺院及寺院名称。

如系救济机关当在"籍别"栏内注明机关类别及名称。

13. "住居地之名称及门牌号数"栏填第几乡某某村庄某某街巷第几号字样。

14. "居住年数"栏应注明住居或寄居若干年，如系世居得经填世居字样。

四月一日以后办理户籍登记以前之转籍或迁徙或分居设籍者，可不必补办户籍变动之手续只须在"居住年数"栏内注明。

15. "其他事项"栏注明其他应记事项，如家属中何人犯何罪判刑在狱或在何处做何种职业等。

16. 声请人指家长须具名盖章或捺指印。

17. 最后之日期填办理登记之日期。

18. 声请书得分填数页，但须于第一行"户籍登记声请书"字样下左边注明"第一页""第二页"等字样，一页已足用者可不必填写。

（六）本办法如有不明了之处，户籍主任及户籍员得随时向县政府户籍室提出询问。

（七）本办法如有未尽事宜或误错，当临时通知或改正之。

邹平实验县乡学村学村立学校教员协助办理户籍及人事登记暂行办法

一、本县为推行户籍及人事登记特制定本办法。

二、本县各乡学村学，村立学校教员对于协助办理户籍及人事登记负有下列三种责任：

1. 代人民填写声请书。

2. 人民将声请书送到后即详加审阅（如发现错误应指导改正），留交户籍警转送乡学户籍处。

3. 对民众及儿童讲述户籍及人事登记之重要及各种登记手续，并利用儿童访查应登记未登记各家，转告户籍警催令登记。

三、各乡学村学村立学校教员对于协助办理户籍及人事登记努力与否，由县政府列入考成或随时酌予奖惩。

四、本办法自县政会议通过之日施行。

五、本办法如有未尽事宜得随时提交县政会议修正之。

邹平实验县编贴门牌办法

（一）此次编贴纸门牌，为制钉磁质门牌之根据。

（二）门牌号数之编法。以各村庄街道之起止为起止。

（三）新门牌以一所住宅为一号，不以一户为一号（一所住宅不限定只住一户）。

（四）新门牌贴在每所住宅的大门上面右首。

（五）庙宇、机关、店铺、工厂及其他能住人之所概作住宅论。

（六）现在暂时无人居住之空住宅或正在建筑中之房屋，亦须编号。

（七）新门牌编法，如东西街以东首为起号，西首为止号；如南北街以南首为起号，北首为止号。

（八）东西街以街南之第一家为第一号，街北之第一家为第二号，再由街南之第二家为第三号，街北之第二家为第四号，下类推。

（九）南北街东之第一家为第一号，街西之第一家为第二号，再由街东之第二家为第三号，街西之第二家为第四号，下类推。

（十）如东西街街南第一家的大门在街北第一家的大门之西，则以街北的第一家为第一号，总之，凡东西街须依着由东到西的步子，逐一南一家北一家的贴法，凡南北街依着由南到北的步子，逐一东一家西一家的贴法。

（十一）根据上项的规定，就是要严守号数的排列是由东而西或由南而北的定规，以便于寻找门牌号数的人不走回头路。

（十二）小巷及不通路的胡同里面的住宅，均编为大街或大巷的名称及号数。

（十三）弯曲贯通的街巷作一街论。

（十四）凡十字路口的住宅，以大门的所向街名为街名。

（十五）凡十字交叉路之东、南、西、北四街，最少作二条街论。

（十六）小巷及不通路的胡同内的编号除街名以大街之名称称之外，其排列法依（七）、（八）、（九）、（十）、（十一）所定规定编贴。

（十七）比较远离村庄外的住宅、庙宇或看墓人房屋等居人之所，其编街名以通村庄里的直通之街名为街名。

（十八）上项所称之居所如在村庄通路之东首或南首者当编为第一号，如在通路之西首或北首者当编为末号。

（十九）凡住宅外无避风雨之门屋而只有不避风雨之篱笆门者，则可贴在里面的住屋大门上。

（附）因欲便于办理户籍登记之对照，本年一月八日户口调查时所贴之门牌暂时不得撕去。

邹平实验县标志村名暂行规则

第一条　本规则于标志本县村名适用之。

第二条　标志村名以于各村围门或建筑物之上书名指示为原则。

第三条　本县境内之各村庄均由各该乡乡理事督饬户籍主任转饬各村庄庄长，将各村村名按照邹平实验县户籍及人事登记管辖区域表所定之名称于各村庄街要墙壁之上标志之，但各村庄如另以碑碣碑额标志村名者，听其自便。

第四条　凡标志村名者，一律白地黑字以油涂之，须以持久为准。

第五条　标志村名其字迹之大小以直径二市尺为准，但有特殊情形者，得视建筑物之情形酌量伸缩。

第六条　标志村名之物由各村庄庄长随时修补，以不模糊损污为准。

第七条　标志村名之建筑物遇有拆修，俟工竣后再书名揭示之。

第八条　如有损坏村名标志者，除责令赔偿外，当按照违警法处罚之。

第九条　处罚之执行由县政府为之。

第十条　本规则如有未尽事宜提交县政会议修正之。

第十一条　本规则自县政会议通过公布之日施行。

第十章　风俗改革

邹平实验县检查放足办法

一、凡年在二十岁以下之女子一律放足。

二、由各乡、村分别组织检查妇女放足，委员会负责办理各该乡、村女子放足事宜，其组织办法另定之。

三、各村放足委员会须每旬检查全村一次，各乡放足委员会须每月检查全乡一次。

四、自四月十日起，如查有尚未放足之二十岁以下之女子，处其家长以二元以下之罚金。

五、自七月一日起，如发现有不放足之二十岁以下之女子，处其家长以十元以下之罚金。

六、本县公务员及各级学校教职员之家庭内如查出有不放足之二十岁以下之女子，立将该员撤职或处以十元以上之罚金。

七、放足罚款由县政府处罚执行，各乡村不得擅自处罚。

八、检查放足时被检查人或其家属有故意违抗或公然侮辱检查人员情事依法严惩。

九、本府不特派员分赴各乡抽查，如发现各乡、村负责办理女子放足人员不努力或有不端行为经人告发，特查明属实从严惩办。

十、县政府各科处职员下乡工作时，均有附带抽查放足之责。

十一、各村放足罚款均拨充各该村学设备之用。

邹平实验县取缔婚姻陋俗办法

一、本县人民于男女婚姻恒有下列陋俗：
1. 男子成婚过早。
2. 妇人年龄长于其夫过多。
3. 女家索彩礼过重，近于买卖婚姻。
均依本办法取缔之。

二、本县人民应按照民法九七三条规定，男未满十七岁，女未满十五岁者不得订立婚约。

三、本县人民应按照民法九八〇条规定，男未满十八岁，女未满十六岁者不得结婚。

四、本县人民结婚应按照内政部通饬改良婚姻制度令，女家收受男家聘礼不得超过一百五十元，违者按照行政执行法从重处罚其法定代理人（家长或其他主婚人）及介绍人。

五、本办法自呈奉省政府核准之日施行，修正时亦同。

邹平实验县取缔婚姻陋俗办法施行细则

一、本县为施行取缔婚姻陋俗办法特订定本细则。

二、本县人民订立婚约时应由男女本人或其法定代理人（家长或其他主婚之人）填具申请书，向该管乡学申请登记，其申请书式另定之。

三、乡学接到人民订婚申请书后，就事实调查认为无背于本县取缔婚姻陋俗办法各条之规定者，即行填给核准通知书，如有背于前项办法各条之规定者，应即拒绝登记并切实劝止。

四、本县人民未经依照前条规定申请书订婚者不得订婚，未经核准订婚者不得结婚，违者按照行政执行法从重处罚其男女本人或其法定代理人及介绍人。

五、本县人民在本办法施行以前已经订立婚约者，须于三个月内照前项程序申请核准后方为有效。

六、本县取缔婚姻陋俗第二、第三两条所规定之男女年龄自出生之日起算，以满足十二个月为一岁。

七、违反本县取缔婚姻陋俗办法第四条之规定而故为订婚或故为介绍者，无论何人得向该管乡学或县政府告发之。

八、本细则自呈准公布之日施行。

附　告白

我们邹平的风俗民情，大都是很平正，很纯良的，但只可惜有一件不好的事那就是男女婚姻每每不得其正。按古礼说："男子三十而娶，女子二十而嫁"而这里男孩子十二三岁成亲者居多数，即不满十岁成亲的亦常见。并且女子大于男子五六岁七八岁不等，甚至大过十余岁者亦有。这与古人男长于女子礼恰相反。像这般陋俗，真没道理；而且为害甚烈！男子身体发育未全，不堪斫丧；破身太早，即不夭折短命，此后一生身体精神亦不会好；所生子女亦必多弱种。如此一代一代传下去，可忧实大！至于妇人长于其夫，阴胜于阳，乖离不合的事自所难免。往往发生许多丑事遗羞门庭，扰乱社会；这都是大家眼见的事。还有在婚礼中，女家索取采礼过重，成年男子聘一妻要花三四百元，童年订婚亦须百元，以婚姻大事当买卖一样亦是一种陋俗。两家结亲，本以人情为重；若当买卖一样，便没情没理，遗害于人心风俗甚大！并且富家容易多有妻妾，穷汉或至终身鳏居，事失其半，必须纠正；本府有鉴于此，特呈明省政府制定取缔婚姻陋俗办法五条：对于上面所说：男子成婚太早；妇人长于其夫过多；女家索采礼过重，近于买卖婚姻；这三点均严加取缔。根据民法男子非十七岁不得订婚，非十八岁不得结婚。又根据内政部通令：女家收受采礼最多不得过一百五十元。有违背此法令者，从重处罚不贷！我邹平不乏明白礼义之人，要知道以此陋俗为耻，要看清楚这一种祸害而痛心，大家齐心合力劝导民众，认真改革，以就正道！

第十一章　其他

邹平实验县公报发行办法

第一条　本县为公布政令增进民众常识起见，特发行公报藉广宣传本报定名为"邹平实验县公报"。

第二条　本报暂定编辑员一人，录事一人，承秘书之命办理一切事务。

第三条　本报内容分论述法规命令公牍报告记录并附载要闻。

第四条　本报材料之搜集由秘书批阅到文时认为有公布之必要，应于公文面上书一"发登"字样，其于缮发稿件亦然。

第五条　编辑员对于登报文件随时交由录事抄录分栏编辑，以便照式排版。

第六条　编辑员对于本报各栏公文等件认为不丰满时，有随时向各科处征集材料之任务。

第七条　本报应刊稿件编辑完竣须送请秘书核阅后，始得发刊。

第八条　本报为求政令消息灵通起见，每两日出版一次，两张为一份，遇有特别事项另发特号。

第九条　本报发行须格遵日期，非有特别情形不得展期或停刊，但有停刊必要时须先期登报声明。

第十条　本报每次印刷若干，派出若干，存查若干以及收某处报费若干，均须立簿分项登记，以便稽核。

第十一条　本报暂收工料暨送递费每月每份定价洋四角五分，其特刊号须视其工科多寡另行计算价洋。

第十二条　本报关于各项公文登报后不另行文，各乡理事、各机关人员对于本报须详为浏览，俾免贻误应办要政。

第十三条　各乡理事、各机关对于本报须按期妥为保存，不得遗失，遇有新旧交替应列入交代。

第十四条　本报为求发行敏捷先睹为快起见，特派专差多人按期分途递送各处，如有送县公文等件可交差带回，免再派人送递烦劳。

第十五条　本报暂以各机关、各乡理事、各村理事、各乡学、各村学为订阅处所，其他各村长以及个人有愿订阅者须预为缴价定购。

第十六条　本报办事处附设于县政府内。

第十七条　本办法提交县政会议通过后施行如有未尽事宜须随时修正之。

发刊词

王怡柯

县政府为办公所理之地，而卑污苟贱莫加马。是何也，权重而势尊，层层间隔，便于张幕掩人耳目，遒敢自逸，自恣，自肥，人苦其恶劣，而莫由窥其底蕴，亦姑听其所为，此县官之所以日趋下流也。佐治人员，从而效之，上以幕蔽县官之耳目，下以幕掩民众之视听，从中取利，害尤甚焉。此一般县政之所以不堪闻问也。

今邹平实验县政府以县政建设自鸣于世，盛名之下，其实难副，愚奉命迫随地方领袖，暨院方师友，共肩斯任，大惧□覆，为地方害，贻国人羞，乃拟办县政公报，以为揭幕去奸之具。昔司马温公云一生无事不可对人言，今兹发刊县政公报，殆欲法温公之意。以所为公告于民，毋为不可告人之事，借以自儆。且便唤起清议，监督措施，共趋正执。此编刊本报之动因一也。县政建设之实验，事事从头做起，条教章程，陆续议行，不有公报，无以宣达使民众共晓，隔阂误会，窒碍实多。况本县实验计划，不仅在县府之努力，求一时之治平，实期望乡民之自觉，自动组织，为自教，自养，自卫，之活动，从而实现自治之效果，则一县气脉，纵的为县府与乡村精神之沟通，横的为农民与农民意识之契合，尤不可无刊物以资周流，此编刊本报之动因二也。

本县实验计划，根据政教合一精神，以乡学村学为枢纽，乡学粗具形骸，村学逐渐成立，综计其数，可及三百，一法之立，一事之行，承转宣达，殊费时间，刊诸公报，终朝可遍全境。又各学呈文核示，民众诉讼批答，递送候讯，劳费更多，公报邮传，坐而得之，统计所省，宁能数计，此编刊本报之动因三也。

省府院方委权于县府，实验县政改革，乡村建设，期望甚殷。各省留心乡村事业者，咸接踵莅临殷殷垂问。凡兹改核咨询，答复万难周至。一切所为，咸登公报，则检以奉阅，一目了然，请教有自，获益弥多。盖吾邹平县政建设之实验，万不敢以县自囿，则公布所为，就正国人，亦职责所不容已，此又编刊本报之动因四也。

凡兹四端，精举崖略。勉赴斯的以期无负省府院方之期许，与全县民众之渴望，借以就正于国内外人士之留心乡村事业者。其发刊体例，与详细办法，另具于次，兹不赘焉。

民众问事处暂行办法

第一条　本府为免除隔阂便利民众起见，于县府大门里设立民众问事处，派员专理其事。其设有电话之乡村均附设电话问事处，由各该乡学公务人员管理之。

第二条　民众对于行政司法各种法规及进行程序有不明了者可径向问事处尽量询问，其在乡有事待问者亦得向设有电话之乡学托该乡学人员以电话代问或自己发问。但关于诉讼之胜败及应守秘密之事件未至公布时期者，除由问事处之职员说明不能告知之理由外，概不详答，乡学以电话问事规则另定之。

第三条　问事处之职员对于民众查询事件或乡学以电话代问，应以谦和态度竭诚解答，如遇自己不知之事件须立时询明各科处主管人员转告之。

第四条　问事处职员除承答问事之民众外，无论在何处所如见有因公进城之乡民类似不知手续（购状纸、缮状纳粮、递状候审等等）或有受人愚弄欺罔之虞者，应趋进问明加以指导或纠正之。

第五条　问事处应置备问事簿，将问事者姓名、案由及有关事项分栏记载，每日送呈县长核阅，月终应将一月内民众所问事项分类列一比较表，俾明了民众要求作县政兴革之参考。

第六条　问事处备有各种法规，以便本处职员浏览。问事者亦得请求交阅，但不得携带出外。

第七条　问事处职员如发觉公务员警有违法勒索情弊，应立时禀报县长惩办，倘知情不举以通谋论。

第八条　问事处办公时间每日自上午七时起至下午五时止，但遇以紧急事件相问者不论书夜须随时应对之。

第九条　本办法自公布之日施行，如有未尽事宜得提经县地方会议修正之。

各乡学附设电话民众问事规则

第一条　本规则依据邹平实验县民众问事处暂行办法（以上简称问事处暂行办法）第二条制定之。

第二条　民众在乡学以电话问事者应悉依问事暂行办法第二条所列之范围。

第三条　到乡学以电话问事者应先报明姓名、住所及所问事项，由乡学公务人员登载问事簿，发话时应径叫县府问事处，发问后问事人须在乡学静候回话，不得远离。

第四条　乡学登载之问事簿应于每月地方会议（每月一次之常会）时由乡理事带呈县长核阅。

第五条　乡学公务人员对于问事者不能以电话自问时应立即代为询问，不得藉词繁忙拒绝之。

第六条　各乡学公务人员办理民众问事事项除本规则有规定者外，息依问事处暂行办法之规定。

第七条　本规则自公布之日施行，如有未尽事宜得提经地方会议修正之。

县政府公文处理暂行程序

一、本府每日收到文件除由收发处掣给收据外，应分别重要、次要编号择由登入各类总收文簿，送由县长秘书核阅其重要者应随到随送。

二、县长秘书核阅批示办法后，由秘书分别性质加盖主管科科戳，饬送各科长传阅，交由收发处分别交科按照批示办法办理，其最要者为敏捷起见，可毋庸送各科长传阅，送交该主管科办理。

三、各科收到批交文件后，除于总收文簿上详细核对逐件加盖收到戳记，标明收到日期。交还收发处即将收到文件分件择由登入科收文簿，并将批示办法择要注明。

四、各科主稿人员接到收文后应即撰拟稿件，择由登入送稿簿送本科科长核阅、盖章，转送秘书县长核阅判行发交缮写处缮写。

送稿时如有附带文来应于稿件内分别注明。

五、各科主稿人员对应拟稿件最要者，应随到随办，次要者至迟不得过三日，如有特殊情形得陈明主管科长酌量核缓。

六、缮写处接到应缮稿件由录事长分别最要、次要分配各录事缮签，校对由缮发校对，录事就原稿盖章后摘由登入送印簿连同原稿送由监印员用印。

七、监印员用印后应将签稿连同各簿一并送请县长核阅钤章，发交收发处登簿封发。

八、收发处将文件对发后所有原稿及附带文件连同各部分别送还各科处点收归档。

九、收发处所发文件应分交邮投递两种，各立专簿以备稽考。

十、收发处所发交邮挂号文件应将挂号单粘簿保存并挂号单号数，于发文簿分别注明。

十一、遇有紧急文电不及按照上列手续处理者，得由秘书或主管科长负责批明签稿并送提前封发事后，仍应将各项手续补齐归档。

邹平实验县政府行政缮状生服务规则

（一）缮状生代人撰稿应本其口述之事实，不得违背当事人本人之意思。

（二）缮状生代人缮写如系来稿不得窜改一字，但来稿限于当面自撰，如或文义不能明顺仍由缮状生代为撰缮。

（三）缮状生无论代人稿缮如非当事人本人或当事人之法定代理人亲自到场签押者，均不得代为稿缮。

（四）缮状生除援照司法缮状规则规定每百字收稿费一角五分缮费一角外，不得额外需索，分文不满百字者以百字计算。

（五）缮状生代人撰稿必须叙明事实理由及请求目的，务求明顺为适宜，不得含混其词。

（六）缮状生代人缮写字迹务求端正，不得草率模糊。

（七）缮状生办公时间以本府办公时间为准，不得迟到或早返。

（八）缮状生月薪十六元，即以每月之缮撰费充之，有余流用不足由本府另筹。

（九）缮状生代人缮状必须于状末盖用本府刊发之戳记。

中国造林学

梁秉锳 著

山东乡村建设研究院

目　录

绪　言 …………………………………………………（467）
第一章　通论 …………………………………………（468）
第二章　前论 …………………………………………（477）
第三章　本论 …………………………………………（490）
第四章　各论 …………………………………………（517）

绪　言

　　粤稽太古，世界诸实业尚未发展之初，而蔽日凌云之森林，首先出现：其时草昧未开，人口稀少，林产植物取之不尽，用之不竭，如彼空气水火然。洎乎生齿日繁，需用渐广，人群感食料之不足，乃滥伐森林，从事树艺，以致苍翠蓊郁之美观，胥归乌有，是诚森林之浩劫也。比及农业日兴，工商进步，需用木材之范围愈增，供给之原料反益减少，即日常所需亦感缺乏。匪特此也，而意外灾眚，反常蓄变，山因以崩，河因以塞，雨水因以不均，旱魃因以为虐，或洪水横流，沃野俱成鱼鳖之乡，或飞砂骤至，良田尽变不毛之地；更加毒性瓦斯，流行空际，渊源水脉，涸蔽地中，致起疠疫猖獗之忧，酿成饮料缺乏之恐，何怪戴月披星，终岁尽力南亩者，一旦悉付东流哉，吾国昔时掌林有官，植林有法，伐林有制，孟子曰斧斤以时入山林，材木不可胜用，即伐木之制也。嗣后虞地官守禁之政令不讲，原有林木旦旦采伐，迄今则濯濯童山，触目皆是，膏腴大陆，沦为瘠贫。据近年海关报告，木植类，每岁输入三千余万元，如此巨漏，欲求补苴，是非提倡造林不可。值兹百政刷新，建设伊始之际，林业一端于国计民生至关重要，盖因森林利益，直接可以充裕国民经济，间接可以保护社会安宁，富国裕民，实利赖之，则从事新建设者能不研究乎？

第一章 通论

第一节 森林

一 森林之意义

众树丛生，团集一地，苍翠蓊郁，蔽日凌云，呈植物界自然现象中，最美丽严整之秩序者，是曰森林。而森林中之树木，曰林木。林木所占之土地，曰林地。吾人所谓森林者，林木与林地之合称也。

森林有裨于人类，非仅未伐之先，由其性质能保安国土，既伐之后，依其生产，供给用材已也。若夫滤清空气，以益吾人之卫生，增添风景，熏陶社会之性灵，珍禽野兽，由其保护能保续生活以繁殖子孙，高贵植物受其庇荫，可发生种籽以维持种类，是故森林于自然物中，对于吾人之关系，重且切也。

二 森林之变迁

太古之世，地球大陆，俱为森林所蔽有，其时草昧未开，人民獉狉，林产植物，自由取用，洎乎生齿日繁，文智渐进，人群感食物之不足，虑外患之侵残，乃开拓林地以作农田，采伐林木而造家屋，甚至求燃料滥施斤斧，营狩猎，任意焚烧，甚且谓为森林有碍交通，付之一炬，以然美林渐被摧残。及至农业日兴，工商进步，利用森林之范围随之扩张，需要既见增加，生产愈形减少，价格乃逐年腾贵；几至日常所需，亦形不足，社会上因感生活困难，乃提倡植树，用图补救。森林因之复兴，比年以来，世界文明日进，森林用途益趋要，或由政府强颁法令，限制伐采，规定施业，奖励造林，举凡经营一切林业，均求合理，以谋国利民福，而森林因之益盛。总之，自古迄今，森林之变迁，约分四期：即森林郁闭时代；森林开垦时代；森林荒废时代；森林勃兴时代；是也。

如上所述森林变迁之时期不同，面积之消长亦异，兹考现在世界诸国，尚有郁闭森林，与古代同者，南美新开诸国是也。有开垦森林而经营农田者，北美之中部是也。有荒废森林而招意外之灾害者，我国是也。有勃兴森林而为合理之经营者，德，法，美，瑞士，日本，是也。要之由国家文明程度如何，有关于森林面积之消长耳！

三　森林之种类

自古迄今，森林任世人采取，几至净尽，然深山僻陬人踪罕至之区，依自然之更新，而仍存在者，曰"原生林"（天然林），反之加以人工经营者，曰"施业林"（人工林）。原生林之树种混杂，年龄不等，而施业林之树种，略为一致，生长亦颇相同，故此二者由外观可以识别之也。

森林对于吾人之利　既关重大，因而利用之目的，各有不同。直接采取木材及林产物，而求必要生产者曰"经济林"（供用林），间接收其效用以增社会之公安，而维持秩序者，曰"保安林"。保安林多由法律之规定而成立，其植伐和用不任所有者之自由，然施业法得宜，亦不妨为物质之收获，我国森林法前曾公布编入保安林者如下：

一、关于预防水患者。

二、关于涵养水源者。

三、关于公众卫生者。

四、关于航行目标者。

五、关于便利渔业者。

六、关于防蔽风砂者。

经济林，即以森林生产物为主目的，其利用之途任所有者之自由取用，然一般林业之盛衰，常影响国家经济，则森林之施业，不得不受国家制裁，故属于国家及公共团体所有者，可以法律规定其施业。

森林又由所有者不同，分为国有林、公有林、私有林三种。

四　林木及林地

称森林之一部曰"林分"，构成林分之树木曰"林木"，故林木者非指一木一树而言，乃谓森林中之一部分树木也。林木于植物界中，尽属显花为高等植物，由根干树冠三部而成，高立地上，独立空中，开花结实，以繁殖种子，其为数也饶多，不遑枚举，因其种类不同，故形状之大小，生存期之长短，亦随之而异。

林木之根部，伸张地下，能达四五尺之深，以固定自体，并生须根，摄取水分，及无机物质，以供营养，生长之原料。干部则直立上方，分枝生叶，而形成树冠，林业经济中，要最要者即材质坚固，体分充实，若竹类而中空者，是例外耳。"树冠"为枝，叶，芽，苞，之总称，占林木之上部，专司同化作用，以变化由土壤中，空气中，摄取之物质，而营成养分，以维持生活，并发生种子，以繁殖种类，故欲求林木生产量之增加，则不可不改良其形态，是对于树冠之保持须注意者也。

林木生立之土地曰'林地'，林地为林木之基础，乃供给生活必要物料之源也。林地多由风化作用分解岩石而成土壤，其主要成分，除含有酸素水素，炭素，盐素，窒素，硅素，硫黄外，尚有钙，铝，镁，钾，钠，锰，铁，钡，等。而土壤之间隙，则保有多量之空气，及水分者也。

林地由其位置之险夷，土质之肥瘠，有适于经营普通生产业者，曰"相对林地"，有除造林以外，不能经营他项生产业者，曰"绝对林地"，绝对林地者，由土地自然之关系，非经营林业不能获益之土地也，相对林地者，虽可经营他项生产业，而以经营林业，获利较多之土地也。

第二节　林业

一　林业之意义

林业亦土地生产业之一种，对于林业为经济的行为之事业也。此经济行为，分"公经济行为"与"私经济行为"二种。而林业则含此二者而并有之，如育成森林直接利用其产物以充吾人之需要，同时受其间接作用以保安国土，而维持公益是也。期收此等最大福利，望成圆满效果，而经营森林之事业者，曰"森林"。

二　林业之要素

经营林业要素有三，曰土地，曰资本，曰劳力，盖吾人虽有智能，而无土地，则产物不能生；土地纵富而无劳力，则产业亦难成；既有土地有劳力而无资本，运用其间，则事业仍难就续，故经营林业，此三者缺一不可也。

土地为林业之基础，能永远利用，有非人力可以转移之性质，故经营林业其土地面积宜广，林地宽广，则事业得连年保续，费用节省，收益纯正。林地狭小，则事业不能联续，必须隔一定时间，方能得同量之收获，费用因之增加，利益随之减少，是以经营林业，以广大之面积为适宜。

林业劳力，大别为精神的劳力，与肉体的劳力二种，精神的劳力者，为监督业务，拟订计划，而劳其精神之谓也。肉体的劳力者，为受监督指挥，从事于造林伐木运搬等，劳其肉体之谓也。林业较他种生产业既多依赖天然，所需劳力比较的亦少，故以一人之精神，或一人之劳力，能经营广大面积之林业，即所谓劳力粗放之事业也。

林业资本，有固定资本，与流动资本之别。固定资本，为生产货物所使用者，如林道轨道，铁索等之运搬装置，伐木造林所使用之器具，及建筑物等属之。流动资本，为生产货物所消耗者：如造林费，管理费，保护费，等属之。

三　林业之收益

由普通经济而论，经营林业所需资本集约，所用劳力粗放，在土地生产业中，似无若何大利；然究竟有利与否，须视生产物之收入，与生产费之支出比较而定。经营林业，历年永久，其间不但随时可以收获杂草，枝叶，树实，树脂，菌蕈，禽兽，以及间伐之根干，成熟之木材，为收益之主要目的而已也。若夫保安国土维持公益，是亦林业之收益也，故以绝对林地而经营林业，收有形之益大，以相对林地而经营林业，收无形之益大，总之林业较他种事业支出少而收入多也。

经营林业所采用之树种，作业种，轮伐期，以及土地之瘠肥，木材价值，并资本利息等，皆直接影响于林业之收益，故不可不先事计划，慎择树种，详考地性，选适当之作业，用合理之轮伐，节用造林保护管理等费，以谋将来收益之增加。

四　林业之特性

林业与他种生产业不同，具有特殊之性质，兹择显要者列下：

一、林业除供给社会必需之产物外，尚能维持社会公安。

二、林业较他种事业安固，收入确实，连年得利略为同一。

三、林业在绝不适于他种生产之土地，尚能得利。

四、林业较他种事业简单，管理容易，所需之劳力不繁。

五、林业需要广大面积，面积愈广，则纯利愈多。

六、林业之收益期限绵长，计划上苟有错误，恢复困难。

以上诸条，为林业特性，以其事业安固，收入确实，管理简单，且连年得利略同，无论国家公共或个人经营均属安全事业。

第三节　森林之效用

一　直接效用

森林直接效用者，谓森林供给社会必要各种林产物之效用也。因林产物为有形，故亦名为有形的效用，又以吾人利用上之目的，分为主产物，与副产物二种。

主产物者，为林业之主要目的物，即木材是也。由其用途分为"用材"，"燃材"二种，用材者何，伐采林木不施以工作，利用其形态上木材工艺之性质也。燃材者何，燃烧木材，利用其所发之热也。燃材中分"薪材"与"炭材"二种，薪材为直接燃烧木材，以用其烧者，因内含水分，故火力较弱。炭乃炭化木材后，利用其热者，故火力较强。

木材利用之范围颇广，随世界文明进步，工业发达，其利用之途，亦益增加；二十世纪，倡林业经济论者，以养成用材为唯一宗旨，盖因燃材林不能产出用材，由用材林中可取燃材也。

副产物者，除木材外，一切林产物之总称也。如树皮，树实，枝叶，杂草，树脂，树液，菌蕈，五倍子土石等。以及栖息于林内之禽兽，潜伏于林近之鳞介等，非特为住民生活事业，且为重要商品，输出外国，兹举副产物之种类大略如下：

一、由林木直接生产之副产物，如落叶，落枝树及树脂，树液，树实等。

二、由林木存在生产之副产物，如杂草，菌蕈，蔬菜，禽兽，鳞介等。

三、不关于林木得采取利用之副产物。如土石泥炭等。

四、虽非林产物得以副产物而收入者，如狩猎。牧畜，农作物等。

二 间接效用

森林间接效用者，由于森林性质，与吾人以安宁，呈其效用于自然之谓也。亦即吾人，感受森林之影响，增进无形之幸福，故亦名为森林无形的效用，兹分述如下：

（一）调和气候：空气为热之不良导体，直接受日光之热甚少，受地面反射之热实多，林木庇荫土地，日光不能直达地面，则空气不受其反射之热，因而林内气温较林外为低，故于炎热之日，入林内即感凉爽，且枝叶直映日光，蒸发水分，变为水蒸气，尤须多量潜热，因之附近空气亦见冷却，若至夜间，林内土地为枝叶遮蔽，不易温度放散，而气温反较林外为高，适与昼间相反，如按四季而论，则夏季清凉，冬季温暖，是以森林生存之地，空气温度无最高最低之差，能使冬无严寒，夏无酷暑，所谓一种"森林气候者是也。"

空气中水蒸气，因温度之变化，乃凝结成水滴以下降，是即为雨，森林能增加空气中之湿气，又缓和空气之流动，以促达饱和度，故凡森林繁茂之地，每见云雾蒙茫，雨量常多。

（二）涵养水源：视被童山裸岳，每经降雨，既不能渗入地中。复不能保持于地面，直行下流，毫无窒碍，江河水量因之剧增，堤岸每因以溃，此乃洪水泛滥一大原因；若有森林，当降雨之际，一为树冠停留，一由枝干滴落，其已达地面者，复被林内落叶杂草藓苔等吸收保持，使徐徐流出林外，是以森林不但能缓和水量之增加，兼能调节其流势，故虽淫雨连绵，水量无剧增之虑，旱魃继续，江流无竭涸之忧，此森林涵养水源自然之效也。

（三）固止崩岩：森林繁茂，直接能阻止土砂崩坏，间接可预防洪水，考其作用约有二端：1. 森林能减杀水之机械的破坏力；2. 根干落叶能防土砂流失，即森林存在地。雨水下降时，必须先著树冠次由树冠传干，或由枝叶徐徐滴落，以达地面，是减去由空中下堕伟大之打击力，而且树根草根蔓延地下，合缝软弱土质，固定崩裂岩石，落叶藓苔等被覆地面，抵抗水之浸蚀，遏止器械的龟裂，又能防其风化作用，故于森林区域内，每雨水下降，或流水经过，一部为其吸收，一部导之渗入，并有滤水性质，可以化浊为清，变急为缓，故常见林中流水，徐缓清澄，而若山则混浊湍急是其明证也。

（四）预防洪水：葬数千生灵于鱼鳖之腹，失数万财产于波涛之中，而修缮赈济动费数千万之巨资者，非洪水泛滥之惨祸乎？洪水之起因，固为一时雨量过多所致，实则为水源地方，森林若废使然。试现秃山裸岳，雨水下降，全量流出，挟带土砂，淤填河底，河床因而增高，水流湍急，冲刷两岸，堤防由之溃决，是以水溢极易发现，森林能固定土砂，减杀流势，水量自无剧增，河床便免淤塞。故森林繁茂之地，当降雨时，不但树冠可以停留，且被根株分为无数细流，徐缓以出林外，故其源清流缓，总之森林预防水患之效，甚为显著，考其作用约有四端。

1. 森林在河源地方，能使水量不急剧增加，于其流势可以调节，且防水之破坏力，有消洪水于无形之作用。

2. 森林能杆止土砂，防其流入江河，可免河床增高，并遏止冲刷两岸，可免堤埝塌溃，有防洪水酿成之作用。

3. 森林在江河两岸为游水地，能减少水量，根干合缝堤岸，能使坚固，有防洪水泛滥之作用。

4. 森林在江河两岸，或其附近，当洪水之际，能阻止横流，并抑止石砂转动，以免增加水之破坏力，有减少洪水为害之作用。

（五）障蔽风砂，清风徐来，有增吾人之兴趣，即动植诸物，亦莫不受其感化以繁荣，若夫酷飓屡作，尘砂蔽天，朔飙频来，寒气凛冽，实与吾人以切肤之痛，至于动植诸物，又何论焉！是非徒无益反受害也。其尤甚者，则滨海之区，土壤轻松，砂石流动，每狂飓肆虐，具随之飞扬，损害人畜，埋没良田，为祸更惨。森林障蔽风砂之作用，极为简单，无非高作障壁横蔽空中，阻风之吹力，防砂质飞扬，并由根株固定砂石，不使移动，枝叶遮蔽日光，林地水保湿润，如此则狂风无肆虐，硫砂难以动摇矣。

（六）防止颓雪，高山峻岭地势峥嵘，每于冬季，积雪过多，或春季融解之时，顺其倾斜急转直下，始则小块崩颓，继则挟石砂而下坠，势极凶猛，为祸甚惨，森林防止雪颓之作用显著，即山岭之地，森林繁茂，先降之雪，必著树冠，被其融解雪达地面，亦可由枝干支持，使无崩坠之患。

（七）阻抑海啸：苍茫大气，流荡海洋，或作疾飓，以损农田，或卷怒浪，冲刷海岸，甚至逐日漂扬海沫遍洒盐质，居民感其困苦，实业被其摧残，为祸之惨与洪水暴风无或少异，森林阻止海啸之功，即防海飓内吹，海水远扬，固定石砂，不为潮浪冲击，以免陆岸之塌陷，但经营此等林业，首须选择树种，如日本之黑松，法国之海岸松等为至宜之种类，其他不但难收实效，亦不易生活。

（八）便利畋猎及渔业：森林为禽兽栖息之家屋，于其生活繁殖上均有至大之关系，若森林荒废，彼等既失巢穴，又无从得食，势必迁徙他处，或绝灭种类，则吾猎而获者稀矣。禽兽之羽毛及肉为人生所必需，亦属重要商品，虽为森林副产物，而在国家产业上，未可轻视也，故畋猎欲求多得，必先使禽兽繁殖，欲使禽兽繁殖，非广造森林不可。

鱼类为世人最嗜好之食品，并可作重要商品输出国外，或为贵量肥料，施于农田，于富国利民关系甚巨，顾渔业之振兴，岂可轻哉？然渔业之繁殖生存，与森林之盛衰关系最切，盖森林有保护鱼族自然之效也，举其大凡，约有五端：

1. 森林涵养水源，调和水温，则源流清洁，深浅适中，宜于鱼类之生活。

2. 森林繁茂，能使流水肥沃，水藻水苔易于滋生，且花果昆虫细菌等森林落水中，适为鱼类食饵。

3. 鱼类性质，喜阴恶阳，森林高映水边，日光因而暗淡，适于鱼类之游泳。

4. 森林遥映日光，水色暗淡，鱼类潜伏其中。适于避敌，借资保护。

5. 森林阴映水面、适于鱼类产卵，并保其孵化。

（九）有益卫生：人无饮食不致遽死，若断呼吸不能暂活，是空气与吾人有不可须臾离之关系也。其寒暖洁浊，影响于卫生者，岂浅鲜哉？森林使昼夜温凉无大差异，四季寒暖，无甚悬殊既可作霖，复可御旱，是调和空气于极端也。至若消洪水于无形，抑暴风于既起，此又间接有益于吾人之卫生矣！考其最切要者，即依昼间同化作用，分解炭酸瓦斯，游离酸素，排除煤烟尘埃，扑杀传染病菌，将空气滤清，吾人呼既宜，健康亦易，期登寿域，又何难乎？故现今文明各国，如教育场，疗养院，街市，公园，以及人烟稠密之处，无不广植森林者，近更设林间学校，于森林之中，教育不健全之儿童，或有宿疾之男女，其收效尤著，是森林与卫生诚关重要也。

（十）关系风化：吾人之精神，每受周围自然物之感化于不觉，试于春光明媚之际，百花灿烂之时，步入其丛，自起心畅神怡之感。又游深山，谒古庙，林木幽葱，自主崇高庄严之念，昔时庙宇佛阁多设于深山，亦因动人以尊重之心，有利于宗教也。近日各小学每教儿童曰：勿折花木，是亦借树木以养其公德心耳。

第二章　前论

第一节　林木之种类

一　针叶树类

针叶树类之叶，概成针状，多为常绿树木，乃林业中最重要之类种也。到处易生，其材可供建筑，工程各种器具，以及工艺上种种用途，兹择林业中最重要者，列表于下：

樹名	致用	成長	適地	造林法	備考
杉	建築材箱板材船舶材	早	溫暖帶桐溫	植樹	產福建兩廣江浙最多
馬尾松	建築材船舶材家具材	早	溫暖帶	植樹	產河北山東山西湖北湖南江西安徽東三省沿海岸地方
黑松	建築材船舶材家具材	早	溫暖帶	植樹	產沿海岸地方
落葉松	建築材家具材板材	早	溫暖帶	植樹	產東三省最多
紅松	建築材家具材板材	中	溫帶	植樹	產吉林黑龍江最多
蝦蟆松	燃材板材建築材船舶板	遲	溫帶	伐樹擇伐傘	產鴨綠江沿岸
金松	橋梁材建築材棺椰家具	極遲	溫帶	伐樹擇伐傘	產中國北部
姬小松	同金松	遲	溫暖帶	植樹	產中國中部各省
五穀松	同金松	遲	溫暖帶	植樹播條	產東三省
側柏	同側柏	中	溫暖帶	植樹	
花柏	同側柏	中	溫暖帶	植樹	
羅漢柏	同側柏	中	寒溫帶	植樹	
白檜	同側柏	極遲	寒溫帶	植樹	
唐檜	同側柏	極遲	溫帶	植樹	產福建江浙東三省最多
櫸子	同側柏	早	溫暖帶	植樹	
桜	柱材板材建築用材樹皮	遲	溫暖帶	植樹	
樟	器具家具材車船材樟實可樟	遲	溫暖帶	植樹	
欅	油家具材實可食	遲	溫暖帶	植樹	為古代遺物產河北山東河南
公孫樹	器具材實可食	早	溫暖帶	植樹播種	
棕櫚	庭園木繩纖網等用具		暖帶	植樹	產兩廣南部

二 阔叶树类

阔叶树类之叶，概成片状，扁平面，有经四季不凋者，曰常绿阔叶树。有至冬季其叶坠落，翌春再生者，曰落叶阔叶树。此类材质坚硬，可供建筑器具，桥梁船舶，及其他各种用途，占林业树木中大部分，兹择林业中普通者，列表于下：

樹名	效用	成長	適地	造林法	備考
櫟	薪炭材家具材	早	温暖帶	播種植樹矮林	產河北山東奉天吉林
枹	薪炭材家具材	早	温暖帶	林播種植樹矮	產河北山東奉天吉林
檜	同枹	早	温寒帶	同上	
櫸	同枹	遲	温寒帶	播種插條芽萌	
梅	薪炭材船舶履材	早	温寒帶	插條萌芽	
赤楊	薪炭杭材建築材	遲	温寒帶	播種植樹	
白楊	火柴圓軸製紙板材建築材	極遲	温暖帶	插條	
黄楊	木板用具家具美術材	極早	温暖帶	插條植樹	
柳	薪材器具染料	中	温暖帶	植樹	
胡桃	鑲柄文房用具家具機械	極早	温暖寒三帶	插條	
櫨	板材薪炭材家具	早	温暖帶	植樹	
柱	車輪器具箱材火藥材	中	温帶	植樹	
朴	彫刻建築材	早	温帶	植樹	
桐	家具箱材板材	極早	暖温帶	分根萌芽	
樟	板材箱材藥料	中	暖温帶	植樹	
七葉樹	彫刻建築器具	早	温暖帶	植樹	
槐	一家具車輛箱板建築材	中	温暖帶	植樹播種	
椿	薪炭家具板材	早	温暖帶	植樹播種	

三 竹类

竹为东洋诸国之特产，种类颇多，而我国暖带尤为繁殖，以其种类之不同，而占领之区域各异，如福建，浙江，江西，江苏，湖南，四川，以及皖，鄂，秦，豫等省，举目皆是。特以作业不知改良，制造未能新异，放弃天然大利，殊堪太息，兹择效用较著列表于下：

竹名	用途	產地	備考
苦竹	建築器具農具	江浙湖南	苦竹之筍味苦故有此名直徑七八寸以上高達六七十丈為竹中之最大者
淡竹	家具農具	湖北江蘇浙江安徽	淡竹葉小而薄直徑不過二三寸高可三四丈故可與苦區別
斑竹	玩具椅榴家具	江西湖南安徽江西	斑竹亦名湘妃竹竹竿有斑紋因其紋之形狀不同又有虎斑竹雲斑竹之別
孟宗竹	建築農具家具	江南江西	孟宗竹亦名江南竹筍味良美江南生長特旺
寶心竹	小器具圖章	浙江江西	寶心竹竹心充實故有此名竹譜之植類之中有物曰竹不剛
女竹	玩具圖章	安徽江西福建	節間真直而長頗平滑
方竹	玩具圖章	湖南江西	方竹為四棱方形故有此名
佛面竹	玩具用具	浙江江蘇	佛面竹近根之處節間甚矮為斜形而有繩紋故亦名繩紋竹

第二节　林木之生理

一　林木之营养物质

林木生活，常转换体内之物质，凡消费分解者，必再摄取于外界而递补之，化旧生新，以求滋荣，如此作用，是曰营养。在生活上必要之营养物质，属于矿物性者为硫黄，燐，钾，钙，铅，铁，六种。属于气体者，室素，水素，酸素，炭素四种。此十种原素，苟缺其一，则林木不能维持生活，此外尚有盐素，硅素，锰等，亦属林木营养必要物质，此等物质除炭素，由叶面气，非摄取于空中外，余均由根冠吸收于林地内，盖林木幼嫩之根，有适于吸收液体之构造，凡林地中之无机物质，成溶液状态者，即被吸收，以通过枝干，而达叶部，再依同化作用，变为生活上必要之有机物，故林木长茂盛者，其林地内之营养物质必充分，反之则林木枯萎甚易。

二 森木之同化作用

林木同化作用者，及叶面有绿素之细胞，依日光而分解炭酸瓦斯，游离酸素，并摄取炭素，而与根部所吸收之无机物质，化合以生成炭水化合物之谓也。此等作用必依日光及存有叶绿素之细胞，方克变化，故无日光，或无叶绿素，则林木不能生长，其生长必需之养分，曰滋养液，滋养液之生成，即依同化作用，每届秋季林木将停止生长之际，则滋养液变为淀粉单甯护谟贮藏物，以待翌春发芽开花之用。

三 林木之蒸发作用

林木叶面气，非有蒸发水分作用，空气愈干燥，则蒸发之量愈大，同时由根吸收水分以补不足，一有接济不至，林木必至枯死，凡林木在成长迅速之际，蒸发之量必大，故于苗圃设施日庇，即防叶面蒸发，以保水分之意耳。又林木蒸发水分量大者，有关下列五项，于育苗造林时，均须注意：

（一）叶形广大者。

（二）叶系新生者。

（三）细胞含水多者。

（四）叶面由震动而气非开口多者。

（五）空气中之湿气，温度，光线等理学的要件适当者。

四 林木之生长作用

林木依生活摄取外界营养分，因而物质增大，容积增加，是谓林木生长。生长现象，由根，干，树冠三部加大其直径者，曰直径生长。加大其高度者，曰高度生长。直径高度增大，遂至全体容积增加。试考落叶树种林木，每届春暖，即由前年秋季亚皮部及边材部，所贮藏之物质，溶解于用根吸上之水，造成滋养液，以生芽叶，再依同化作用，以生滋养液，遂通过边材，与皮间下降于亚皮部，并增大原有细胞及分裂，而生新细胞，乃造成新亚皮部，此作用曰林木生长。至秋末则从滋养液变为贮藏物，专长体干，俟翌春仍行同化作用，若至结实期，滋养液之一部为种子所消费，木材成长，即行减少，由年轮之幅，可以检查，故及有果实之枝，其叶常较他枝为小此，最普通之实验也。

林木生长千差万异则种同生，固不相同，同种同生。亦必各异，即林木丛生一地，互相竞争，彼此压迫，弱者枯死，强者生存，此乃生长最旺时期。由此连年增加直径，高度，殆每年相等，一至结实年度，乃渐次减少，每见老龄林木，树冠趋于扁平，即为不生长之兆候也。

五　林木之生殖作用

林木之生存期，在植物界中虽为最大，然至一定时期，亦不免枯死，如热带地方龙血树，生活能达六千年以上，普通者，亦有数百年或千余年之寿数，即数十年而枯死者，亦颇不少。然自有植物以来，森林亘千古而未绝迹于世，迄今能保美丽之林相者，因有生殖作用之繁殖也。

林木之生殖法有二种：即有性生殖，与无性生殖是也。有性生殖者，开花结实之谓；无性生殖者，分生自体之一部，以发新芽之谓。林木生殖所以有此异者，大概不外周围之影响，即日光，温度，水分，土地之关系耳。

有性生殖，为多数林木普通之生木法，在生存期中，大半年年产生种子，其量甚多，但种子之良否，及数量之多寡，虽因树种年龄，土壤及受日光之度不同，一般林木产生优良种子之时，在容积生长最大之期，又通常种子轻小者，其结实量多，重大者，其结实量少。

无性生殖，即依分生枝根，以繁殖种类，在造林上颇关重要，大凡针叶树中，具此性者少，阔叶树中，具此性者多，即由萌芽分根以繁殖而成森林是也。此萌芽性最大时期，在林木生长最旺盛年龄，至老龄则渐失，如杨柳等为最普通者。

第三节　森林植物带

森林植物带，分水平的，与垂直的二种，水平的森林的植物带者，自赤道以至两种之谓也。垂直的森林植物带者，自海面以至高山之谓也。

一　热带林

以赤道为中心，在其南北各二十三度半，即各回归线之间，曰热带林，此带全年平均温度，在摄氏表二十一度以上，就北半球言之，即我国五岭以南之地域，如福建两广等处是也。在此带之森林，受阳光最大，堪热度极高，林木之下，复生无数之植物，颇为繁茂，其树种以榕树，凤梨，龙眼，槟榔，柽子，荔枝，紫檀等，为最著，如于此带，登海面上四千五百尺之高山，则见槠樟等类常绿树。盖已由水平的热带林，变为垂直的暖带林矣。

二　暖带林

本带森林，占南北纬度自二十三度至三十七度之间，此带全年平均温度，在摄氏表十三度以上二十一度以下，在我国两广，福建，云南之南部，及河北，山东，山西，陕西，甘肃之北部，余皆属暖带。其树种以槠，栗，栎，枹，榧，枞，樟，杉，柏，榉，竹，桐等为最著。如于海面四千五百尺之高山再上至八千尺处，则见有针叶树林最多是也。由水平的暖带林，变为垂直的温带林矣。

三　温带林

本带森林占南北纬度，自三十七度至四十五度之间。全年平均温度在摄氏表五六度以上，十三度以下之地，河北，山东，山西，陕西，辽宁，热河，绥远，甘肃，新疆等省，及吉林，察哈尔，两省之南部均属之。此带之主林木，如椈，七叶树，栖，枹，栎，栗，胡桃等落叶阔叶树是其最著者。如自海面登山自七八千尺处，再上至一万尺，则气候渐寒，针叶树多存在焉，是又由水平的温带林，变为垂直的寒带矣。

四　寒带林

此带经于南北纬度，四十五度至六七十度之间，全年平均温度在摄氏表五六度以下之地，吉林，察哈尔之北部，黑龙江，内外蒙古属之。此带著之主林木为针叶树类，如唐桧，白桧，松，楣，杉等是其最著者。如于海面登高山自一万尺再上至一万三千尺处，则气候严寒，不见林木，只有小草丛生而已，是即森林绝迹之区域焉。

以上森林带，虽全由气候而生，然因国土之形状，及潮流之方向，与湿气等，而林木分配之状态亦不相同，在两地不同之纬度，而生长同一之树种者，曰同温线，盖因两地纬度虽异，而气候同一，故能生同一主树木，彼纬度同一，树种各异者，可知其非同温线矣。又因山脉纵横，以致森林分配互异者，如亚洲东部，山脉概由北趋南，故树种亦多移行南北。欧洲山脉则多由西趋东，故树种亦列行东西是也。

第四节　森林与土地之关系

一　土壤之关系

（一）土壤之种类　土壤必要之成分，为砂土，粘土，石灰三种，砂土内含有石英之岩石分解而成。粘土由长石，云母石，角闪石，辉石，分解而成。石灰由石灰岩分解而成。因构成土壤岩石之性质不同，故土壤中，所含之养分亦异，在林业上分别土壤为七种如下：

1. 填土；2. 壤土；3. 石灰土；4. 砂土；5. 墟土；6. 泥灰土；7. 砾土。

（二）矿物质养分　一般林木，比农作物需用矿物质养分甚少，然需用之量，亦因树种而异，如榉、樫、榆、栲、槲等类，需矿物质养分较多。黑松、赤松、杜松、山楂、皂荚、合欢木、杨槐、桦等，需矿物质养分最少。

（三）土壤之干湿　地中营养物质必先溶解于水，林木方能吸收，故土壤干燥，则林木不易生长，其理甚明；然土壤过湿，地中温度下降，亦有妨酸素之供给，与干燥之害同。林木有能生长于过干过湿之地者，是其特性耳。兹将土壤干湿之别，及林木适宜之土地，分别列下：

（甲）土壤类

极湿地　土壤间隙水分充满者

潮湿地　土壤间隙含多量水分者

适润地　土壤中水分略为湿润者

干燥地　土壤间隙稍含水分者

强干地　土壤间隙毫无水分者

（乙）林木类

耐极湿潮湿地者　柳赤杨白杨白桦偃松柽柳杞柳泽胡桃等

耐潮湿适润地者　木黑松枞栎栂桐

耐干燥地者　赤松扁柏落叶松白桦杞柳

（四）土壤之深浅　土壤分原土与作土，作土者，即发生植物之土壤，以植物质混于原土，渐渐可以生长植物，变为作土。作土之深浅与造林甚关重要，凡浅根性林木不必植于深地，深根性林木，若植于浅地，其初生长纵旺，终必衰枯。故在林业上规定土壤之深浅，应由林木之根区别之，大概分为五级如下：

1. 极浅地　零寸至五寸
2. 浅地　五寸至一尺
3. 适深地　一尺至二尺
4. 深地　二尺至四尺
5. 极深地　四尺以上

（五）土壤之疏密　土壤之疏密，于林木生细微根毛，固定树体，及地中空气流通良否，湿气保持多少等，均有重要关系。即极密之土壤，与极轻松之土壤，均不适于林木之生育也。然在轻松土壤中，可以生育者为椰、榆、桦、栗、赤杨、马尾松、黑松等类。在密着土壤中可以生育者，为枞、落叶松、唐桧、柳、栎、槐等类，其他树种则非疏密中和之土壤不能发育矣。

二　位置之关系

土地之位置不但于土性有直接间接之关系，且于气象上影响亦不少，即霜寒暑热雪霰等害之大小强弱，每从其位置而异，即生育于甲地之树种，未必适于乙地，生育于乙地之树种，亦未必宜于甲地也。

（一）方位土地由方位不同，所含的湿气亦异，如山之南面及西面，直接感受阳光较东面北面湿气常少，故在同一山岭，东北二面虽有杉柏等优良林木，而南西两面却见抱栎等杂木林，若登高山，因温度关系西南二面反较东北二面多产佳种，故于造林时，由位置如何须选适宜之树种，庶良材易于产生。

（二）倾斜　土地之倾斜若不超过一定度数，即无害于林木之成长，但于造林管理等事多有困难之处，兹就林业上分倾斜地为六级如下：

1. 平地　五度以下
2. 仅斜地　六度至十度
3. 缓斜地　十一度至二十度
4. 强斜地　二十一度至三十度
5. 极斜地　三十一度至四十五度
6. 绝险地　四十五度以上

普通林业地与农业地之区别，常按倾斜度数而定，在农业地以倾斜十五度为限，若林业地至三十五度尚可种植，惟三十一度以上之倾斜地，易于干燥及脱落，故经营林业在第五级以上之土地，须选择适当树种，如扁柏、白桧、姬小松、杉、枞、赤楮等类，最耐极斜地。若落叶松、榉、黑松、栩、大楢、櫟、白桦、泽胡桃、盐地木花柏樟等类，仅可植于缓斜地，苟强植于强斜地，或极斜地，则不易生活矣。

（三）高低　自海面起，地势愈高，空气中之湿气量益增，故在高山经营林业，须选择堪湿润之树种，如椴、枞、松、栂、栩、白桧等即最高山顶尚可由天然播种而发生，若在平原，非植于湿气最多之地，或保护树之下，不易成长。又高山易罹暴风，不可用浅根性树种造林，且常有积雪，须择富弹力性之林木，以免雪折之害。

（四）形势　林地形势，因与气候风雨雪霜等有关系，故林木生长每受影响。例如同一山岳，孤立者与连互他山而成溪谷者，形势自异，其附近山脉之大小高低，以及山上有无林木，亦与造林有直接关系，故造林之际，应依形势而选树种，及抚育方法，以免害生意外。

第五节　林木发育之关系

一　发芽

各种林木种子，于发芽之际，有残留种壳与子叶于地中者，有顶出于地上者，凡残留种壳及子叶于地中者，播种时覆土宜厚，顶山地上者，覆土宜浅。针叶树中除榧，罗汉松柏之外，大抵发芽之际，均顶出种壳于地上。但杉、扁柏、桧等若覆土过厚每残留种壳于地中，阔叶树中，楢、栎、栗、槲、槠、桃、胡桃、七叶树、山茶、梅茶、樟、天笠、肉桂、枣、槭等均残种壳于地中。此外如桐、栌、白桦、黄杨、油茶、漆树、青桐、泽胡桃、黄蘖榔、榆、榉、赤杨、槐、厚朴、辛夷、栋等每因覆土之深浅，或顶出地上或残留地中。

二 根之组织

根多之树种能耐干燥，瘠薄土壤故其生长地需广，树根有与地表平行分布四周者，曰浅根性林木，造林地表土肥沃即可。有伸张地下者，曰深根性林木，造林地之下层，须有养分，是以深根性林木，不能发育之地，若植浅根性林木尚可生活，兹将林木之深浅分例于下：

  浅根性林木 白桦，杞柳，白杨，唐桧，白桧等

  深根性林木 栎，槲，栗，枹，枞，槠等

  初为深根性林木 中年以后变为浅根赤杨，落叶松，赤松，黑松等

  中根性林木 榈杉，扁柏，花柏等

三 上长生育

林木幼时，上长生育之迟速，与林地之郁闭，地力之保护，及天灾，野兽，昆虫等害，均有关系，如赤松、黑松、落叶松等，幼时上长生育极速，达郁闭期较早，故抵抗灾害之力自强。唐桧、白桧、罗汉柏等，幼时生长极缓，十年后，上长生育甚速，是以在幼时须加如意保护。又如白桦，盐肤木，至十五六年后已停止其上长生育，则保持郁闭维护地力，自应随时注意。

四 预防天灾

造林上所罹之天灾，即寒暑霜雪风雨旱涝等害，林木幼时以受霜害为最甚，霜害有早霜晚霜两种。赤松、黑松、白桧、唐桧、榈，榛等被晚霜之害甚少。槠类，樟类，被晚霜之害最易。早霜之害，以常绿阔叶林木最易感受，其抵抗力强者，为针叶树中白桧，椵，松，栂等类。故于造林之际，须择抵抗霜害最强之树种以保护易被霜害者，是为至要。

五 结实期

林木结实期，与天然下种造林关系极重，故欲行天然下种造林，必须注意林木结实期间，及结实量之多寡。如扁柏，花柏，罗汉柏，金松，赤松，黑松，枞等为适于天然下种造林之树种。在三四十年之林木，为达成熟期，其结实量最多。又如生长瘠地之林木，较生长肥沃地者达结实期早。暖地林木，较寒地林木结实量多。而湿润之暖地比干燥之寒地结实量更多。又如松，杉，扁柏等，凡小粒种子者，较胡桃，橡，栗等大粒种子结实量亦多。适于萌芽及插条之树种结实量反少。

第六节　树种之关系

一 林木之郁闭

林地养分，因林木生长渐次消耗，更由林木枯枝落叶腐朽地中以加地力，呈此作用，非林木达郁闭时期，不能奏其功效。盖因林木树冠达郁闭程度时，则日光不能直照林地，湿气可以保存，落叶，枯枝，以及果实等，均易腐烂，而朽土自易造成也。但林木郁闭不必尽属同种，同龄，及同高之树冠。虽有各种树木，各种年龄，及各种高大不一之树冠，亦无妨碍，只以其枝叶之参差，能锁闭地上之空隙足已。

凡林木树冠互相重叠，称为极密之郁闭，树冠互相接触，其间毫无空隙，称为适当之郁闭。各树冠之间，有空隙，称为疏郁闭。其空隙达于树冠直径之多半者，称为极疏郁闭，或曰疏立林木。

各种林木自幼年以至长成，一由天然淘汰，一由人为淘汰。弱木多被疏伐，或至枯死，以致本数渐减，郁闭渐破，使日光直透地面，朽土不能不适当之化生，地力遂至衰弱。故在林木育成之后，于树冠郁闭保持，须随时注意。是以经营林业，即老龄林木，亦使郁闭，俾地力可以永久保持；不然则缩短伐期，于郁闭未破之先，而行伐采；或于郁闭将破之际，栽植下来，无论采用何种方法，总以保持地力为必要。

二 树种之阴阳

凡林木达老龄，其树冠尚不疏脱可以庇荫土地者，因其枝叶有能堪庇荫之性质，故名此种树曰阴树。反之树冠早失郁闭，其枝叶较前能堪庇荫性质少者，曰阳树。大抵林木除幼年外，未必皆喜庇荫，只以能堪庇荫与否，而区别之。故树种之阴阳系比较的，非绝对的，今就造林上重要之林木区别其阴阳如下：

阴树　罗汉柏、金松、白桧、侧柏、扁柏、花柏、椵松，槠是，栂等。

中性　唐桧，栲，栎，楮类，樟，榆，赤松，姬小松，海松，槭，栎，抱，大，栖，槲，栲，枫等。

阳树　黑松，赤松，杉，榉，刺柏，白杨，赤杨，柳类，白桦，落叶松等。

树种之阴阳大略如上，但中性树，每因土地气候之如何，有时为阴树或为阳树者。总之区别树种之阴阳，可依下列六项而定：

1. 稚树需老树之庇荫始能生育者属阴树。
2. 生多数之枝者属阴树。
3. 生繁密之叶者属阴树。
4. 枝叶不能受留阳光而呈躲避之状态者属阴树。
5. 幼年成长缓慢者属阴树。
6. 苗木梢头多向于北方大枝亦先生于北方者属阴树。

树种之阴阳又有因地势气候及受阳光时间可以变换者，如山阴能生长阳树，山阳能生长阴树，及因气候荒凉，而阴树以受日光时间太少，转而变为阳树，或因气候温暖，阳树不堪强度日光，转而变成阴树者是也。

识别树种之阴阳，在造林上甚为重要，因其郁闭程度如何，对于选择树种保持地力均有关系。大抵阳树能堪瘠地，宜于燥地，成长速，停止上长成育年度早。阴阳宜于湿地，幼年生长缓慢，中年生长迅速，虽至老龄，尚能肥大成长。故于造林之始。种之阴阳即应详细支配，如阳树不能作阴树。但阳树喜阳光，破除郁闭，有客林地，阴树堪庇荫，极好丛生，若以此种林木混交适宜，则林木材地，均得利益矣。

三　混交林

（一）混交林之区别　混交林，有阴树与阳树混交者，有阳树与阳树混交者，有阴树与阴树混交者三种。其混交有一时者，有永久者，有各树种同龄者，有异龄者，有群生混交者，有散生混交者。

（二）混交林之成立　凡林木为单纯林者，不能充分保护地力且产出重要用材之树种，非藉他林木之保护不能完全成长，即如阴阳二种林木混交，阴树可以维持地力，阳树亦得速其生长，此混交林之所以成立也。

（三）混交林之利害。

甲、混交林利点：

1. 抵抗诸害之力强大，以各树种不能受同一之害。

2. 利用地力，不使虚耗，以各树种需要养分互异，根之深浅不同，吸收养分上下相均。

3. 能产各种木材，以供社会之需要。

4. 增添地方风景，与人以乐观，引起爱林思想。

5. 选择树种，苟有错误，可以改正，于经济上损失较少。

乙、混交林害点：

1. 减少全林价格，因混交林低价林木占高价林地。

2. 作业困难，如管理保护更新，利用，均感不便。

3. 在大面积林地，每年所伐采之木材甚多，于售价低减。

4. 各树种因混交不能形成完全之树冠。

（四）造混交林应注意事项：

1. 混交林之基础树木，宜用有保持地力之树种。

2. 阴树与阴混交，宜用上长成育同一之树种。

3. 阳树与阳树混交，除群生混交林外，阳树宜常居阴树之上，或先植阳树，后植阴树。

4. 阳树与阳树混交，不可永远存立，以免消失地力，破坏林相。

第三章 本论

第一节 天然造林法

一 天然造林之种类

天然造林者，造林材料天然存在于地上，或其附近依天然作用以完成造林事业也。其种类如次：

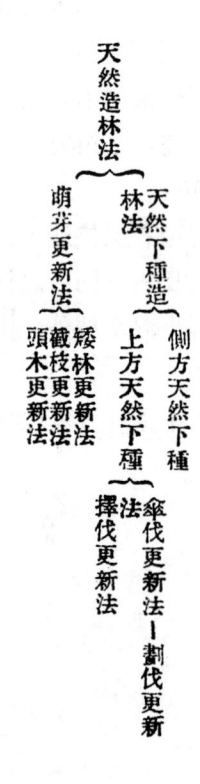

```
                    ┌─ 天然下种造林法 ┬─ 侧方天然下种法 ─ 伞伐更新法 — 割伐更新
天然造林法 ─────────┤                 └─ 上方天然下种法 ─ 择伐更新法
                    └─ 萌芽更新法 ┬─ 矮林更新法
                                  ├─ 截枝更新法
                                  └─ 头木更新法
```

二 天然下种造林法

其一，侧方天然下种 在造林地之侧方，有达于结实年度之母树，且其树籽轻而有翼，可以天然飞来者，方能用此法以造林。如针叶树中之杉，花柏，罗汉柏，阔叶树中之槭，桦，椣，榆，使用此法成效最良。惟距母树不得太远，而造林地之幅，以不超过母树之高为度。俟幼苗育成能抵抗霜风等害时，再将母树伐采。且采用此法造林，散布种籽多寡不均，稚树发生疏密不等，且杂草易生，是其不利之点。故经营小林业者，多用之。

其二，上方天然下种 是法因母树存在于造林地之上，故此种母树，匪特结有种子可供天然下种之用，且可保护稚树更分为伞伐更新法与择伐更新法二种。

（一）伞伐更新法 使用此法须先破林木之郁闭，令母树受适当之阳光，以充足其结实力，是曰预备伐。次因欲达更新目的，而使采伐，以便腾出林地，是曰下种伐。至苗木育成，不需母树保护时，再将原有林木悉数采伐，是曰后伐。如此经过若干年，而造林手续方克完备，称此期间曰更新期。此更新期内所采伐之木材，统称伐期收获。其更新期之长短，因树种及地之关系各殊，大概结实年度繁多树种，及幼时不需母树保护之林木更新期短；反之则长。

1. 预备伐 预备伐之目的为最后之疏伐，使林木及土地适当于天然散布种子，故须残留母树，用以下种，并维护地力。但务使阳光射入林地，促落叶分解，俾种子直落地上，易于萌芽。是预备伐不能过疏，复不能过密，应按林地干湿，树种郁闭如何而定。要以地力不失林木能结多量种子为度。

2. 下种伐 下种伐亦预备伐之一种。惟必须于结实丰富年度之秋至明年春季落下种子发芽以前行之，所残留之母树，应有适当距离，并随时整理林地，使种子接着土地，俾易萌芽。

3. 后伐 后伐时，应详察稚树，忌庇阴时期，并有抵抗霜寒暑热等害能力与否，而后着手伐采母树。如母伐采过早，有使稚树易罹霜暑等害之虑；过晚则遮蔽阳光，有使稚树不易发育之弊；是二者，必须双权方可。但伐采之际，应按树种土质徐徐进行，故后伐期间有延至十五年者。惟更新事业完竣，其林相仍有同龄之美观也。

划伐更新法　划伐更新法，亦伞伐更新法中之一种，因伞，更新法，于著手更新时，全林地取同一状态，而画伐更新法则不然，由预备伐时，异有林相，即全林地先更新一区域，次更新一区域，再更新一区域，终至全林更新完为止，故使用此法，所发生之新林，各区域皆形成块状之异龄林相。

（二）择伐更新林　择伐更新法，亦名撰伐更新法，无一定之更新期，更新事业可连续行之不绝，其森林年龄之差极大，故有一年生者，亦有达采伐期者，而与伞伐更新事业，有一定期间，其年龄总在更新期内者互有区别。纯粹之择伐更新法，常以其森林全体同时作业者，可于老幼大小互相错杂之林中伐采，其最老大之林木，于其迹地由天然下种发生稚树，然后渐次伐采老木，终则更新全林，此法适行于高山地方之天然林，最宜于保安林之施业。

三　萌芽更新法

萌芽更新法　只限于根株枝干有萌芽力之树种，多属于阔叶树类。针叶树中用此法者甚少。

其一，矮林更新法　此法每至伐期，伐采树干之全部，惟留其根株，由此根株萌芽，以形成新林，此法专行于产出新炭材，小用材之阔叶树林中。如橡、抱、楮等是也。但使用此法，须注意其切伐口，自秋至春以不害萌芽力为要。又历年萌芽均由新采者为良，其老根能延至七八十年尚有萌芽力，但过此期间则衰弱，必须另植新林木。

其二，头木更新法　此法乃于各林木距地三尺至七尺处采伐之，惟利用其上部，使由切伐口萌芽，至次期伐采新材部分，依次递伐，切口遂成头状故有此名，如杨、柳、桑、刺槐等类适用此法。

其三，截枝更新法　是法残留树干全部，仅伐采其枝条，使由切口萌芽以形成新林，故所生成之材，只供家畜饲料燃材之用，如櫔，榆，椊，白杨，白桦等适用此法。

第二节 人工造林法

人工造林法分三种曰植树造林法，曰播种造林法，曰分殖造林法。分述于下。

一　植树造林法

其一　种子

（一）种子之取得　由自己所有之森林选适当之母树，按成熟季节，审慎采集者，曰自家采集法。由他人森林仅购其种子，而自行采集者，曰种子购采法。以自己之种子，换他人之种子者，曰交换法。以金钱购买他人种子者，曰购买法。凡取得林木种子，不外上列数法，吾国林业幼稚，以贩卖材木种子为业者为数无多，间或有之，亦多半种类不全，价值昂贵，能否适用，殊难确定，故为今之计，欲实地造林，以自行采种较为安全。

（二）种子之鉴定　种子良否，必先鉴定，如系大粒种子，任取十余粒，一一剖视其仁是否充实，汁液香气光泽是否新鲜，有无虫蠹腐烂等病，如种优良，一经检查便知。若系小粒种子，则取若干粒，一一压溃纸上，视其油汁之色泽香气如何，或以一撮投热锅中，听其爆发声之大小亦可鉴定种子良否。

种子比重较水者用浸水鉴定法，即以种子浸水中，重者下沉轻者上浮，沉者良，浮者劣。种子质轻，则用风选法，以箕播之，凡落近者良，远处飞散者劣，其他有以重量鉴定者，即某种子一升，或一定粒数，标准重量若干，较此标准数重者良，轻者劣。

以上鉴定种子各法，不免烦琐，最简单者，就种子外观以肉眼识别之，视其中混有土砂枝叶杂草等否，并种子之大小形状颜色是否完整，亦能知种子之优劣。

（三）种子之发芽　种子发芽可由试验以定良否，并能预计育苗株数，即取一定数量之种子，与适当湿气温度空气逐日检其发芽之状态，并数其发芽粒数，以定割合（百粒中若干粒发芽量）。凡发芽过迟或发育不完全者，均非良好种子。发芽试验有种种方法，最简单者，即用木钵试验，将种子播付木钵内，置温暖室中，时洒以水，约三四周即可发芽，普通发芽量之割合如次：

杉花柏　六〇—七〇%

黑松赤松　八〇—九〇%

栗橡枹　九〇—九五〇%

但木钵及室内试验发芽，不能为第一年发生苗木之得数，是因室内及木钵试验与苗圃气候土地多有未合，故在试验时发芽量虽大，实地则少，而小粒种相差尤甚，大粒者次之。

（四）种子之贮藏　贮藏种子，分大粒种子贮藏法，与小粒种子贮藏法二种：

1. 大粒种子贮藏法　如栗，胡桃，橡，枹，槲等，大粒种子采集后，应即播种，或直埋地中，俟翌春再掘出播种亦可，此法曰土围法。是法先泽干燥之地，掘以深一二尺之穴，纳种子于其中，上盖以土，而为丘状，复蔽藁于其上以防雨水浸入，若覆土过厚，有碍空气流通，种子易于腐败，可以藁一束插于盖土之内，以通空气。又德国贮藏大粒种子，则择一稍高之地，中间立一木棍，于其周围画半径二三尺之圆，用土壅培高尺许，沿周围每隔五六寸立一木棒，而以树枝或竹类编成笼状，其中布以干燥之杂草，厚约七八寸，更于笼之四周布以厚约四五寸许之杂草，入种子于其中，上部亦覆以杂草稻藁之类，又为防雨计，更作茅草顶棚。若有鼠害，则于四周稍远之地挖深沟以防之。

2. 小粒种子贮藏法　贮藏小粒种子较易，因其富脂肪质，即干燥之，而失发芽力者甚少，故普通采集种子后，晒干之使凉，勿舍热气以免发霉，然后以蒲包或布袋盛之，置室内而悬挂之即可，或装置草囤箱桶及缸中，但经夏季，必须搅拌以通空气为要。

（五）种子发芽促进法　当播种前促进种子发芽力为必要手续，概因播种后久存地中，则有种种危害也。其法浸种子于水中大粒者三四日，小粒者一昼夜即可，若种子皮壳坚硬者，漫于摄氏五十度温水内待水分透入种子内，再取出播种或有用淡盐水浸种者，及石灰水浸种者均促进种子发芽力也。

其二　苗圃

（一）苗圃之种类　苗圃有播种苗圃，与移植苗圃二种。播种苗圃者，播种于其地，使发育幼苗也。移植苗圃者，移植已生之幼苗，加以培养也。此两种苗圃宜在同一地段，或其邻近。且移植苗圃，须比播种苗圃面积大五倍以上，即以一部分供播种一部分供移植也，苗圃又分常设苗圃，与临时苗圃二种。常设苗圃者，于其地永久设立苗圃，一切设备均应完全。临时苗圃者，于林地附近暂设苗圃，用毕即行取消，故布置简单。然此二者，互有利害，须按时与地以定采取也。

（二）苗圃之选定

1. 苗圃地须于造林地之附近，以便管理及运搬。
2. 苗圃地之倾斜方位，均须适当，以避寒暑各害，及便于排注水等。
3. 苗圃宜向南面，东西北三面有森林者最佳。
4. 苗圃土壤须含矿物质养分多者，以砂质壤土为良。
5. 播种苗圃，移植苗圃，须与林地有同一之气候土质。

（三）苗圃之设施

1. 苗圃在倾地，须各苗畦自成水平，以免逢暴雨之际种子流失。
2. 苗圃灌溉可引用河水或泉水，或掘井池，若系低洼地，须设排水沟，以免淹没苗木。
3. 苗木形状以长方形，或正方形为宜，以便区画其内部。
4. 苗圃之大小，须按造林地每年需苗之多寡而定，以免空废地力，及余敷苗木之弊。
5. 苗圃地须于秋冬之交先行深耕，或以人工掘之，以杀其伏蛰害虫，并将石砾杂草树根一律除去，春季光壅培平正，再作苗畦。
6. 苗圃施肥，有人粪，尿，牛马粪，鸟粪，骨粉，（以上动物肥料）草木灰，泥炭灰，朽土，（以上植物肥料）石膏，石灰，磷酸，加里，（以上矿物肥料）厩肥，堆肥，（以上混合肥料）等，就中以人粪，尿，油粕，草木灰，最适于苗木之生育。
7. 苗圃四周须设置围栅，以防各种危害，有用无生物材料者，如土垣，砖墙，土堤，木板，竹篱，栅栏，铁丝网等是也。有栽植树木者，如以松，柏，洋，槐，冬青，女贞等类种于四周是也。但其距离不可过宽，以五六寸为宜，且须年年剪去枝叶，以不妨圃内阳光为是。
8. 苗圃设立大门，门内设直通中央之主道，宽六尺以上，两旁设副道宽四尺以上，各道两侧，设南北向梯形苗畦，沿苗畦之一端，设注泄水沟。苗畦之宽，普通四尺，其长度应按苗圃形状而分，苗畦间须留一尺至一尺五寸小道，以便行步。

苗畦區畫圖

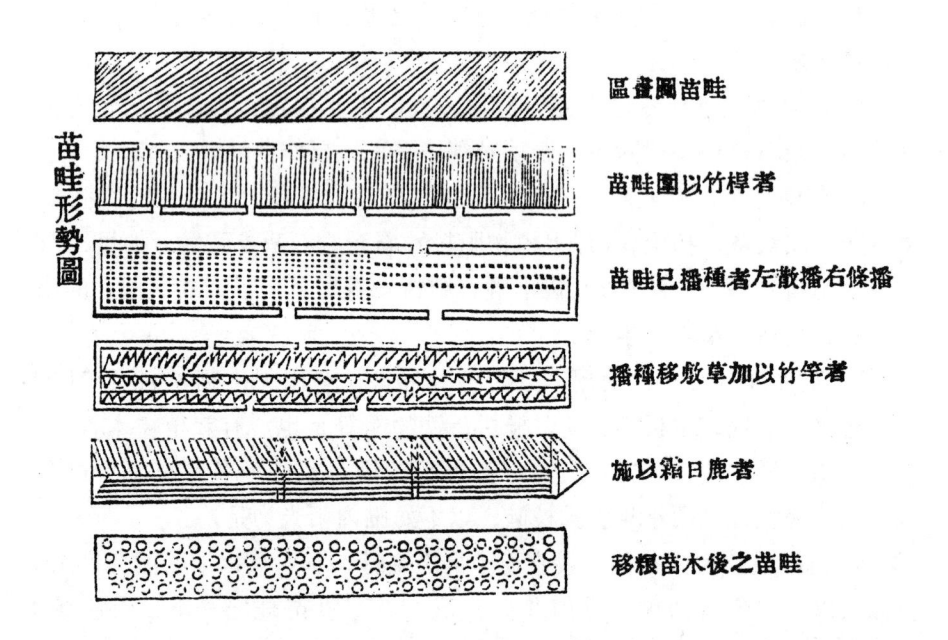

計地一畝

	100尺			
	1	13	25	37
	2	14	26	38
	3	15	27	39
	4	16 甲	28	40
60尺	5	17	29	41
	6	18 丙	30 乙	42
	7	19	31	43
	8	20	32	44
	9	21	33	45
	10	22	34	46
	11	23	35	47
	12	24	36	48
	24尺	24尺	24尺	24尺

甲 主道
乙 副道
丙 支道

4尺苗畦
24尺

苗畦形勢圖

區畫圖苗畦

苗畦圍以竹桿者

苗畦已播種者左散播右條播

播種後敷草加以竹竿者

施以霜日鹿者

移栽苗木後之苗畦

（四）播种的季节　因树种而分春秋两季，然亦有某树种子成熟，即须采播否则失发芽力者，是又以种子成熟期为播种季节。普通者多行春播，因秋播亦必翌春发芽，不但在地中日久，有鸟兽腐败之虞，且其发芽过早，有受春霜之害，故非有特种情形者不用秋播。

1. 大粒种籽贮藏困难，每按成熟期间定为播种节季，如胡桃类九月播种，栗类十月播种，橡类十一月播种是也。

2. 小粒种子贮藏较易，故多于春季播种，如松柏等类，每年二月至四月为播种期间。

（五）播种之方法　播种分点播，散播，条播三种，如栗橡等大粒种子，多行点播，即粒粒点播地中也。松柏等小粒种子，多行条播，即按苗畦，或作纵条，或作横条，播种于其中也。白桦赤杨等极小粒种子，多行散播，即平均散布于畦面覆以薄土也。其手序及注意之点如下：

1. 播种前将苗畦修筑整齐，用木板或锹轻压畦面，务使水平而后播种。

2. 凡幼苗生长迅速，或造林年限略晚者，播种宜疏，幼苗生长迟者，播种宜密，同样种子优良者宜疏，粗劣者宜密。

3. 点播种子每隔四五寸一穴，每穴一粒，务要纵横成行，先使木棒点穴，然后按穴播种。

4. 条播种子，先用小锹作细沟，务使正直沟间距离三四寸，沟宽五分或一寸，然后播种于其中。

5. 散播种子，即用手或用播种器散布种子于畦面，务使全畦疏密平均。

6. 播种后，用锹，木板，或筛掘畦间（两苗畦相隔之中间）之土覆之，厚薄务要平均，小粒种子覆土不得过五厘，大粒种子覆土自一寸至三寸为度。

（六）播种之数量

種名	母升重量	每兩粒數	播種期	播種法	覆土	發芽日數	每畝約用種量	播種注意事項
側柏	一六、八	三000	三月	條播	二、五	二0	八磅	播種前用水浸種發芽較速水浸時以二日為限
檜柏	一七、五	一六00	五月	同前	五分	同前	八0	春播亦可但發芽甚遲
剌柏	一七、0	二五00	四月	同前	五分	二二	七0	浸種于水發芽速但苗畦必温潤
馬尾松	一四、八	六00	三月	同前	二分	二0	三0	用温水或石灰水浸種
白皮松	一六、四	二六00	同前	同前	五分	三0	二0	用水浸一晝夜
杉	九、五	六六00	同前	撒播	一分	二0	三0	
公孫樹	一六、八	三五	同前	點播	八分	三0	苦0	三種子細小有風時勿播
金楸		九五00	同前	撒種	一分	二五	三0	
梛榆	二六、0	八000	同前	同前	二分	一五	四、0	
榆	二二、七	七000	同前	同前	同前	同前	五、0	同前

種名	母升重量	每兩粒數	播種期	播種法	覆土	發芽日數	每畝約用種量	播種注意事項
櫟	三三、0	一、五	春秋均可	點播	八分	二五	六0、0	此種宜秋播即由種子成熟採而播之
檞	二九、八	一、二	同前	同前	一寸	五五	九00	同前
胡桃		七、0	同前	同前	同前	同前	六0、0	同前
栗		八	八	同前	同前	同前	同前	同前
槐	一0、二	六00	三月	條播	四分	三0	二五	温水浸種或石灰水浸種
剌槐	二六、三	六0	春秋均可	同前	二分	五0	二五	同前
黄棟	二三、六	六00	三月	撒播	二分	三0	四、0	種子細小有風時勿播
梓		六	春秋均可	條播	二分	二0	八0	水浸一晝夜
剌楸	二一、0	一、六00	同前	同前	二分	二0	四、0	水浸一晝夜
皂莢	三三、0	七	同前	同前	六分	三0	四0	永浸
楊	0、九五	二五	四月	撒播	二分	二五	四、0	有風時勿播
合歡	二六、八	九00	三月	同前	三分	二0	三0	水浸
杜梨	二六、八	三六00	三月	條播	四分	三0	二0	水浸
青桐	二二、三	三五0	三月	撒播	一分	二五	二0	
白桐	一二、六	八000	同前	同前	一分	二五	二0	
白檀	二一、五	八00	同前	條播	三分	同前	四、二	水浸

樹種	種子數	播種期	播種方法	覆土	備考
苦楝	一五〇〇	六〇	同前	同前	四分 同前 三〇
樸	七〇〇	同前	同前	四分	八〇 水浸
烏桕	二一、三五〇〇	春冬 均可 條播	四分 二五 一〇〇 同前		
冬青	五、四五〇〇	三月	同前	四分	二五 一〇〇 同前
樟	一〇、七五〇〇	同前	同前	三分	一〇〇 同前
械	六八七〇〇	同前	同前	四分	九〇 同前
楠	曼〇〇	同前	同前	三分	八〇 同前
漆	一六四〇〇	同前	同前	三分	七〇 同前
黃檀	六、二〇	同前	同前	六分	三〇 五〇 同前
鹽膚木	九、七三五〇〇	同前	同前	三分	二八 九〇 同前
油茶	二、六〇〇	三月	點播	五分	九〇 同前
欒樹	一七四〇〇	三月四月	條播	六分	二五 一〇〇
油桐	二、五八〇	四月三月	點播	四分	三五 一〇〇
棕櫚	一七二〇〇	九月	撒播	一分	二五 二五
楮	一六、七六〇〇〇	同前	撒播	三分	二五 三五
黃櫟	四五〇〇	同前	同前	三分	二五

樹種	種子數	播種期	播種方法	覆土	備考
苦木	一〇〇〇	同前	條播	同前	二五 六〇
檉木					
花椒	一五、六〇〇〇	春冬 均可 撒播	四分	三〇 五〇	
山査	一六、七五〇〇	冬初 條播	八分 翌年 三〇	六五	
杏	一五〇	一五 為春秋 點播	一寸 三〇 六五		
桃	一〇	同前	同前	同前	三〇
棗	一五〇	一〇〇	同前	條播	六分 二五 六〇
黃櫨	一三、五五〇〇〇	四月 三月 撒播	條播	四分 二五 五〇	
黑松	二四、三五〇〇〇	同前	同前	二五 七〇	

（七）苗圃的保护　苗圃保护之要件如下

1. 播种完毕后，因防霜寒，暑热，暴雨，干燥等害，畦面薄铺稻草，用竹竿或细绳压之，俟种子发芽在六七成以上，再徐徐将稻草除去。

2. 小粒种子在发芽后将脱壳之际，易受鸟害，宜于苗畦设网，或用铳铺杀之，大粒种子易受鼠害，应于苗畦四周掘沟或置有毒食物以杀之。

3. 幼苗发芽后易受霜热等害者，应于梅雨后（五月）设施日庇，冬季设施霜庇。

（注）日庇者，即于苗畦四隅立杆，北面高二尺许，南方高五分许，其上结以横木，再覆以草帘，务使空气流通，朝设夕除，若大雨之际，夜间亦设之，在播种繁多之处，久设无防，俾免烦琐，至九月底止，再调换其方向，使南面高北面底即称霜庇。

4. 夏季杂草繁茂，易使土地干燥，并妨幼苗发育，每隔一二周，宜除草一次。

5. 若苗圃土质瘠薄，须施肥料。施肥宜在细雨之际，或施肥以后注以清水，务将叶面附着肥料洗净。

6. 霜降以前，苗间播以糠秕，或落叶杂草等，以御寒气，翌年再往除去。

7. 冬季降霜，可于苗畦用薰烟法以避之，若有霜耗害者，翌晨巡行苗间，务用脚踏实之。

8. 幼苗若受蝼蛄虫，根切虫，金龟子等害者，务于清晨搜杀之。

（八）苗木之移植　苗木移植者，即由播种后，造林前，将此畦幼苗移植彼畦，疏松其距离，与以充分之土地，及光线，多使吸养分，而为健全之发育也。移植年度，以早为佳，即满一二年生后，实行一次移植，不但手续简而费用亦省，移植季节宜春秋二季行之，惟秋季移植，易罹霜害，故普通者，多用春季移植，距离视树种而异，苗木大枝叶多，则距离宜远，苗木小，生长迟，距离宜近。

移植苗木，勿伤损重要根干枝叶，以多附根土为良，如根过长，深入地中，掘取移植每多耗工费事，故可将长根切断，专留须根，并按根部之多寡，截去其枝叶，务使上下平衡，俾幼苗易于生长，但切根之后，宜避风，可速栽植，若不能即刻移植时，须置日阴之处，用湿蒲席包盖之。

移植苗木时，将大小选择整齐分别栽植，若欲混植者，将大苗植畦之中央，小苗植畦之周围，将来生长即能一致，因外缘生长速，畦中生长迟也，若施肥过多，而中央者反大，外缘者较小，亦以之中央之注肥料多耳。

移植苗木，勿使根部屈曲，应依其自然形状，挖坑过深过浅，均不适宜，浅则苗木之根不能直舒，深则根与土之间留有孔隙，一经夏冬必行枯死。凡苗木表里判然者，其表面宜向南方，移植后要踏坚其土，苗要直立，俾使生长，达于真直状态。

其三　苗木

（一）苗木之性质　苗木所要之性质，即发育完全，组织充实，须根多而根轴肥大，枝叶繁茂等是也。按造林目的各异，所以需要苗木之年龄亦殊，然总以小苗木为良。因掘取运搬栽植等均为便利故也。

（二）苗木之鉴定　苗木良否可依下列要件鉴定之：

1. 直根短，垂直须根多，而无腐烂及虫害者。
2. 枝叶繁茂之度与根部成平衡者。
3. 根轴肥大坚固通体为圆锥形者。
4. 色泽为树种固有颜色者。
5. 苗木若多其大小长短整齐无甚差异者。

（三）苗木之取得　苗木由购买或交换均可取得，究不如自行培养者妥实可靠，故欲实地经营林业，总以设圃育苗为上策。

（四）苗木之掘取　在苗圃育成苗木，于实地造林之际先行掘取，其掘取最要注意者，以不伤苗木为是。按苗木之大小，根之深浅，用锹锨等深入土中，使土翻上，再用手徐徐将苗木取出，若以土地轻松苗木幼小，用手拔之，殊有伤苗木，切不可行。如必须苗根附土者，其原著土壤不可散落，以免伤原根为要。

（五）苗木之切截　苗木掘取后以去残伤部分，便于运搬造林起见，乃用锐利小刀切枝截根，务使上下平均，切口不可过大，以平滑为要。若树坑小而苗根长，造林时不能伸舒者，以截去为宜，切忌将根卷付栽植，但切枝截根，亦不可过甚，必按苗木之大小而定适当之度。

（六）苗木之运藏　掘取苗木后，于运送造林之际，应最注意者，以不使苗木曝露于风雨日光之中。欲预防之，须照一定手续装置，先按株数作捆，以蒲席包其根部，速运送于造林地。达造林地后，即宜种植，若不能即栽时，宜选湿润之日阴地，而假植之，勿庸将全捆散开，仅疏松其捆，将根部埋入地中，以免苗木发热，腐烂之虞。若天气干燥，宜不时注水。苗木幼小者，可作双捆，即使苗梢向外，苗根互相重叠，中间以湿润之杂草稻藁等充之，外以蒲席包裹即可，如苗圃距离林地甚远，即于前年之秋末将苗木掘出运送于林地，寻温暖地方假植，以储藏之，俟翌年春季苗木生白根时，造林最为安全。

其四　整理林地

凡造林之先，必将林地整理，若以平原旷野充林地者，固无须若何费工。然在山岭，野草荆棘丛生之处，必须先将障碍物尽量除去，以免妨害有规则之造林。故刈除野草，砍伐荆棘，平垫凸凹岩石为造林以先必经之手续。又或林木采伐完毕所遗之根株等，亦应刨掘使净，有就山野烧毁者，有制成炭材以输出者，总之必先整地然后方可造林也。

其五　植树形式

（一）正方形植物　树与树之距离相等者，曰规则植物，不相等者曰不规则植树。不规则植树，计算株数困难，规则植树计算株数容易。规则植树中各树距离四边相等者曰正方形植树，其计算需要苗木株数之法，即以苗间距离自乘除造林面积而得，其式如下：

$$苗木株数 = \frac{造林面积}{(苗间距离)^2}$$

（二）三角形植树　植树于正三角形之各顶点在同一面积上植以同数之苗木，其苗间距离较正方形植树大，列开距离较正方形植树小，计算需用苗木株数之法即以苗间距离（苗与苗相距之宽）之自乘除造林面积乘一、一五五即得其式如下：

$$苗木株数 = \frac{造林面积 \times 1.55}{(苗间距离)^2}$$

（三）长方形植树　苗间距离只两边相等而成长方形者，曰长方形植树，其计算需用苗木株数之法，即以苗圃间距离乘列间距离之数除造林面积即得，其式如下：

$$苗木株数 = \frac{造林面积}{苗间距离 \times 列间距离}$$

附　植树株数易知表

苗离间尺距	方形植树			列间距离							正三角植树		
	3.0	2.5	3.0	3.5	4.0	4.5	5.0	5.5	6.0	9.0	12.0	列离间尺距	苗数	苗离间尺距
2.0	1500											2.0	1732	1.732
2.5	1200	960										2.5	1108	2.165
3.0	1000	800	660									3.0	769	2.598
3.5	857	686	590	489								3.5	565	3.031
4.0	750	600	500	428	375							4.0	433	3.464
4.5	667	533	444	407	333	296						4.5	342	3.897
5.0	600	480	400	343	300	266	240					5.0	277	4.330
5.5	545	436	354	311	279	242	218	198				5.5	229	4.763
6.0	500	400	333	283	250	222	200	182	166			6.0	192	5.196
9.0	333	267	222	190	167	148	133	121	111	74		9.0	85	7.794
12.0	250	200	167	143	125	111	100	91	83	55	41	12.0	48	10.342

例一　如造林地面积二百亩，用正三角形植树法，苗间距离五尺，检表得知每亩需用苗数二百七十七株，再以造林地面积二百亩乘之，当为五万五千四百株。

例二　如造林地面积二百亩，用正方形植树法，苗间距离六尺，列间距离六尺，检表得知每亩需用苗数一百六十六株，再以造林地面积二百乘之，当为三万三千二百株。余类推

以上三种植树法，以三角形植树利益最多，在同一面积，若苗间距离相等时，总较他法能多植苗木，且对于风雪抵抗力强，郁闭较早，成长完全，正方形植树次之，长方形植树又次之。

其六　植树季节

植树季节虽因树种而异，大概分为春秋二季，均以树液停止流动之际行之。春季植树宜在未生新芽之先，其根方有生机之时。过早过迟均有未妥，若林地宽广，苗木繁多，种植需时，可先将苗木掘取假植于日阴，以缓其发芽力，然后徐徐造林，亦能得充分生活，故凡低湿温暖之地所产苗木，若种植于高山必用此法，盖暖地苗木发育早，而高山气候迟也。

秋季植树翌春萌芽早，根部发育强，有抵抗夏季暑热旱魃之力，但每

经冬季冰霜严结有害其根，故此法宜行低湿地方，及冬季雪多之处，亦因雪蔽地表有防寒气，可以保护苗木也。总之察配地方情形，按木性质择定植树季节，俾苗木得充分生长为要。

其七　植树方法

（一）植树手续　植树之先，用锹或锹在规定植树形式之地点掘穴，（亦名挖坑）掘出之土培于穴之四周，使暴露于风雨中，以增加地力。当挖穴之先，将杂草树根落叶等一律除净，掘时务见真土，其穴之大小深浅，依苗木而定，以使树根伸舒穴内为度。但系粘土质林地，以稍浅为是。沙土质林地，以略深为宜。植树时以枝叶多之侧面向南方，若表里判然者，则以表面南，里面向北，用左手持苗纳之穴中，右手执锹徐填以土，约七八分之际，将苗轻轻上提，使土壤密入根间，以充实空隙，然后再培以土，用足蹰之，愈坚愈妙。

（二）植树特法　在强风烈日之地造林，务要深植或刈取杂草缠绕苗木，以防日光。或掘取杂草，颠倒培覆根部，以防旱魃。若苗木略高易遭风摇之虞，可旁苗木插以竹竿，将苗木缚于竿上。在干燥地方，可用水植法。即树穴先行注水，再将苗木纳入穴中，上下左右振动，使苗根充分附着泥水，然后再培以土，用足坚蹰，隔一二日视土地裂缝，再行坚蹰，随后用细土壅培于根部，以防空气侵入，但此种植树法，在大面积造林时殊不经济，故于园庭街市植树多用之。

栽植较大林木，在春季新芽未发之先，掘取假植，待其根生有白芽，再用水植法，鲜有枯死者。或种植大树则于二三年前用回根法，即沿树木四周掘二三尺深之沟，将横根截断，再用干土填之，待须根重生，后移植他处即可成活，惟须稍剪枝叶。

二　播种造林法

（一）播种造林之种类　播种造林法，谓以种子直接播种于造林地而育成森林，故不需苗圃移植栽种等手续，较植树造林简单。惟荆棘丛生，杂草繁茂之地不宜此法。播种造林之种类不一，用手播种者曰手播，用器械播种者，曰器械播，将种子散布于全林地者，曰散播。限于一定区域者曰聚播。若播种于一定距离之沟内者，曰条播，亦称畦播。团播于一定面积者，曰块状播。每粒一穴者，曰点播。以上播种方法，其利弊得失分述于下：

1. 器械播，能使种子分布平均，有节省时间之利，但有使用器械之烦，及限于一定广大之林地。

2. 手播有斟酌散子多寡之便，惟须多费人工及时间。

3. 散播能使林木平均发育，生长完全，但费种子多，成立森林后除草困难。

4. 聚播能省种子及整地费，但所生树木密聚一处，发育有不平等之憾，及枝叶扩张之弊。

5. 畦播有便于除草及疏伐之利，然畦间有旷费地方之缺点。

6. 点播能使林木生育齐整，除草疏伐便利，惟幼苗有易感霜害之虞。

以上播种造林法均有得失，应按地势树木权其重轻，庶收实效。

（二）播种造林之方法　播种之先，须将林地整理，凡有妨碍之岩石荆棘等，悉数除去。若在山坡播种，即择水平方向进行，以免种子幼树为水流失。若在全山播种，须由上方向下方进行。若系平地则按地计算种子，分为二次往返纵横。平均播之，无论取用何法播种，务使种子散布平均，不可过疏过密，播种时忌强风暴雨，如造混交林时，不可将种子预先混合，应分别重播。播种后，即覆以土，以免干燥，鸟啄，兽食等害。且小粒种子，仅钯搅其表土即可。

（三）播种林地之保护法　种后即覆土以防干燥，并不时巡行林地，如有鸟兽窃食种子，务驱除之，杂草丛生，则每十数日刈除□次，但须注意幼苗，勿使伤损。苗有家畜之害，则设棚围以御之。又有因防晚霜将谷类混入种子以播种者，俟幼苗均已萌芽，检查稀少之处，即移植密处者以补之。则林地树木生长平均。自然完美可观。

三　分殖造林法

其一　插木造林法

（一）插木造林之种类及方法　插木造林法者，即截取树木之枝干插于湿润地中，使其萌芽而造成森林也。有直接插于林地者，有插于苗圃，育成插木而成造林者。用其枝者曰插条，用其干者曰插干。

1. 插条造林法　即用一年生至三年生之枝，截成六寸至一尺五寸许之长，于先端残留二三芽，其余之芽用手搔去，盖因发芽太多，则消耗体中养分，新根供给一有不足，则苗木易形枝死。采取插条以满二年生之枝，或一年生之侧枝，接近二三年生结节处切取之，或由分枝处切取之，均可插。条之下端，宜用锐利小刀斜削之，先以木棒由北向南斜行穿穴，前后左右摇动，然后以条插入穴中，使枝叶之里面向下，梢头向北，以足踏之，使土与条密接，有仅露其芽二三寸者，亦有将全部埋没地中者，条间距离自二寸至五寸为度。

2. 插干造林法 即在秋季树未发芽以前，采受枝干，直径自五分至二寸，截成自五尺至一丈之长，将下端削成斜尖，勿伤其皮，直接插于林地是也。截取枝干时，宜择通直少枝节，先于林地挖坑或穿穴，深约一二尺，距离自五尺至一丈。在第一年插干发芽过多时，可除去一二次，只留二三枝即可。因生长过旺，新根吸收养分供给不足，每易枯死故也。插干不可过深，若埋没地中者，太深则根由上部发芽，下部必形腐烂，每见插干造林，一届老龄，树干中空，即系此弊。欲除之，则截取枝干后，于最先端用火烘之使成焦炭，然后插于林地，烘时不可将上部炙干。

（二）插木造林之季节及树种 插木宜于春季树木未发芽以前，或由于秋末冬初。行插木造林者，在寒冷之地最不相宜。采取插木时，春秋二季均可，在秋季所采者，若翌春季造林须成一束将其置于水中或埋置湿地。若输送远方，则用蒲席或稻藁浸湿包其切口，勿使干燥为要。凡树皮薄软之树种，均适于插木造林，如侧柏、花柏、罗汉柏、白杨、赤杨、杞柳、桑、桐、女贞、栟、樱、榕、梅、冬青等类是也。

其二 伏条造林法

伏条造林法者，即使树木枝条曲伏地中，上覆以土，待其生根，然后分离之，以供造林之用也。此法由伏条至生根之间，均藉母树以为生活，伏条宜在春择直径五分至三寸之细干，压伏于土中，惟露出条枝叶之先端，及干之头部，其他部分悉以土掩之，所覆之土，以五六寸为度。若其干有弹力不易曲者，则用竹条押之，或用刀截断干部之半，使之曲服，惟截口须用湿藁包之，以防日光，及雨露之侵残。又埋伏之际，应将下面枝叶除去为要。如此则沿底面生无数发根，露出之枝条即成苗木，然遂段截断之便可造林。

以上为将树干全部伏条之法，若仅以树枝伏条，则于地上挖三四寸深之沟，将枝条曲压其中，以土埋之，露出尖端，待其生根再与母树切断，即成独立之苗木。大凡适于苗木之树种均可伏条，惟贵重树种多用伏条法，因其成长易也。

其三　分根造林法

分根造林法者，即掘取生活树木之根，截成六七寸长埋之地中，露其一端，使之萌芽，以育成苗木也。普通在春季新芽未发生以前，择一寸以内之树。截成五寸以上，一尺以内，以一端埋于地中，一端露出地面，待萌多数芽后，用手搔去，只留二三芽，俟长成后，用以造林。如桐，杨，柳，桃，梨等类最适用此法。

其四　分蘖造林法

分蘖造林法，即用树木之根，或树木之近根之基部，发生幼芽而采取之，用以造林也。有切断树木之干，以促其发芽者，有搔伤树木之根，以促其发芽者，但此等幼芽有根无根均可壅土而培育之，待生长健全，然后造林，如皂荚榆，桐，漆，椵，桂，樱，榛，栲，杉，公孙等，凡有分蘖法以林木均可用分蘖法以造林。

其五　接木造林法

凡利用开花结果之树木，多用接木，未达结实期欲使其繁殖，则不用接木法，如桃，杏，梨，樱，栌、栗等，均适宜于接木，但此法用于园艺者甚多，用林业者殆鲜，故从略。

第三节　森木抚育法

一　除伐

（一）除伐之方法

除伐之者，即自种植苗木后，育成森木所生之杂木弱株，伐而除之，只留造林目的树，使发育成健全林木是也。故实际施行除伐时，首先择最劣树种，渐次存留其贵重者，如某山造柏榆杨三种林木，均已成长，限届除伐年度。先除伐杨树，次除伐榆树，最终只存柏树，使其完全发育。盖因柏树喜庇荫，造林时，混以阔叶树种，俾易生长。既长成，又恐榆杨等有耗地力，妨碍柏树之发育，是以渐次除伐也。

又新植林地，如以阔叶树为目的林木，其内混有针叶树欲施行除伐，则先采取针叶树之枝条，渐次及其根干，勿使林地裸出，以免荒废，而针叶每有保护阔叶林木之致，故亦不能一时除伐净尽，视阔叶林木不需庇护时，再悉数除伐可也。无论除伐阔叶树，或针叶树，先于林之东面著手依次向要北推进，盖除伐后，使林木得受充分之阳光也。

（二）除伐之季节

除伐宜于夏季施行，盖因夏季林木均已萌芽，除伐以后，决不再生，纵或再生，翌春亦必枯死，可免再伐之累。

二　疏伐

大凡造林时，均希望早时郁闭。故栽植之始，树株距离较密，迨林木长成，互相竞争、彼此压迫，强者枝叶繁茂，株干高，林地养分多被吸收，以致弱者渐次枯死，或易罹虫灾病害，因之林相不整，林木不齐，呈此现象，即应先择弱小或有灾害者疏伐之。若林相大部生长平均，突有高大者露出其间，则择高大者疏伐之，以维持一般生长中庸之林木。是以自除伐整理林地后，欲保持林相整齐，林木健全，必行疏伐，疏伐有连年施行者，有隔年施行者，故疏伐又称间伐。

（一）疏伐之利益

造林目的原为产出多量良材，以充裕吾人经济。疏伐不但可以助林木生长力，且历年能得相当收益，于矮林作业中著效尤著，兹将利益之点列下。

1. 施行疏伐，则林木生长力增加，可产出多量材积，且木材之年轮平均，材质良好。

2. 森林利益，原为永年复利计算，施行疏伐，能增加一部收入，可减轻负担。

3. 清除林地枯弱树株，可免病虫害之传染，及火灾风雪等害。

4. 林地面积广大，连年施行疏伐，不啻连年得有相当收入，能增加森林收益。

（二）疏伐之年度

疏伐年度，宜斟酌林木生长状况，必呈高低不齐之时，方可施行。普通阳性树，自造林后十年左右施行疏伐，阴性树，二十年左右施行疏伐。即疏伐后，若林木又达郁闭状态，则仍行疏伐，大概每隔五年或十年，施行一次者为常。但第一次著手疏伐，数量不宜太多，阴性树以各树枝叶互相接叠为度，阳性树则以各树全体直受阳光为宜，故疏伐年度，不可过急，应被次缓进行。

（三）疏伐应注意之事项

1. 凡气候温和，植地肥沃，树木生长迅速者，得多量疏伐。反之者应少，以免树木失其郁闭，致阳光直照林内有耗地力。

2. 凡有雪压及暴风之地，林木非有坚强性质，不能抵抗，故宜早为疏伐。

3. 凡阳性树，疏伐量宜多，阴性疏伐量宜少，幼时疏伐量宜大，老龄疏伐量宜小。

4. 凡林地之边缘接近原野，农田之处，伐量宜少，俾郁闭得永久保持，以免林地有干燥之虑。

5. 在疏伐之时，须斟酌树株距离，及树冠大小，务使远近高低平均。俾林木发育完整，能产出多量良材，故于疏伐后，凡压迫他树之枝应剪去之。

6. 凡有病害之株木，届疏伐时，先切去其枝，以免传染，而后采伐其干。

7. 凡乔林当疏伐时，应先采伐有萌芽性林木，次及于由种子生长之林木。

8. 凡林相不整齐之森林，只疏伐林木丛生之处，若杂草繁茂之地务禁疏伐。

9. 凡近老龄林，将达伐采期者疏伐时，应保存幼树以便易于天然更新及结多种子。

10. 凡用材林，疏伐时，应留干部正直枝节，稀少者燃材林，则留枝节发育强盛者，是因枝多而材积生长亦大也。

11. 凡林地瘠薄，林木已达老龄，而杂草丛生，林木已失郁闭行疏伐时，宜留有保护地力之树种。

12. 凡疏伐阔叶林木，宜于夏季，针叶林木，宜于春季，因春季针叶林木其皮宜于剥落，夏季阔叶林木易于识别疏密度故也。

13. 疏伐程度，以各树树枝不互相接触为止，阴性树宜疏伐故凡阴性树有重叠枯死之枝，即知已达疏伐年度。

14. 疏伐时，宜斟酌木材市价及人工费用，以便计算收支。并于疏伐后有无盗伐痕迹等。亟应随时注意。

15. 凡着手疏伐时，先将应伐采之林木，附一记号。有着以红色者，有将皮削落者然后使工人逐林采伐。然林地面积宽广，树株幼小，若按株标记，颇有不同生其繁之慨。如此则为标准之疏伐，而后依样进行可也。

三　剪枝

（一）剪枝之目的——剪枝云者，即剪去林木无用之枝条也。其目的为希望能达下列之效用。

1. 使树干成完美之生长，能产出无节之良材。
2. 便林木上长生育迅速。
3. 使林木产出之材积相同。
4. 使林道常保干燥。
5. 使森林火灾减少。
6. 使罹病害林木不易传染。
7. 利用其枝条。
8. 助下木之生长。

又剪枝须察酌林木状况林地形势，先着手剪除已枯死之枝而后及于生枝。不可过一定度量务使剪口平滑，则不数年间树皮仍将剪口包裹，并无痕迹，而木材亦无斑节。且林木之干材上下适直，林地养分亦不至消耗，此剪枝应注意第一。

在拟行天然更新之乔林，固可剪枝以促下木生长，若林木生长正在旺盛年龄，不可只顾下木之发育，而忘林木尚有多量材积之产出是一得一失，不得不利害双权，此剪枝应注意者二。

为供给肥料燃料饲料而行剪枝每有过度以致林地干燥，林木枯死者。是所得反不如所失，设有如此情形，而枝仍须必剪除者，则着手剪除上部枝条，而残留下部者，以免林地干燥，此剪枝应注意者三。

设林木有昆虫病霉传之害，及火灾易罹之患，则剪枝之量宜大。务使空气流通，凡接近道路或防火线处，尤应多剪，此剪枝应注意者四。

（二）剪枝之法，剪枝勿伤树皮，并使剪口平滑为要。普通用锐利湾刀，自枝之下面先剪深痕，再由上面剪断之。若为大枝则用锯锯断，但锯口粗糙，树皮将来不能包裹斑痕，有遗留皮节之忧。故凡锯断之大枝，仍用刀将锯口削平，俾易痊愈。又如针叶树类，每从剪口流出脂液，或剪口不愈，树干返遭腐烂之虞。务使于剪枝后，用臭油粘土涂之，或用油布蜡纸等将剪口包裹，以防雨水浸入，是以剪口宜与树干成垂直方向，则一切雨露霉菌不易停留，自无腐烂之患矣。

（三）剪枝之季节，自秋末至春初，树液停止留动之际，为剪枝最适宜之季节。他时不但树皮易于剥离，而剪口常有树液流出亦妨林木之成长。若严寒之时有冻伤之患，亦不易剪枝是以以剪枝自暮秋树液停止流动时始，严寒时暂止。气候略暖复继续进行，至翌春树木将萌芽时便止。

（四）剪枝之分量，剪枝分量，须按照树株距树干直径树冠大小而定，总以疏密适宜为度。普通者自造林至十年生剪枝一次，每隔二三年剪枝一次；自二十年至三十年生，每隔五年剪枝一次。林木愈老则剪枝之分量愈减，因老龄林木，生长迟缓再达郁闭较难故也。

四　植下木

植下者，在郁闭老龄木内，于树下再种植小苗木也，其目的以保护林地及改良土壤为原则。大凡自造林以迄成立林木，必保持适当之郁闭，方能生长。又因生存竞争、互相压迫，以致弱者枯死，强者生存。枯死者固应除去，生存亦当疏伐。中间又因风雪昆虫等灾之损伤。终至林木株数渐次减少，郁闭破除则日光强风通达木地，湿气为之夺去，落叶枯枝难以朽腐，地力即因以消失。则植下林木在必行。盖藉下木可以庇荫林地，并由落叶可以改良土壤，是以枝下木于老龄林内为必要作业也。兹将关于植下木之要件列次。

（一）林木已达老龄，郁闭破除或行疏伐，以后林木不能恢复郁闭状态时，即行栽植下木。

（二）栽植下木成活后，如利用之抚育成林，则采不良之上木从速采伐以利于下木之成长为目的。

（三）栽植上木，须择能庇阴之树种，方能维护地方，故以阴树种为宜。

（四）栽植下木须于林地开放以前，过早过晚，均不易成长。

五　受光伐

日光为林木生长必要之物品，受光伐者，即疏伐林木使受充分之阳光也。然林木虽因感受阳光而生长，但决不能超过一定之度，否则孤立林木，岂不蔫长无已乎。是以在极郁闭林内，施行伐采，使受阳光者，是曰受光伐，惟受光伐，每使树干下部特别增长直径，即所谓林杀材者，因而价格反行低落，如此则受光伐之得失利弊，自应研究，兹将关于受光伐之要件列次。

（一）生产多量材积为目的者，于薪炭林中得施行受光伐。

（二）以增加木材价格为目的者，于肥沃林地得施行受光伐。

（三）施行受光伐时，须采伐木衰弱者，或竟残留目的树亦可。

（四）在林木生长最旺盛之际，应行疏伐，不得旋行受光伐。普通自三十年生至七十年间，为受光伐期间。

（五）林内下木若有产出良材希望，即将上木施行受光伐。惟须徐徐进行，以免残留之根复生枝条。

（六）施行受光伐后，林木复呈郁闭状态者，则继续行之每隔五年或十年者为常，惟应注意林木是否因受光伐之幼力而生长。

（七）施行受光伐后，于林内应补植下木以保地力。

第四节　森林作业法

一　森林作业法之种类

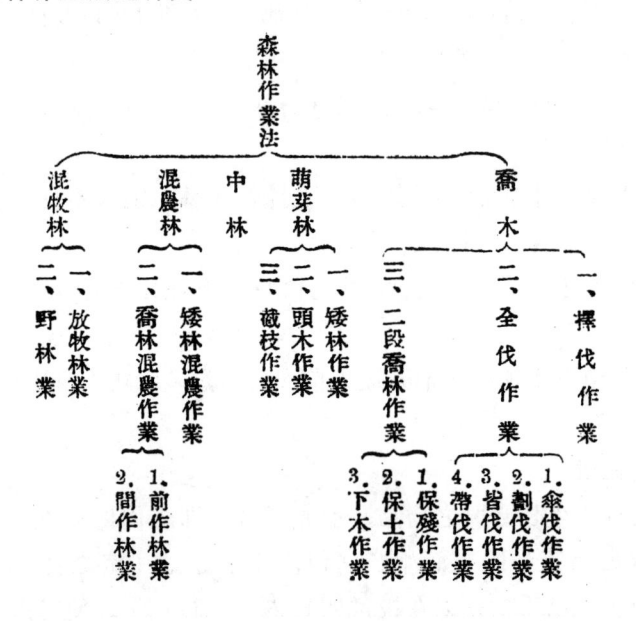

```
森林作业法
├─ 乔木
│   ├─ 一、择伐作业
│   ├─ 二、全伐作业
│   │    ├─ 1. 伞伐作业
│   │    ├─ 2. 割伐作业
│   │    ├─ 3. 皆伐作业
│   │    └─ 4. 潜伐作业
│   └─ 三、二段乔林作业
│        ├─ 1. 保残作业
│        ├─ 2. 保土作业
│        └─ 3. 下木作业
├─ 萌芽林
│   ├─ 一、矮林作业
│   ├─ 二、头木作业
│   └─ 三、截枝作业
├─ 中林
├─ 混农林
│   ├─ 一、矮林混农作业
│   └─ 二、乔林混农作业
│        ├─ 1. 前作林业
│        └─ 2. 间作林业
└─ 混牧林
    ├─ 一、放牧林业
    └─ 二、野林业
```

其一　乔林

乔林者，即经播种育苗移植造林等手续，以养育成高大森林，如松柏等是也。一般乔林伐采期特长，故可与他林区别。惟因其伐采期长，故继营手续简，而所需之劳力亦不繁，但在大面积林地适用之。若面积小，则不能保续连年收获，此经营乔林者一得一失也。

（一）择伐作业　择伐作业，为依择伐更新法之森林，以全部林木一次更新，须与伐期年度相等，故林地中当有老幼大小参差之林相于其间，又因利用结实期以育小苗，是以自一年生林木，以至老龄者，均有此法，在小面积林地，可以产出老大木材，且能永久维持地力。并因树冠不齐，兼能抵抗风雪之害。加经营山岳地方之保安林，多采用择伐作业法。但此法只限于阴性树种，林木在幼时易被压迫，伐采后，运材不便，而林木所生之枝节亦多，材积计算困难，此其不利之点也。

（二）全伐作业　全伐作业中又分下列四种。

1. 伞伐作业　即由伞伐更新所成立之森林。其更新时，以利用一回结实年度，而于全面积可同时行同样的伐采及更新事业，林木年龄虽有十年至十五年之差，然至十分成长后则不啻同龄林。惟用是法所成立之森林，非阴性树不适宜。又以全面积一体施预备伐，下种伐，其土地易罹裸出之害，更不误其伐木之度，尚能维持地力，以其更新伐木回次多，是以林地面积纵小，能得连收获之便。且事业简单，此其利点也。

2. 划伐作业　即由划伐更新法成立之森林。其更新时，利用数回结实年度，以行天然更新。期间以十年至二十年为度，故成各处团生之异龄林。此作业因非于全面积行同样的采伐，是以仅就一区划视之，与伞伐林无异。从全面积观之，则林相不同，以可依天然力完成新林，并能保护稚树，庇荫土地，遮避强风，抵抗积雪，除极阳性树外，均能采用此法，此其利也，惟作业烦杂，林相不整，是此法之缺欠耳。

3. 皆伐作业　即全林一时伐采之谓。由播种及植树，或侧方天然下种而形成同龄同状之森林也。是法事业最为简单。惟稚树不能立于保护树之下，难以维护地力。不适于强阴性树，树种易生昆虫杂草等害，此其缺点也。

4. 带伐作业　即如带状。木线内行伞伐或皆伐者。由上方及侧方天然下种，或依人工造林，而使更新是也。由带状中作业，种类不同，其得失亦异。以此作业，面积细长如带，故邻接存留之母树，有保树护稚树之效，在倾斜之山地，或气候荒凉之区，用此法最宜。

（三）二段乔木作业，此法可视为以前诸作业法之附属法，更分下列三种。

1. 保残作业　除按以前诸法作业外，视林木他日有产出特异良材之望者，而残留之。恐罹暴风，可使数本团聚一处，故残留之材木，有充分上长力，可产出特异良材也。

2. 保土作业　即因保护地力，于老龄林内栽植下木也。

3. 下木作业　即于疏散林内，栽植下木而利用之也。按以上二项均非独立作业法，必须有主作业法，而以此二者附属之耳。

其二　萌芽林

萌芽林者，不以播种植树，乃由林地原有之林木，利用其根干所萌之芽而成立之森林也。以此森林能数次利用其枝干；故斯作业，亦非一次即止。但此法多施行于薪炭林，以其伐期短，收入早，用一次造林费，能得数次收获，且经采伐枝干后，恢复原状甚速，土地亦无日久裸出之患，尤能抵抗风雪霜虫等灾。是其利点。不利之处，即非有萌芽性之树种不能行之，并且仅能产出小材，不能育成大材也。

（一）矮林作业　此作业当伐期，每利用根采以上之全林木为由采伐处萌芽之作业法也。故是林为萌芽林专主之林相。虽有最短伐期，但极衰耗地力，即在肥沃之地，亦应予以肥料，若伐期略高，能禁采集落叶，亦可略助地力云。

（二）头木作业　即仅采伐林木上部，利用其切口，使之萌芽而更新森林也。有维护土地不易裸出之效，于河岸堤塘之森林，多取用此法。

（三）截枝作业　即保林木全部，仅采伐其枝，利用其切口使之萌芽以更新森林也。此法只可产出饲料薪炭等材，是法于风致林，行道树，街市林，多采用之。

其三　中林

中林为上木与下木混合而成之森林，上木即乔林，下木即矮林也。经营此林最利之点，为在林地能成立各种树木，其下木虽限于有萌芽性者，但上木则无论何树均可，故是林能产出大小长短种种木材，且于小面积林地，亦能连年行此作业法，其抵抗各种灾害之力甚强。在易遭水患地方，利用此林，取效尤著。惟事业复杂，上木每害下木之萌芽力。采伐之后，林地易于曝露，且历年收获困难，而造林费亦多，此其不利之处也。

其四　混农林

混农林者，往营林时，并培养农作物之谓也。在山野多而耕田少者，其间每以农为之副业混而经营之。

（一）矮林混农，在采伐矮林以后，于其株间行间经营农作物二三年，待萌芽成立新林，则停止农作，仍复变为纯粹林地。此法适于村庄附近及平坦伐地，非特能防杂草蔓延，且有改良性之效。

（二）乔林混农，乔林伐采后，在未植苗以前，经营农作物者，曰前作林业。在植苗木后，仍经营农作物者，曰间作林业。

1. 前作林业，每于伐采乔林时期，燃烧残留根株枝叶，以增加土地养分，继以开垦经营农作物，三数年后，再栽植苗木，仍成乔林。此法以防杂草蔓延之效，在山岳地方颇为适用。

2. 间作林业，每于苗木栽植后，由株间经营农作物，待苗郁闭时，再行停止，可仍为纯粹乔林。此法植付苗木，行间距离宜宽，故间作期间可久。更有因间作农业而行疏林者，应按地方需要，农林情形如何，因时以制宜也。

其五　混牧林业

混牧林业者，在经营林业中，附以牧畜也。更分二种如下。

（一）放牧林业，在森林内放牧牛羊驼马等家畜故是等森林所采用之树种，以能繁殖野草，滋生稚树者为宜。因经营此等森林，非仅为木材收获计，乃兼饲养牲畜故也。

（二）野兽园林业，为饲养鹿獐兔猪等野兽，而经营森林，亦非专为收获材木计也。但周围须以石作垣，或用藩离以防野兽逃窜。俨如公园形状，故名野兽园林业，其树种以适于野兽饲料为宜。

二　作业法之变更

森林作业法，有因林地易主而变更者，有因收获利益多寡而变更者，又有因社会需要情形而变更者，总以经营林业者目的为转移，故所施技术亦异也。

其一　乔林中之变更

（一）变更皆伐林为伞伐林，若以原有林木而变更之，其事甚易。即于伐期及近于伐期之皆伐林，按伞伐更新法原则，行预备伐，下种伐，后伐等事业即可。若用其他树种，欲变更为伞伐林者，则不得不由人工造林，俟前林伐净方能达目的。

（二）变更皆伐林为择伐林，或划伐林，变更皆伐林为划伐林亦如前法，不必以林地面积全年并举，而于林中划成区段办理即可。若变皆伐林为择伐林，则连年分行伞伐作业，虽于最短期间不能竣事，但年月经久，自能完全变更。

（三）变更择伐林为皆伐林，或伞伐林，当此场合，先将择伐林划成若干区段，选林木幼稚成长力强者，编入后伐区段，其老龄衰枯者，编于先伐区段，其他则施以疏伐，总以损失而材积增为原则。故不得不依年度而作阶级林焉。

（四）变更伞伐林为划伐林，是法不以伞伐林全面积同时施业。按其林相，将各处采伐成块状即可。

（五）变更划伐林为伞伐林，是法渐次采伐异岭龄块。使成同一之林相即可。

其二　变更乔林为矮林或中林

凡乔林中之林木有萌芽性者，变更矮林或中林最易，即于林木未失萌芽时而伐采其上部，使由切口萌芽，即成矮林或中林，若无萌芽性林木则于林内由人工播种或植树，先使混生有萌芽性树种，俟次之伐期始可变矮林或中林。

其三　变更矮林为乔林

变更矮林为乔林，即将萌芽性树株任其成长至产生种子时，按乔林经营法办理即妥。或先变中林，养育结实林木继变乔林亦可。若求迅速安全，即于矮林中及采伐地上，播种植苗，专造结实繁多林木，一俟矮林采伐净尽，便可由其天然下种变为乔林。

其四　变中林为乔林

变更中林为乔林，即徐徐增加乔株数，减少萌树株。若乔木有不足时，便行补植可也。

第四章　各论

针叶树类

一　针叶杉

（一）林业上之性质

识别：针叶杉为松科杉属之常绿乔木，叶小状如针。略向上面湾曲，沿茎著生，树皮赤褐色，粗厚有纵裂，树冠正圆锥形。

适地：针叶杉为温带林木，我国福建，湖南，贵州，广东，广西，安徽皆有天然林。其成长甚易，性喜湿润土地，好丛生，每于深山幽谷中发育尤速。

种子及发芽：针叶杉四月开花，十一月实熟，每升种子平均重量约十一两左右，粒数十万上下。狭而具翅，为扁平长核圆形。先端尖，基部圆，呈赤褐色，或鲜褐色，而有光泽。发芽率，平均为百分之六十至七十。发芽力保存期间一年。

发育及树形：种子发芽时，留种壳于地中，仅伸出子叶三个。播种后二周即生根，经三四周出芽，当年成长可四五寸，次年达七八寸，迨第三年能达二尺以上。若在适地，五十年生高可八九十尺，周围三四尺，其老大者高能达一百七十尺，周围四五十尺。

郁闭及诸害：针叶杉系阳树，不耐庇荫，成长极速，保持林地郁闭较久，幼时易罹霜害及风倒雪折等害。其叶经冬即由青色变赤，翌春仍由赤色而变青。若届冬令而叶色不变，即为受寒害之征。

效用：边材色白，心材淡赤色，中有呈暗黑色者，木理通直坚较适宜。易施工作，故用途甚广。小之如屋板，梁柱，及各种器具，器械之制造，大之如家屋，桥梁，船舰之建筑，均取用焉。枝叶根等可作薪炭及可葺屋。其木理致密有纹理者，可供美术上之用，实林业上最有价值之树种也。

（二）造林法

针叶杉不甚宜于天然造林，滋所述者为人工造林法。

种子之采集：杉种宜择五六十年生之疏立母树采集之，且应选树冠中部，因梢部结实多劣。采种时须特别注意者，其采集法有连枝折取，及仅取实球二种。折枝法虽有损母树，然采集便利，故行者恒多。将枝折取后，束之作捆，悬于房缘或曝日中，俟干燥以棒击之，种子自出。仅取球实者，干燥二三周后，鳞片自裂，亦用棒击出种子，充分干后，装于袋中，或箱中，以便贮藏。

苗圃及播种：苗圃宜近造林地，其土地冬季多耕之，翌春三四月间作三四尺宽二三十尺长之苗畦。先施肥料，以手把壅平畦面，择天气晴暖无风之日播种。每一厘地约五合，播种后以板压之使平，再以筛筛畦背之细土覆之，以不露出种子为度。然后掩以藁草，系以绳，迨种子发芽，即将草除去施日庇。每二三周除草一次，十月初旬即设施霜庇，或拥杂草落叶于苗间，以防寒害。

移植及造林：苗木发生之翌年三四月间，宜行移植，先掘取苗木，分别大小，即植于移植苗圃。但苗畦勿庸覆草，每隔三四寸植苗木一株，每二三周除草一次，如土壤瘠薄每月施肥一二次。移植之翌春，苗木已满二年生，高可八九寸，仍行掘取作第二次之移植。每距五六寸一株，除草施肥均如去岁，至满三年生后，苗木高度已达一尺五六寸，便可供造林之用。造林之际先掘苗木，束之作捆，运往林地，暂行假植，然后择正方形或三角形植树法，每距五六尺，植树一株，如有枯死者，翌年须行补植造林，六七年后，林木枝叶互相接触，即宜剪枝，嗣后每隔数年剪枝一次，至极郁闭林木呈衰弱状态时，每隔一株间伐一株，杉林最忌野火，林地应防火，冬初宜刈除杂草，是须注意者。

二　广叶杉

（一）林业上之性质

识别：广叶杉为松科杉属之常绿乔木，树皮酷似针叶杉，主茎之叶著生为螺旋状。侧枝之叶卷曲为羽状。边缘有锯齿，里面白色，中脉与叶绿带青色，故如有二条白线然。

适地：广叶杉为我国之原产，河南，江西，安徽，福建等省生产最多，福州尤多广大森林。以暖带为乡土，温带亦能生长，适于湿润之地。

种子及发芽：广叶杉四月中旬始花，十月下旬实熟。每升种子平均七两左右，粒数约四万余，种子扁平而薄，有褐紫色翼，发芽率为百分之三十至五十。

发育及树形：广叶杉成长甚速，树干真直，枝与干多成直角，其先端稍下垂，颇美观，老大者高达百五十尺，直径达三尺。

郁闭及诸害：广叶杉系阴阳中庸树种，最忌风害，故凡当强风之处，成长甚劣。

效用：木材类针叶杉，惟于切口常分泌芬芳白色结晶物，材色白，稍软脆，可为建筑材，棺材，板材，在我国用于建筑者最多。

（二）造林法

植树造林法：广叶杉之植树造林法，略同于针叶杉，三四月间播种，每一厘地之播种量约三升，三四周可发芽，翌年四月移植，四年生苗木便能供造林之用，林地以不当风处为良，植后十年可行间伐。

萌芽造林法：广叶杉最富萌芽力，故可利用之以造林。其法即伐采二三十年生之杉林，并焚烧林地，以除杂草，翌年由残留之根株，丛生新条，择健全者，留一二本，余悉除去，便可成林。

插木造林法：在十月十一月间截取根株丛生之条，长约一尺五六寸许，插于农田黏土中，翌春再插移于林地。每株距高四五尺，一年刈取杂草一二次，以免遮蔽幼苗而防发育，数年后便可成林。

三 侧柏

（一）林业上之性质

识别：侧伯为松科侧柏属之常绿乔木，叶鳞状似罗汉柏而稍细小。里面有纵沟，枝叶侧立如掌，枝条自下部分岐，故易识别。

适地：侧柏原产我国北部，河北，山东，山西，河南，陕西，以及察绥等省，到处易生；性喜温暖，适湿润地，荒山瘠地，亦易成活，惟生长较缓耳。

种子及发芽：十月下旬种子成熟，呈紫黑色，球实侧圆卵形，具果鳞六片。背部之尖端锐而卷曲，种子椭圆形，赤褐色，每升重量一斤左右，约二万余粒，发芽力保存期二年，发芽率为百分之五十至七十。

发育及树形：成长缓慢，散生者干体多成旋条状。群生者树体真直，北方佛阁庙宇多植侧柏，有数千年之古物，足见此树生存期之长久。

郁闭及诸害：侧柏属阴性树，自幼苗即喜庇荫，故于母树之下种植极易成活，能耐寒抵抗风害之力最强。忌野火，以树体含油质多，着火时扑灭不易。

效用：村质坚硬，略带红黄色，富脂油。保存期最长，以供建筑材，船舶材，器具材，棺椁材，实可入药。

（二）造林法

天然造林法：侧伯种子自九月十月间成熟，成壳渐自开裂，种子自内跃出，能散布树之周围三四十尺以外。故利用伞伐更新法造林，最为适宜，即先将原有林木疏伐，使受适当阳光，以充足其结实力。历二三年后再行下种伐，惟留适当母树，用以播种。并于种子成熟前，将母树周围杂草荆棘等刈除静尽，再将地表用锹耙搔翻，使表土浮起，俾种子宜落地面，易于萌芽。如种子落地稀少，则于春季用竹竿打击树枝，以种子散布地上，疏密平均为止。经二三周间后，则林地幼苗丛生，迨六七年后，幼苗发育健全，有抵抗风霜等害时，再将老树伐采。即形成新侧柏林矣。若原有林木甚疏，即于结实丰富年度，整理林地，使种子多落地面，亦能完成能新林。

人工造林法：选择结实丰富之母树，于种子成熟种壳裂开而种子尚未跃出时，用布幔平张地上，以竹竿打击枝条，则种子纷纷下落。或不用布幔接收，将母树周围杂草刈除，击落种子后，再扫集之亦可。将种子采集后，即曝于日光中，使其干燥。并捡除枝叶等混杂物，装入袋中贮藏之。翌春三四月间，可取出用水选种，择充实者，以供播种之用。其苗圃作业法，略同于杉。用条播撒播均可。每厘地播种一合，当年生长三寸以上，翌春移植，满三年生苗木，高约二尺左右，即可供造林之用。

四　扁柏

（一）林业上之性质

识别：扁柏为松科，属常绿乔木，叶作鳞片状，类似侧柏，而其叶扁平，故可与侧柏区别，树冠呈纯圆锥形，树皮赤褐色，成纵裂层而脱落。

适地：扁柏适于湿润地，我国北部滨海各省到处易生，惟上长迟缓。

种子及发芽：四月开花，十月实熟。鳞果有短柄呈球形，种子如倒卵圆形。每升平均重量八两，粒数约十三万余，发芽力保存期一年，发芽率为百分之六十。

发育及树形：扁柏属深根性林木，而须根多，直根少，幼年生长迟缓，中年生长迅速，周围恒达二十尺，高能达一百二三十尺。

郁闭及诸害：扁柏属阴性树，不耐阳光直射，喜生庇荫地方，其苗木梢头每多北曲，性善郁闭，凡疏立林木，则大枝扩张，故干材多劣。幼林易受虫害，发芽时，易受霜灾，此保护应注意者。

效用：材质坚硬，有光泽，发香气，边材黄白色，心材微红色，保存期甚长，用于湿地不易腐烂，曝于日中而不反张，割裂，且富黏韧性，可供各种家具，农具，雕刻，美术品，铸工模型之用。

（二）造林法

天然造林法：扁柏种子轻者有翼，可以飞散远方，故以侧方天然下种造林法最宜。惟于林地须残留树株，以供保护幼苗之用。迨幼苗高约五尺以上，不须保护时，再将保护树悉数采伐，又有用伞代更新法以造林者。即先行预备伐，破除林木郁闭，使结多量种子，再行下种伐，使种子直落地上。但须酌量残留保护树，以保护幼苗，至幼苗育成高达五尺以上时，再将母树及保护树伐采，则成新扁柏林矣。

人工造林法：选择母树与杉略同，采集种子须于阴日或早朝行之，若采集球实著青色者，宜曝六七日，迨干燥后，用手揉之，种子自出，每球实一升，含种子二合，贮藏种子，及苗圃作业，均与杉略同，每地一分，播种量二升五合，经三周即发芽，带种壳而出土，历二三日出，二个子叶，立秋始发真扁柏叶，但于发芽之初，即应设日庇，冬初改设霜庇，翌年四月移植一次，第三年再移植一次，五年生后苗高一尺五寸左右，便可于山地造林，有造混交林者，以与阳性混交为宜。

五　罗汉柏（亦名扫帚柏）

（一）林业上之性质

识别：罗汉柏为松科罗松科，罗汉柏属之常绿乔木，业类柏，叶鳞颇大，互相重叠，如鸡足皮，表面深绿色，表面白色，树皮，褐色，树形如罗汉，故有此名，又名扫帚柏。

适地：罗汉柏与侧柏扁柏性质相似，多生于温寒二带间之山腹地，性喜湿润。

种子及发芽：五月中旬开花十月下旬实熟，每升重量约九两，粒数约五万六千左右，种子椭圆形。翼极小，发芽力能保持一年，发芽率为百分之四十。

发育及树形：幼年生长缓慢，迨十五年后成长甚速，为深根性，树种幼树虽遇强风亦不易折断。

郁闭及诸害：罗汉柏属阴性树，极耐庇荫，虽老年亦能保持郁闭，故幼苗必须庇阴最忌日光直射，即造林后行间伐时，亦不应过疏，总以保持郁闭为宜。

效用：材色淡黄，有脂气，木理通直，易于割裂，耐水湿，保存期长，可供各种建筑用材，树皮可作火绳。

（二）造林法

天然造林法：罗汉柏最宜伞伐更新法造林，盖此树每至高年，则其下必生无数杂树，采伐老树则稚树自成新林，但采伐老树不可过急，以免稚树骤失庇阴，易罹枯死，且老树忽破郁闭，亦易受皮烧之害也。

人工造林法：采集种子，宜于秋季，种实带青色时，采集后即曝于日中，则种子自出，苗圃须设于日阴之处，每分地播种量约二升左右，苗木满三年生移植一次，隔二年再移植一次，苗木高达三尺以上，即可供造林之用，造林时距离宜密，又忌剪去横枝，必须经过三四年后，心轴发生，方能剪枝，又有在庇阴地行插木法造林者，但结果不良。

六 马尾松（亦名赤松）

（一）林业上之性质

识别：马尾松为松科松属之常绿乔木，叶由枝稍环生，每叶一柄，而生二叶，形似针而柔软，色淡绿，通常三年而叶脱落，树冠圆锥形，老时生大枝，扩张树冠，渐成伞状，树皮赤褐色。

适地：马尾松繁殖之区域甚广，冀，鲁，豫，晋，陕，甘辽吉黑，及大江流域各省，均有天然林，其生长不择土质之肥瘠，喜高燥之地。

种子及发芽：三四月间开花，种子翌年十月成熟，鳞果圆锥形，种子倒卵状，菱形，呈灰褐色，每升重量平均十四两，粒数约五六万左右，发芽力能保持三年，发芽率为百分之六七十。

发育及树形：马尾松为深根性林木，一年生苗木，有达七寸以上之长根，老树有六七尺长之大根，故能耐瘠地，普通五六年生即可结实，每三年结多量之实一次。

郁闭及诸害：马尾松为阳性树，喜日光，不耐庇阴，幼时生长迅速，虽郁闭林亦不能持久，故以此树经营单纯林，如达老龄，则不但维持地力。又幼苗易罹旱魃及虫害，成林后，因枝叶均合松脂，易罹山火之灾。

效用：材质坚硬，有弹力，边材黄白色，心材黄褐色，年齐轮整，树脂多，能耐水湿，可充各种用材，及薪炭材，副产物有松脂松蕈等。

（二）造林法

天然造林法：马尾松种子能随风散布远方，故可利用侧方天然下种法，及伞伐更新法造林。即于母树之侧方，留造林区域，其幅以较母树高一二倍为度。俟种子落下时，以锹钯搔翻地面，使种子接着土壤，翌春即有多数幼苗发生，迨幼苗成林再进行。伐采母树，又以马尾松每至老龄，则林相已疏，林内多丛生稚树，伐其老树，而稚树自新林矣。但因破郁闭早，有害林地，若混交他树，以造林，即不妨马尾松之生长，又可维护地力，最为安全之策。

人工造林法：马尾松种子十月下旬成熟，择松球未开而稍青色者采之，置席上，晒二周间，鳞球自裂，然后揉擦之，再用箕许除其翅，每松球可得种子六七十粒，即纳入袋中，或箱中贮藏，或有采集松球，直纳袋中贮藏，候翌春播种时，再取出其子者，亦可选择苗圃，须当日光地，播种量每分地约一升，播种季节以四月上旬为良，播种后覆土二三分，上盖以藁，更以竹竿压之，以防飞散。经二三周间，即发芽，徐徐除去盖藁，则幼苗均顶种壳而出土，此时最易罹鸟害，应注意防护，经四五日种壳脱落，幼叶伸张，翌年四月下旬即可移植，随时将长根切去。移植后，使人粪尿等薄肥，以促其发育。第三年再移植一次，第四年则苗高二尺以上，便可供造林之用。

七　黑松

（一）林业上之性质

黑松、赤松，科松属之常绿乔木，叶二针，色黑绿，颇刚硬，能刺掌，新芽白色，干皮黑褐色，树体颇具刚勇气象，种子重量每升平均十四两余，粒数约四万七千左右，性耐潮水，凡海岸带盐质湿风吹袭之属，皆能生长，用以造防潮林最宜，其材质边部色白，心部微红，质坚硬，富脂油，保存期长，可供桥梁及各种土木工程用材，并可制炭，生长时产松油多量。

（二）造林法

黑松造林法同于马尾松。

八　白皮松

（一）林业上之性质

白皮松为吾国特产，属阳性树，适温带稍干燥地长生，树皮呈乳白色，有光泽，材质坚硬，色淡黄，多脂油，气芬芳，颇适各种家具用材。

（二）造林法

白皮松种子状如山里红之核，壳坚硬，故当年播种发芽者甚鲜，可于秋末将苗圃地整理后，苗畦作毕，于冬初播种，播种后覆土三四分，其上再用马牛粪覆盖厚约寸许，经冬而马牛粪发热，则种壳自腐，翌春便能发芽矣。经二三年后，苗高二尺以上即可供造林之用，其一切经营均仿如马尾松办理。

九　落叶松

（一）林业上之性质

识别：落叶松为松科落叶乔木，凡松类多为常绿树，而落叶松独为落叶树，其叶经冬即凋，新叶轮状丛生，形如江西菊之花，叶针约四五十个，干皮初为暗褐色，老年成小鳞片脱落。

适地：落叶松分于北纬三十五度至三十八度间之地域，性耐寒不善庇阴，稍湿润山地极易生长。

种子及发芽：落叶松六月中旬开花，十月中旬实熟，鳞果卵形，因产地而有大小之差，种子倒卵形，先端锐，每升重量约九两，粒数八万左右，发芽力能保持三年，发芽率百分之四十。

发育及树形：落叶松在适宜土质，年长极旺，干高一百余尺，周围十数尺，树冠为广圆锥形。

郁闭及诸害：落叶松为阳性树，不堪庇荫，故凡单纯林，每至老龄，则林内灌木草丛生林地，每因以荒芜其幼苗，须根甚少，只有直根一茎，造林后极易罹旱魃之害。

效用：边材白色，心材赤褐色，材质坚硬耐久，堪水湿，易施工作，适于建筑船舰，桥梁，电柱，铁路枕木等用。及含单宁，可供染料，生长时能产量树脂。

（二）造林法

天然造林法：落叶松除侧方天然下种造林法，可以利用外，最不适于天然造林，以母树落下种子在林内不易发生稚树，即便发生稚树，终被老木压迫枯死，亦难成林，故凡原有落叶松林，均为他树种子飞落，附一度发生，所以林相齐整，非若其他天然林，有大小高低之差，欲行更新，若利用天然法，终难得良好结果。

人工造林法：落叶松种子成熟之际，择孤立木采集球实而干燥之，徐徐振落种子，以附有翼者为良，迨播种前再将翼揉脱，以筛除之，播种后须防鸟害，苗圃一切设备均仿如马尾松；冬季则用杂草藁叶壅填苗间，以防霜害，当年苗高四五寸，次年苗高一尺左右，即于秋季苗木落叶后行第一次移植；第二年苗高二尺左右，第四年春季即可用以造林。造林距离以宽广为是，因落叶松性喜阳光，若栽植过密，则发育不全，如造混交林，须先植落叶松，于其下植他种林木，以免被他树压迫而有枯死之虞。

十　唐桧

（一）林业上之性质

识别：唐桧为松科针，属之常绿乔木，叶扁平，针状，里面色稍白，多小枝，呈淡赤色，树皮淡黄绿色，皮薄鳞片而脱落。

适地：唐桧为寒温二带间林木，性喜山岭及高原。

种子及发芽，六月中旬开花，十月下旬实熟，鳞果初带红紫色，熟时变黄绿色，种子三角状，倒卵形，色鲜褐，有光泽，每升重量约八两，粒数十六万左右，发芽力能保持二年，发芽率百分之三十。

发育及树形：唐桧播种后三四周即发芽，顶种壳而出土，故须严防鸟害，历四五日种壳脱落，当年只生单轴，翌年大枝于北面，第三年可移植一次，大枝仍须向北面，隔二三年再移植一次，便可供造林。

郁闭及诸害：唐桧属阴性树，可以始终保持郁闭，惟雪多地方有雪折之害。

效用：边材白色，心材微红色，有脂油，木理细美，剥削之则生辉焕之光泽，可供建筑器具用。又可制纸。

（二）造林法

天然造林法：唐桧宜于伞伐更新法造林，即就原有林野先行预备伐，以破除林木郁闭，而为天然下种之准备，经五六年后结实最多，落地最多之际，施行下种伐，翌年即有小苗丛生，迨七八年后，稚树育成，勿庸母树保护时，再将老树伐采。

播种造林法：将林地先行耕锄，务使土壤翻起，且杂草树根一律除静，然后将种子散布地上，严防鸟雀啄食，若地气湿润，经二三周即有小苗发生，隔二三年掘取稠密苗木，移植稀地，即能成整齐森林。

植树造林法：在稍暖地方，大都用植树造林法，苗圃设施与松柏同，唐桧萌芽，亦顶种壳而出土，务施日庇以防日光及鸟害，经四五日种壳自行脱落，当年为单轴，翌年在北面生小枝，经三年后苗高约五六寸许，再行移植，生枝之面必须向北，隔二三年再移植一次，苗高已达一尺五六寸便可供造林之用。

十一 枞

（一）林业上之性质

识别：枞为松科属之常绿乔木，叶扁平而真直，尖端状如矢笞，甚刚锐，能刺掌，枝粗对生，叶亦疏散，树皮幼时灰白色而平滑，老年呈灰褐色而龟裂。

适地：枞为温暖二带林木，俗之南枞北松，盖吾国北部多松，南部多枞也，性喜湿润地，以其系深根性，虽干燥地，亦能生长。

种子及发芽：四月上旬开花，十月中旬实熟，鳞果有短柄，呈灰绿色，每种子一升，重约八九两，六七千粒，发芽力保存一年，发芽率百分之二十至百分之六十。

发育及树形：发芽时有子叶四个，表面具有白条，初生四五年间，上长极缓，六七年后上升迅速，一年能二尺以上，老木有五六尺直径，高达一百五十余尺，树干圆柱状，颇美观，树冠广圆锥形。

郁闭及诸害：枞系阴性树，能常保持郁闭，成林后易招霉菌之害，但抵抗风害之力甚大。

效用：边材白色微黄，心材色较重，质粗软易反张伸缩，不适建筑用材，惟为制纸最好原料。

（二）造林法

天然造林法：枞常与各种林木混生，其下发生多数稚树，如斯森林可利用择伐更新法，或伞伐更新法，渐次伐采老树，及其林木，只残留□树一种，便可成为单纯枞。

人工造林法：枞树种子成熟之际，采取梢带青色之实，置席上晒干，种子即自脱实而出，次用筛筛去其尘翼，贮藏于干燥之处，待翌春四月上旬，取出播种，覆土约三四分，经二周即发芽，宜施日庇，播种量每厘地约一升五合，苗圃宜设稍阴之地。第三年春季移植一次，五六年生苗高一尺以上，即可供造林之用，此树山腹山顶均能生长，如用以造防风林尤为适宜。

十二　公孙树（亦名银杏树）

（一）林业上之性质

识别：公孙树为公孙树科公孙树属之落叶乔木，叶为扇形状，如鸭掌，顶绿有浅缺刻，多二裂，具平行脉而无主脉，柄长二寸许，临风翻舞，状颇美观，秋季叶凋落。

适地：公孙树乃前世界之遗物，为我国之特产，适于温暖两带之稍湿地，性颇强健，易于栽培，冀鲁豫三省到处生长，惟多孤立木，并无大面积森林。

种子及发芽：五月上旬开花为柔荑状，雌雄异株，十一月上旬实熟自然落地，分内外二种皮，外种皮黄色，含一种酸质，内种皮白色，坚硬致密，每种子一升，重量十八两上下，约三百六十粒左右，发芽力保存二年，发芽率百分之六十至百分之九十。

发育及树形：公孙树为深根性林木，成长甚速，有真直大干，高可达一百二三十尺，周围三十余尺，枝条繁密，强大能扩张六十平方尺，二十年生林木即能结实，虽至老龄不少衰，其树头恒北向，故可借以定方向焉。

郁闭及诸害：公孙树为阳性树，恶庇荫，喜孤立，湿气多之地方生长尤佳，抵抗诸害之力最强。

效用：材色淡黄，材质致密而稍柔软，可供各种器具之用，种子俗称白果，为最优美食品。

（二）造林法

播种造林法：采集自落种子，即行播种于林地，翌年三月间萌芽，当年高达一尺以上，惟须用点播，即每隔五六尺一穴，每穴纳种子二三枚，萌芽之翌年择强健苗木，每穴只留一株，余者拔去，或以此穴丛生之苗移于未萌芽之穴亦可，但霜害多地方不宜播种造林。

植树造林法：采集自落种子后，纳入水桶中，经六七日以棒搅之去其外皮，洗洁贮藏，苗圃布置亦如他林，播种时每隔二三寸点播一粒，播毕亦覆以藁草，翌夏四月上旬发芽，或取春播亦可，当年苗高六七寸，次年切去长根，每隔五寸移植一株，第三年再隔一尺左右移植一株，第四年苗高已达三尺以上，即可供造林之用，惟此树之根为鼠所嗜食，夏季如见叶有枯凋者，乃有鼠潜伏圃内之征，宜速觅鼠穴捕杀之，又屡试此树不宜山地造林，如为采种子供食品计，可以平地经营，但此树植于园庭及街市树，行道树等，最为雅致美观。

阔叶树类

一 栗

（一）林业上之性质

识别：栗为壳斗科栗属之落叶乔木，干高五十尺以上，直径达二尺，树皮赭黑色，叶互生，披针形，先端尖，边有锐锯齿，表面深绿色而滑泽，里面粉白色，叶脉有微毛，五六月间开花，九十月间实熟，实为球状多芒刺，大者如拳，小者若李，一球内种桃实之数，或单或双，三四不等，少者实大，多者实小。

适地：栗以温带为乡土，冀，鲁，豫，晋，热五省产生最多，尤以冀省北部繁殖极旺，适湿润地，山谷平原均能发育。

种子及发芽：栗种成熟后，自然落地，即内外壳裂出，种实每升重量一斤上下，粒数约二百至五百个，发芽力保存一年，发芽率百分之八十至九十五。

发育及树形：成长极速，满二年生高达三尺以上，四五年生即能结实，为深根性林木。

郁闭及诸害：栗为阳性树，幼时能保持郁闭，老年则枝叶疏脱，有改良土质能力，种子易罹鼠害，以其系深根性，故抵抗旱魃风害之力最强。

效用：材色白，或淡黄，质坚硬，纹理细密，堪水湿，保存期长，最适于建筑桥梁船舰，地板，铁路枕木之用，如埋置地中，渐成黑色，湿出花纹，以之制书箱，家具，文具等，颇美观，树皮含单宁，可供鞣皮及染料，种子为上等食品，枝条可烧炭，火力极强。

吾国种栗专注重果实，不计木材，其种类甚多，栗之大者为板栗，中心扁子为栗楔，稍小者为山栗，山栗之圆而末尖者为锥栗，圆小如橡子者，为莘栗，小如指顶者茅栗，均可炒食。

（二）造林法

播种造林法：栗树利用天然造林法殊不经济，因损失种实太多，幼苗发育亦不齐整，然大面积天然栗林中，每因拾取种子不尽，地上幼苗丛生，待老树枯死，幼树成长，始终能保持栗林之壮观者亦复不少，但今日林学倡兴，施以技术而经营栗林，终较天然者为愈也，栗树由播种造林时者，宜先刈除林地杂草，每隔五尺作穴深约一尺上下，将穴内土壤翻起，使之轻松，然后横放栗实三枚，各距寸许，作三角形，尖端均向外方，上覆土三寸许，秋季播种，翌春三月间发芽，春季二月下旬播种，三月中旬亦能发芽，若气候温暖，秋播后即有萌芽者，冬季易遭寒害，可用稻藁杂草壅填苗根，春季除去之，苗木当年能长一尺以上，若有杂草务须勤除，翌年择苗木强健者，每穴只留一本，余悉除去，即成单纯栗林。

植树造林法：栗实采集后，择其圆正充实者留供播种，可用土围法，或德式贮藏粒种子法而贮藏之，待翌春取出播种，并先于苗圃作幅四尺长二十四尺之苗畦，每纵横各距五寸播栗一粒，经二三周即能发芽，当年苗高达一尺以上，翌年三四月间行移植切去长根，每距八寸植苗一株，满二年生苗高三尺左右，第三年春季即可供造林用，造林距离每距五尺一株，七八年后施行间伐一次，以后每历十年间伐一次，以免互相压迫，若间伐过早，则枝条横生，难以产出良材，然若以采取种实为目的而经营栗林者，则造林距离宜疏，每距十尺以上植树一株，如树冠互接触，则施行间伐，如结实少，可接结实多之穗，以增加其结实量。

二 栎（亦名橡）

（一）林业上之性质

识别：栎为壳斗科柞属落叶乔木，叶为披针形，幼枝之叶为倒卵形，先端尖叶缘有尖锐如针之锯齿，表面深绿色，内面灰绿色，幼时生白毛，老则脱落，树皮灰褐色，粗而厚，有深纵裂。

适地：栎为温暖二带间林木，我国中部北部到处皆能生长，性好干燥地，山野平原均发育甚旺。

种子及发芽：栎四月上旬开花，十月间实熟，球形，自然落地，每升重量一斤左右，一百六七十粒，发芽力保存一年，发芽率百分之七十至九十。

发育及树形：栎生长甚速，系深根性林木，一年生之苗木根长能达二尺以上，老龄则多生侧姆，鲜生直根，若孤立木则枝节横生，树冠扩张，若郁闭适宜，则树干真直，能产无节良材。

郁闭及诸害：栎为阴阳中庸性树种，如于瘠地造林，则不堪庇荫，如肥地种植，则极耐郁闭，抵抗诸害之力最强，惟种子易招鼠食，宜注意保护。

效用：材质坚硬而粗，心材微带红色，燃烧时烟少而火力强，为薪炭中最上品，皮含单宁，可供染料及鞣皮用，其壳可染皂布，实可饲猪，叶可养柞蚕。

（二）造林法

栎不适于天然造林，世所通行者为播种造林，及植树造林二法，其经营手续，与栗略同，惟此树采播，如必须待春季播种，则用土围法及德式贮藏大粒种子法以贮藏种子，于翌年播种前取出，浸种子于水中二三日，一则为选种计，再则浸杀种内害虫也，若于苗圃育苗，于发芽之次年须将长根切断，只留三四寸长，再行移植，或于土中切断长根，即不移植亦可，因此树根过长，须根特少，非切断之不能供造林用也。

三 白桦

（一）林业上之性质

识别：白桦属桦木科白桦属落叶乔木，树皮滑而白，如涂白垩，叶互生，为菱状三角形，尖端长而有重锯齿，表面绿色，里面粗糙呈灰青色，叶柄长约一寸，随风飘舞，老时产生粗皮，能耐野火。

适地：白桦为温带北部寒带南部乔木，河北热河辽宁等省，生长最旺，喜高山耐湿润地。

种子及发芽：四月中旬开花，状如荑葇随风飘扬，十月上旬实热，每升重量六两，约二十二万粒，发芽力保存一年，发芽率百分之五十。

发育及诸害：白桦繁殖力最大，种子飘落各处，着地即生稚树，性喜阳光，生长迅速，破郁闭极早，抵抗诸害之力最强。

效用：材色淡黄，质坚硬，难割裂，为上等燃料，及制造机车，客车，靴型之用，树皮含单宁最多，可以鞣皮葺屋，并作刀鞘，火绳，染料等，我国北部，山中居民每用之燃火以代灯。

（二）造林法

天然造林法：利用上方天然下种，或侧方天然下种均可造林，即于材地残留母树，待种子落下，将地面略事整理，使种子接着土壤，即能发生稚树，如稚树发生过密，可择健全者适当存留，余者除去，数年后便蔚然成林。

植树造林法：在种子将成熟时，当朝露未干之际，连小枝摘取之，晒干震出种子，盛于布袋而悬挂橡间，以免发热，翌春取出播种，苗圃经理手续与松柏同，经三四周发芽，但不施日庇，当年苗木能达一尺五寸高，满二年生苗木即可供造林之用，造林距离以五尺一株为度。

四　胡桃

（一）林业上之性质

识别：胡桃为胡桃科山胡桃属之落叶乔木，叶互生为奇数，羽状单出，复叶表面深绿色，表面灰白色，广椭圆形，有短柄全绿或有锯齿，内果皮使稍为卵圆形，颇坚硬，有深刻皱纹。

适地：以温带为乡土，凡湿润肥沃之地生长最易。

种子及发芽：五月开花，十月实熟，呈淡褐色，经秋降霜即成黑色而生皱皮，自然落下，每升之重量十四两，粒数五十枚，发芽力保存一年，发芽率为百分之九十。

发育及树形：发芽之际，残留种壳于地中，有两个肉质子叶生出地面，满一年生有小叶五枚，满二年生有小叶七枚或九枚，五六年生即有结实力，干皮灰白色，有纵裂直根深入地中，可成极大乔木。

郁闭及诸害：胡桃为阴阳中庸性林木，发芽时易罹晚露之害，其新芽为兔鼠所嗜食，抵抗风雨之力强。

效用：边材色白，心材淡褐色，质黏韧无反张弯曲之患，配制各种军用品最为适宜，又磨之生光泽用制文具箱、椅、运动械等颇优，稚树皮可为染料，实可供食品仁，可榨油，为运销国外重要商品。

（二）造林法

当种子成熟择带淡褐色者采集之，浸水中二三周，时以棒搅拌之，候皮肉脱离后，更入篮中洗净晒干，可供食及播种用。如采集落地种子，可以带外皮直接取播，播种苗圃或林地一切手续均与栎栗同。春播后经五周发芽，当年高达一尺五六寸，若属苗圃播种须于翌年三月末，掘苗而切去其根，然后移植，第三年苗高达三尺以上，可供造林之用，造林距离以六尺或八尺为度。

按前所论乃普通胡桃，此外尚有山胡桃、楸胡桃、野核桃、陈仓胡桃等。山胡桃多产山中，实小仁少，皱皮深。楸胡桃产东省沿鸭绿江左近，实长椭圆形，皱纹浅，仁含油量最多。野核桃产长江流域，果实卵形，先端尖，可供食。陈仓胡桃多生平原野地，实与山胡桃同，惟仁大肉多味甘。以上各种胡桃造林法均与普通胡桃大同小异，勿庸再赘，惟吾国种植胡桃每采实计多置木材于不顾，殊为可惜，值兹林业方兴之际，此树实有推广之必要，林与实应并重也。

五　杨类

（一）林业上之性质

识别：杨为吾国主要林木，种类甚多，均系杨柳科。杨属落叶乔木，其最佳者为白杨，叶互生呈三角形或菱形，先端尖有锯齿，表面深绿色，里面灰绿色，有长柄，每依风摇动，翻翻作声，树皮灰绿色，老年生平裂目。大白杨叶丛生于短枝上，广卵形或广椭圆形，先端尖叶，基具浅心脏形，表面绿色平滑，里面淡灰色，树皮暗灰绿色，幼年平滑，后起扁平裂目。青杨枝密，生叶呈圆状卵形，先端尖有细密锯齿，表面暗绿色，边绿色，白树皮幼时平滑而为灰色，老时变暗色，生裂目。此外有白杨、柳大叶、泡风响杨、毛白杨、紫叶杨、银白杨等，据近林木调查，在各省新发现者不下二十余种，均有造林价值，诚吾国之特产也。

适地：吾国东起海滨，西抵新疆，北达蒙古，南至珠江，到处均能产杨，不过种类略有异同耳。

种子及发芽：杨类三四月开花，四五月间实熟，种子细小，发芽力保存半年，以其由根核萌芽力极强，故探取种子造林者甚稀。

发育及树形：生长极速，高有达一百四五十尺，周围十尺，以上者普通二三十年生能得直径一尺孤立木，成长尤良，伐采后，由根株萌芽若干次，由此掘取幼苗繁殖尤速。

郁闭及诸害：杨类为强阳性林木，绝不耐庇荫，植于暖地，易遭虫害及菌害。

效用：材色白质经软，可供建筑家具、车辆等用，近有用为造纸原料及火柴轴者，极为发达。此树植于庭园可增风景，栽于河塘堤岸为经济计得利最速。杨类之效用，诚林业中之最重要者。

（二）造林法

插条造林法：插条为杨类造林最简易之法，即择二年生杨枝，直径二三分者，切成六寸或一尺六寸之条，使下部切口斜，上部切口平，勿伤其皮，并将苗畦先用木棒穿小穴，次以杨条插入，深约条长四分之三，插后坚踏周围之土，使与杨条密接，并将露出地皮之切口涂黄土，以防干燥。插条季节以春季以解冻时为宜，亦为冬初未解冻时而行插条者，但须防霜柱之害，迨发芽后，压一二年苗高达五六尺即可供造林之用。若土地湿润，杂草稀少，直插于林地亦鲜有枯死者。

分蘖造林法：杨类每由根部发生小条，取母树根之一部而切断之，将老根材质除去，只留其皮，连同新条栽植之即可生长。

分根造林法：当春季解冻时，掘取杨根直径一寸左右者，切为六七寸长，斜埋地中，使芽之先端向北稍出地皮，历三四周即萌芽，当年高度达三四尺。如新芽太多，可摘去之，只留一健全者。

六　柳类

（一）林业上之性质

识别：柳之种类极多，见于吾国者约五十余种，在造林上最有价值者为重柳，产吾国本部性耐湿地，然干燥之处亦能生长。叶互生线状披针形，先端尖有细锯齿，表面暗绿色有光泽，里面灰绿色，幼枝细长而下垂，临风飘荡，极称美观，树皮粗厚纵裂。赤柳产东三省，叶互生椭圆形，先端稍锐，有浅锯齿，颇不齐整，表面暗绿色有光泽，里面灰绿色，树皮灰褐色，有深裂目。北京柳叶矛形，表面绿色有光泽，里面粉白色，枝条黄绿色，花如荑蕤，先叶开放，树皮深灰色，有深裂目，此树为北部最普通之柳。杞柳产北部中部丛生，细长之条颇柔韧难折断，叶对生箆状或绵状，有细锯齿，花先叶开放，取条去皮可制行李箱、条器类。此外尚有大叶柳、圆叶柳、水柳、银柳等，依经营林业目的，均有栽种价值。

适地：柳因种类不同，其适地各异，凡湿润轻松之地到处能长，惟于高山则难产巨材。

种子及发芽：三月中旬，先叶开花，状如荑蕤，种子细小，发芽力保存数周，以其根干枝萌芽力最强，故鲜用种子以育苗者。

郁闭及诸害：柳为阳性树，不耐庇荫，抵抗诸害之力最强。

效用：材质白软，可供各种器具之用，枝条可供家畜饲料及制火药炭，此树能预防水患，清洁水源，保护堤岸，植于道路庭园最能增添风景。

（二）造林法

插条造林法：择二三年生之枝条，切八九寸长，于二月下旬斜插地中，深约五六寸，踏之坚固即可成活，当年高达四尺以上。插条之位置宜择湿地或池沼水中，但插入水中之条宜长，使其上端露出水面一二寸，若在砂地或干燥地，亦应用长条深深插入，露出地面三四寸。供插条用之枝可于秋冬取采，浸下端于水中或埋置地内，翌春掘出备用，如末端干燥即切去之。插条自二月下旬始至七月中旬止，无论何时均可施行，或有于冬季切枝后即行插条者，或活亦佳云。

插干造林法：选择四五年生、直径一寸五六分之干，截取长约十尺左右，将小枝切去，将下端埋入地中深约二尺许，使立，强踏周围勿使摇动，经三四周即发生小枝，只留干之顶端者三四株，余悉搔去。如天气亢旱，须灌溉数次，不然虽萌芽后仍有枯死之虞，普通二三十年生之柳切去头部，使丛生枝条历三四年可得多数齐整之插干。

七　榆

（一）林业上之性质

识别：榆为榆科，榆属之落叶乔木，叶互生，上端尖，下部渐狭成楔状椭圆形，叶绿有重锯齿，表面脉上生细软毛，干皮暗灰褐色，有鳞状之细纵裂翅，果扁平。

适地：榆为温寒带间林木，凡河边沼泽低湿之平地均能生长。

种子及发芽：五月开花，六月实熟，翅果形小而轻，成熟后即随风飞散，一升之重量二三两，约七八千粒，发芽力保存一年，发芽率百分之四十至六十。

发育及树形：榆直根少，横根多，故能耐湿地，在肥沃地方根有延长一二里者，树高能三四十尺，周围五六尺。

郁闭及诸害：榆为阴阳中庸性林木，抵抗寒害之力强，然当严冬□起，霜割新芽，为野兽家畜所嗜食，叶易招虫害。

效用：材质坚硬而有韧性，适于建筑、家具、农具、车辆、乐器之用，嫩叶嫩子均能煮食，皮碎为粉可制榆面，湿捣之成糊能接瓦石，根浸水中取其黏液可制纸，树皮之织维可代麻用，小枝可编器物。

（二）造林法

天然造林法：榆籽甚轻可以远飞，故适用天然下种法造林，即于春初，整理林地，刈除杂草，待榆荚落地用钯稍翻土壤使与种子混合，历三四周即发生稚树，当年能成长八九寸，翌年择健全者留之，衰弱者拔去，便能成林。

植树造林法：榆荚将黄之际，连小枝采集之置于席上晒二三日，然后摘落榆荚贮藏干燥处，翌年四月上旬取出播种，苗圃经营手续与松柏同，但不施日庇，每分地播种量四五升，覆土以渐隐种子为度，上敷以藁，俟发芽后再将除去，第三年移植一次，掘苗之际须用锐利器具，勿使根皮剥落，第五年高二三尺即可供造林之用。

八　槐

（一）林业上之性质

识别：槐为豆科，槐属之落叶乔木，叶互生奇数或偶数，羽状复叶，椭圆形头尖甚圆，表面平滑深绿色，里面青白色，花淡黄，树皮淡黑褐色而纵裂。

适地：槐为温暖二带林木，性嗜湿润肥沃之深地。

种子及发芽：五六月间开花，十一月间实熟，长荚实作连珠状，荚黄褐色，种子长椭圆形而稍扁平，一升重量二十一两，约五千余粒发芽力，保存一年发芽率百分之七十。

发育及树形：树干端直，树冠密生，枝条生长速，生存期长，大者高达六十七尺，周围七八尺。

郁闭及诸害：槐为阴阳中庸性林木，生长肥沃地方，亦耐庇荫，惟抵抗寒害力弱，故幼苗易罹霜害。

效用：心材暗褐色，边材黄白色，质坚硬有弹力，为上等用材，凡建筑、家具、农具、车辆及各种小工作多用之，又可为行道树，其花及荚可炒过煎水作黄色染料。

（二）造林法

当冬初采集种子贮藏之，翌春三四月间取出，如带荚播种每分地约二斗，去荚则每分地须种子二三升。在播种前浸水三四日，以促发芽，其苗圃经营手续与松柏同，但不施日庇。当年苗高一二尺，翌年移植一次，三年后高达四五尺以上即可供造林用，造林距离以六尺或八尺为度。

九 合欢木（亦名马缨花树）

合欢木为豆科，合欢木属之落叶乔木，叶互生椭圆形，为偶数二回羽状复叶，质单薄，表面绿色滑泽，日中为羽状张开，夜间左右合著，故有合欢木之称。七八月间开花如细丝丛集，色紫红，颇美观，状若缨花，故又有马缨花树之名。十一月实熟而有荚，内存轻小易飞散之种子，状属平椭圆形，色鲜褐，种皮强韧，此树产温暖二带，以皮紧枝干往往割裂，故不能育成大材，但植于干燥地方有改良地力之效，材质坚硬，可供几椅细小器具之用。于种子成熟时采集之，翌春四月间播种苗圃内，满三年生即可用以植行道树、风致林等。

十 樗（亦名臭椿）

樗为苦木科，樗属之落叶乔木，叶互生奇数或偶数，羽状复叶对生或互生，边缘呈波状，有时殆为全绿。六月开花，色淡黄，十月实熟，适于温暖二带，不择土质，虽瘠薄地亦能生长。树皮灰色有浅纵裂，性喜阳光，早失郁闭，生长极速，有高达六七十尺，干周围达四尺以上者，材色白黄有光泽，惟稍脆，故可供箱板及小器具用材，又为造纸原料。播种植树均可，造林更有利用根部萌芽以造林者。

十一　楸

楸为大戟科，楸属落叶乔木，叶互生菱状卵形，有掌状浅裂者，先端尖质厚，具星芒状毛。六月开花，十月实熟，果皮多软刺，熟时三裂而放出种子，黑紫色，颇滑泽。树皮灰褐色，有纵线，产于温暖二带，高达四五十尺，干围三四尺，材质轻软易割裂，髓极细，边材色淡黄，心材紫褐色，可作小器具用材，皮及叶可入药，叶与实可作染料，此树为极阴性林木，生长迅速，适为街市树行道树等，由播种植树二法均能造林。

十二　黄杨

(一) 林业上之性质

识别：黄杨为黄杨科，黄杨属之常绿乔木，叶椭圆形，对生全缘厚革质，表面绿色，里面黄绿色，幼树之皮为灰白色，甚光滑，年龄愈高，树皮渐粗糙。

适地：黄杨为温暖二带林木，但在稍寒地方虽能生长然易罹寒害，若与他树混交，受他树之保护则生长茂盛，尤喜石灰质湿气足之土壤。

种子及发芽：三月开花，四月结实，七月下旬成熟，实圆先端为三角形，初呈青色，熟时变褐色，三裂内藏黑色种子六个，种子一升约三万余粒。

发育及树形：黄杨生长极缓，最老之树高不过二三十尺，直径一尺左右，枝多分歧，树冠圆形，根有萌芽性。

郁闭及诸害：黄杨系阴性林木，耐庇荫，虽至老龄尚能保持郁闭，若孤立时多受虫害，幼苗易遭旱害。

效用：材色淡黄，质极致密坚硬，组织平均不现木理，刨削之则生光泽，甚美丽有腻脂，故雕刻时须先浸水中，现今东西各国凡美术品、贵重器具、测量器具、运动器具多用黄杨木，日本黄杨价格每直径六七寸、高七八尺者约值洋五十元，足征此木之贵重矣。

(二) 造林法

植树造林法：六七月间采集成熟种子盛于箱中，使干燥，然后散置席上轻击之，使种壳分离，再装入布袋内贮藏，待翌春四月间播种于苗圃，每一厘地约播种一合，覆土寸许，上盖以稻草，压四周即发芽，但不能完全取余种子，翌春四月间必仍发芽，故凡黄杨播种苗圃须保存二年，若采集种子后即播于苗圃，则翌年春季可以全部发芽，发芽后即施日庇，冬季必施霜庇，以防寒暑伤害。满三年生苗高三四寸移植一次，满五六年生后方可用之造林，造林时，距离三四尺一株，届八九十年而行采伐，采伐后先将木材置于阴地，以防干裂。

插条造林法：在潮湿温暖地方可行插条法造林，即于三四月间，择二三年生之壮枝，切为五六寸长，插于湿润肥沃地亦能萌芽，经五六年后方可造林，以行插条枯死最易，故用者尚鲜。

十三　桐

（一）林业上之性质

识别：桐为玄参科，桐属之落叶乔木，分白花桐、紫花桐二种，白花叶圆而大叶三角形，其花先叶而开，白色心微红。紫花桐叶三角形而圆大，基部心脏形，先端尖长，表里密生软毛，花亦先叶而开紫花，此二种干皮均青白，果实为卵形，内含多数种子，种子有翼。

适地：桐为温暖二带林木，黄河长江两流域均能繁茂，喜干燥肥沃土地。

种子及发芽：五月上旬开花，九月下旬实熟，种子细小能随风飞散，每升重量约一两，粒数十万上下，发芽力保存一年，发芽率百分之六七十，但发芽后枯死者甚多。

发育及树形：生长极速，萌芽力最强，独立单干。

郁闭及诸害：桐系阳性树不耐郁闭，幼苗为兔所嗜食，大树易遭于风害。

效用：材色白质轻软，无伸缩反张之虞，故可为乐器、箱橱用材，既能防湿又能耐火，裂为炭，可供画家之用，又为火药原料或黑色染料，嫩芽以糖渍之可食，种子入药。

（二）造林法

分根造林法：桐由分根法造林，生长极速，即于十一月中旬择直径一尺左右之母树，沿其周围十尺内外插掘二三寸之根，切为四五寸长，下端削之使斜，暂置日阴，得其稍干，然后择高燥地，平铺细砂横陈桐根于其上，再覆土一层，厚以没桐根寸许为度，仍于其上横列桐根，如此互相层叠而贮藏之。至翌春四月中旬，根已发芽，徐徐取出，择避日光直照处作苗圃，每隔一尺斜埋桐根一株，使头向北露出一寸，每日傍晚灌水，如是新芽齐发至三四寸时，择生长健全者每根留一株，余者掐去，再施肥一二次，当年成长能达三四尺即可供造林，或再移植一次，然后造林亦可。造林季节以春秋二季为宜，又有于造林后二三年将桐干距地四五寸高切取者，桐根必再生多数之芽，至五六月间择发育强健者留一株，余悉搔去，则所留之芽当年能长肥大之干。如当年成长不良，仍切去之，令其另生新干，经二三十年桐已成材即伐采，干部所残留之根仍生新芽，发育尤旺，如此伐采五六次，根已衰老，再掘除之另植新根。

植树造林法：当种实外皮呈黑褐色而种子尚未飞散，待采集之曝日中一二周，实皮自裂，取出种子装入布袋内，贮藏干燥屋中，于翌年四月上旬取出播种，在播种之先将苗畦壅垫平整，散布腐朽尘芥等物，择无风日播种，每分地约需种子二升，播种后不必覆土，即盖以稻草，经三四周而发芽，当年成长尺许，冬季掘出假植暖地，翌春再行移植，第三年可供造林之用。又桐在苗圃忌肥厚、潮湿土壤及暴雨，此应许注意者。

插条造林法：桐可由插条法造林，即于春季萌芽前，切细枝长约尺许，择庇荫湿润地插之，留四五寸于地面，不时注水，经二三周即萌芽，六月间选强健者留之，余悉搔去，当年能生长一二尺。惟干轴细弱，不如萌芽法发育迅速，故利用此法者较鲜。

十四　樟

（一）林业上之性质

识别：樟为樟科，樟属之常绿乔木，叶互生卵状椭圆形，先端尖，基部狭，边绿波状，幼叶鲜红色，老时表面深绿色而滑泽，里面青白色，破碎之即发樟脑香气。

适地：樟以热带北部暖带全部为乡土，如福建、广东、浙江、江西、安徽均产樟，尤以福建最盛，性喜湿润肥沃土地，温度以最高三十六七度，最低零下六七度为适宜气候。

种子及发芽：五月开花，十月实熟，球形果皮多肉质，初为青色，继变暗紫色，含有油分及香气，初熟种子一升阴干后约五合，更去皮肉只有纯种二合余，每升重量十二两左右，粒数约四千上下，发芽力保一年，发芽率百分之七八十。

发育及树形：樟成长甚速，二年生幼苗高达二三尺，老树高可达一百四五十尺，干围四五十尺，此树须根甚少，而主根深入地中，故不宜植于浅地。

郁闭及诸害：樟条阴阳中庸性，林木幼时偏于阴性，中年极喜阳光，性畏寒，幼苗易罹霜害，又惧风大，树每被摧折，嫩芽树皮又为家畜野兽所嗜食。

效用：樟树效用最广，自根迄枝无或少弃，洵称林木中之最贵重者，兹摘要分列于下。

1. 樟材　材质坚软适中，色淡黄，中心呈赤黑色，加以刨削，木理灿然，富有香气，能耐水泾，保存期极长。

（1）船舰用材　凡船舰需要木材处以樟最宜，故舱壁、舱板、阶梯、桌椅、栏杆等多用之。

（2）器具用材　樟材多含樟脑，有预防虫蠹之效，故书箱、衣箱、几案、桌椅柜、贮藏一切珍贵品之盒匣等多用之。

（3）建筑用材　凡贵重建筑多用樟材，新式洋楼及古昔宫殿楼阁之梁柱、栋椽、门窗等，并一切雕刻器具等多用之。

（4）乐器用材　樟干及根每成涡状或环状纹理随之取材，可作种种乐器珍奇雅观。

2. 樟实　为制蜡原料。

3. 樟叶　可制樟脑，其残滓用充肥料养分颇富，如以生叶挟书画内能防虫蚀。

4. 樟屑　樟屑燃之可驱逐蚊蝇。

5. 樟滓　樟之残滓碎末可供燃烧火力甚旺。

6. 樟脑　樟脑随世界文明进步而利用范围逐渐扩张，花列数端以观大凡而来日方长，其用途实未可限量也。

（1）工业用料　樟脑可制人造象牙、人造龟甲、无烟火药以及洋服领扣、栉笄、刀柄、伞柄等。

（2）医药用料　樟脑可医头痛、下痢、咽喉症、霍乱症及外科应用之软膏皮肤消毒、防腐剂等。

(3) 香料　普通用之香水、香袋、香油、熏香装饰品等。

(二) 造林法

植树造林法：樟为吾国林木中最重要之树种，其栽培抚育函应重视，兹述种树造林法于次。

1. 采种　十一二月间，择五六十年至一百二十年生发育健全之母树，拾其自然落下之种子，或当种子未落之先由树上连小枝采集之，采集后即浸水中三四日，俟肉皮腐败，以棒搅之，再用清水洗净，然后置日阴使干，混以砂土，盛浅箱中或水缸内择不透风雨之处理置之。

2. 苗圃　苗圃宜面东南，而西北方面有森林或山岭环绕者为良，土质以细密肥沃而带沙性者为佳，秋冬先行深耕，继施以人粪尿、油粕草木灰等，翌春播种前再将地面精细匀耙，然后作高三寸至五六寸之梯形苗畦。

3. 播种　播种季节继以播种后决无晚霜之害为宜，先将种子浸水中一二日，时时搅拌，用其沉者播种，每厘地约须种子三合，则每合种子可生苗木二三百株，播种法撒播、条播均可，但不宜过密，以免苗根互相缠绕，播种后用细筛筛土覆之，厚约五六分，再盖以藁，压以竹竿或绳。

4. 保护　播种后压三四周发芽，待发芽六成以上即徐徐除去藁草，施用日庇，若有杂草发生，每周刈除一次。夏日天旱，每傍晚灌溉，冬初即施霜庇或用杂草、藁叶拥填苗间，俟翌春苗木发芽前除去之。

5. 移植　苗木发生之翌年，自四月至六月施行移植，先掘出苗木，切其根为五六寸长并截去枝叶，使根干平衡，先假植日阴，俟根生白芽而萎缩之叶已恢复原状，再择天阴之日移植于苗畦，每距二三寸一株。

6. 造林　苗木满二年生后，即可供造林之用。先将苗木掘取，切根五六寸长，并剪去枝叶，每距六七尺作一穴，每穴植树一株，先壅以细土，用手轻提苗木，使苗根舒展而细土充满根隙，再覆以土而踏实之，沿干轴培土作丘状，并用杂草覆其上，以免干燥。樟树成林虽以含樟脑而无虫兽之害，然易遭火灾，故林地须设防火线。

播种造林法：施行樟树播种造林须先于林地植松，俟松达四五尺高再于株间作畦播樟子，更历五六年，樟苗高达六尺再徐徐伐除松树，因樟树播种造林非有保护树不能发育也。

分殖造林法：截取直径一寸许之枝条，切成一尺二三寸长，剪去其叶，仅留新芽，于六月间梅雨时插于苗圃，勤为注水，翌年即可用以造林。或直接插于林地，亦可若伐采樟后，由其根部发生新芽而分植之亦易成长，近为采取樟脑有经营刈根萌芽林者是为收获利益较早计也。

竹　类

一　苦竹

（一）识别及性质

苦竹为竹类中最上等者，可产直径六七寸、高六七十尺之木，末同大良材质，坚韧不易摧折，四五月生笋，箨上具紫褐色三班点，竹竿纯绿色。笋之长大者味苦，四五寸者味佳，其箨顶之小叶为线形，长花丛集而出各花穗以苞拥之苞，顶具卵圆形之叶，花具三雄蕊。

（二）造林法

1. 林地之选定　苦竹以生于温带南部暖带全部者为良，适于湿润、排水便利砂质壤土，地势稍现倾斜，偏向东方，而西南北三面有落叶阔叶树环绕者最佳，其林地附近尤须有河流可以通舟楫，因伐采后运搬便利故也。

2. 林地之整理　苦竹林地务使土壤轻松，以便根茎繁殖，若地中有树根、草根及荆棘等生长，即行刈除净尽，并将根株掘出烧毁，以免阻碍竹根蔓延生长。设土质坚硬，则混以砂土并施以肥料，然后再植苦竹。

3. 竹林之栽植　移植母竹大抵以春分前后竹笋将发动时为宜，又有于梅雨时行之者，古称阴历五月十三日为竹醉日或竹迷日，故植竹多于此日施行，栽植法有附母竹者、有植根株者、有仅植鞭根者，兹分述于下：

（1）母竹栽植法　选二三年生之母竹，周围大三四寸，各节不屈曲且节低表皮密致而平滑者，使附带长三四寸之鞭根与竹竿，作丁字形切，勿伤其侧芽而慎重掘出之，以锐利之刀削平鞭根切口，并切竹竿顶尖，以免植后被风摇动。然后按三角形或正方形植树法栽植，先依根株之大小于林地穿穴，每穴灌水，迨水渗透未干时而依母竹在原生地之深浅覆土，夏季天旱须行灌溉。普通每十公亩植竹六十株至一百株为标准，在掘取鞭根之际，可向生枝方面寻取，因枝与鞭根每同一方向而蔓延也。

（2）根株栽植法　同前法选择母竹而掘取之，由根际切断竹竿，专用其根株至栽植之，如此则运搬、栽柱均称便利，亦能安全成活。

（3）鞭根栽植法　在竹笋发生前，掘起母竹林中二三年生之鞭根，选有新芽者以锐利之刀截成长二尺许，并将截口削平，用湿席包之，勿使干燥，择便以排水之砂质壤土地方作苗畦，每隔五六寸横列一鞭根，上覆三四寸细土，并施用草木灰、人粪尿等肥料，再盖以藁以防干燥，如是则发生新竹，约留四五节而切去尖端，至翌春便可掘取用以造林。

4. 竹林之施肥　竹之生长迅速且连年产出多量，竹笋故消耗地中养分实多，若不充分补给，终必至于衰枯，是以施肥为竹林中最重要事项，其肥料以人粪尿、堆肥、厩肥、草木灰、油粕、骨粉为最良，切忌食盐质肥料施用，量固不宜少，然不可过多，总以斟酌地力适宜为度。施用法即撒播林中或先溶解于水灌溉林地均可。

5. 竹林之抚育　自栽种竹后，如土壤干燥则宜灌溉，地质瘠薄须施肥料，并常刈除杂草、荆棘，以免妨碍鞭根蔓延，且于竹林之四周筑土垣或植生篱，以明界限，而防窃盗，迨六七年新竹发生，已多择不良之笋及丛生者采去之，即渐成完全竹林矣。

6. 竹林之伐采　苦竹发生六七年后即行伐采，但于发生时须在竿上记以符号，以资识别伐采季节，以九月至十一月为宜，因春季竹笋方生，易遭伤损，夏季易感强光，竹竿色变，冬季则材质软弱，有害工艺的性质，故以秋末冬初伐竹为愈也。其伐采法随竹之大小不同，普通竹高周围八寸以上用锯，八寸以下者用铊，沿其周围而切倒之，次复用镰削去枝叶，将竹竿集于一定之所而结束之，然复运销于市场。

二　淡竹

（一）识别及性质

淡竹适地与苦竹同，三四月间生笋，味甘而美，箨上有细线状之叶色纹理及细毛，但无斑点，其叶较苦竹稍小，而薄竹竿生枝处有细长凹道，不生枝处则竹竿正圆外敷白色蜡粉。竹竿较苦竹细小，周围不过七八寸高，约三四十尺，质坚韧致密，极易细割。竹筵可作优美笼篮，其细者可作笛与杖伞柄等。

（二）造林法

淡竹性质能耐寒且材质坚韧，故抵抗风害之力强，虽下等地亦能完全发育，其栽种法、营业手续均同于苦竹，除草次数较简，肥料用量稍少，植后八年至十年即可得一定之收入。

三　乌竹

（一）识别及性质

乌竹为淡竹之一种，大者高达三十尺，周围六七寸，质似淡竹，其干初年呈深绿色，次年即变紫黑色，且有光泽。小者可制帚、杖、伞等，大者可造扇骨、几案、椅桌、书架及室中装饰品等。

（二）造林法

乌淡性喜温暖，故多产暖带，凡砂质带黑色土壤发育最旺，平原斜地均能栽植。竹竿细小，周围不过二三寸，根极浅。其种植方法、经营手续同于苦竹，每十公亩植竹一百株至一百五十株，三四年后即能繁殖二三千株。在竹生之次年，竹竿色变黑后即行伐采，林中产笋尤盛，虽多量采取亦无妨碍。

四　孟宗竹

（一）识别及性质

孟宗竹喜暖地，竿形稍杀，高不过四五十尺，而近根竹节周围恒达二尺五寸许，材质柔脆，在工艺上之性质较苦竹、淡竹稍劣，然竹粗肉厚可制花瓶、笔筒盒、盆柄、勺及种种器具之用，叶较淡竹小而质薄，笋味甚美，生长极多，为世人最喜食品。

（二）造林法

1. 林地之选定　孟宗竹多因采笋而造林，每视竹材为副产，故经营手续与苦竹稍异。其林地之选定以土质轻松肥沃、多含细砂、便于排水之处为良，无论平原、山坡均可，若气候稍凉，须有适当之保护。

2. 竹林之栽植　选择二年生竹竿周围一尺以下健全之竹，其根未深入地中者深深掘取，勿伤发笋之新芽，切作长二尺左右，并将竹竿之梢戳去，带鞭根栽植于林地，使作水平的蔓延，虽竹竿歪斜，根鞭务要水平，每十公亩栽植五六十株，植后随时刈除杂草。

（1）埋鞭　新植之孟宗竹林由八月至十月埋鞭一二回，嗣后每随立竹增加数而亦增加埋鞭回数，至成林后，则由六月至十月埋鞭四五回。其法，先除去鞭根粗大节间过长者，残留健全表面带褐色者，按其长短掘深一尺五寸、幅八九寸之沟，埋鞭根于其中，使芽居侧方，覆土二三寸，施以堆肥、人粪尿等，更覆土于其上，迨三月须于母竹之周围掘沟施肥，又于采笋后之穴亦施肥料，则根鞭充分蔓延而笋生亦多。

（2）采笋　孟宗竹育成林后，迨近于发笋季节先清洁地表，俾发笋时地面蘸裂以资识别，且得于地中掘取，采笋季节由四月上旬至五月下旬，因此时生笋最盛故也，更有于十一二月采旬者，此乃发自地表鞭根，故形小味淡。采笋时须用熟练人工，当地面龟裂时，用竹笆徐探裂缝，如内有笋，即插竹枝作标记，俟稍长成而采取之。

五　班竹

班竹亦名湘妃竹，多产于湖南，竿面生有班纹，按其纹形有云班竹、虎班竹之名，高达二丈，周围七八寸，可作文房用具、笔管、手杖等，价极昂贵，其栽植及经营手续可照苦竹办理。

六　方竹

方竹性耐日阴，雅致可玩，枝叶密生，干成四棱正方形，高达十尺许，周围五寸许，肉薄而质脆软，可为杖及精美家具，植于庭园尤增风景，其栽种及经营手续可照苦竹办理。

按我国林木种类繁多，不及备述，仅就日常习见及关于造林最重要者列举如上，借观大凡用资参考之尔。